Lb 55
2332.

INSURRECTION
DE DÉCEMBRE 1851
DANS LE VAR

TROIS JOURS AU POUVOIR DES INSURGÉS

DEUXIÈME ÉDITION

PENSÉES D'UN PRISONNIER

Par H. MAQUAN

DRAGUIGNAN

H. BERNARD, IMPRIMEUR-ÉDITEUR

PRÈS LA PAROISSE.

1853

INSURRECTION DE DÉCEMBRE

DANS LE VAR.

SOCIÉTÉS SECRÈTES.

Le génie du mal comprenait admirablement un principe bien simple :
La force de l'union.

Tandis que le parti de l'ordre, dominé par une Constitution consacrant l'antagonisme de deux pouvoirs rivaux, s'abandonnait fatalement aux plus déplorables divisions, chose étrange, c'était le parti du désordre qui donnait l'exemple de l'unité et, par conséquent, de la force, de l'activité, de la vie.

Seulement cette vie était destinée à donner la mort.

Dans le département du *Var*, les évènements de décembre l'ont bien cruellement prouvé ; dans le *Var*, situé à une des extrémités de la France, et voué à une incroyable torpeur morale sous le rapport de la propagande du bien, le contraste, entre la léthargie des honnêtes gens et la prodigieuse activité des artisans du mal, était plus frappant encore que partout ailleurs peut-être.

La cruelle leçon infligée à nos paisibles et indifférents *propriétaires*, en décembre dernier, sera-t-elle comprise ?

Nous le désirons sans l'espérer beaucoup.

Généralement en France les gens paisibles, qu'on est convenu de nommer, nous ne savons pas précisément à quel titre, des *hommes d'ordre*, les gens paisibles sont habitués à compter un peu trop sur la providence.

Ils oublient volontiers qu'il est écrit :

Aide-toi, le ciel t'aidera.

Cette tendance générale des *hommes d'ordre*, puisqu'il est entendu qu'on doit les appeler ainsi, est plus particulièrement sensible parmi nous.

Chacun vit chez soi et pour soi, récolte ses foins, surveille sa moisson et s'endort sous son olivier.

Que voulez-vous ?

Le soleil est si bon, la vie matérielle si facile, la paresse si douce, Paris si loin, et...... l'insurrection de décembre aussi !

Au risque de troubler, sous l'olivier, le *sommeil du propriétaire*, qui n'est pas toujours le *sommeil du juste*, nous profiterons des loisirs que nous fait l'apathie politique, pour esquisser les principales scènes insurrectionnelles de décembre 1851 dans le *Var*.

Nous ne saurions mieux faire que de placer, en tête de notre travail, un aperçu rapide et sommaire des Sociétés secrètes dans notre département.

Nos lecteurs y trouveront quelques détails déjà connus, mêlés à quelques renseignements caractéristiques empreints de couleur locale.

Une Société secrète existait dans chaque commune.

L'association, comme on sait, était organisée par sections de dix hommes, formant une décurie, commandée par un décurion.

Le décurion, ou chef de section, recevait les cotisations des associés, les versait entre les mains du trésorier de la décurie et s'entendait avec le président, chef des sections dans la commune.

Le président correspondait avec un supérieur hiérarchique, représentant le canton.

Ce chef supérieur recevait les ordres que lui transmettait un autre chef chargé de représenter l'arrondissement.

Celui-ci enfin était subordonné à la direction émanant du chef-lieu départemental, ou d'un autre point hors le département, suivant les cas.

Dans quelques circonscriptions, dans l'arrondissement de Toulon par exemple, il existait un *triumvirat*, comité supérieur ayant un mot d'ordre spécial.

Le premier devoir de l'affilié était de multiplier les affiliations, soit directement, soit indirectement.

Quand l'affilié n'était pas assez intelligent pour initier les *néophytes* ou aspirants, il les conduisait auprès d'un complice plus habile, chargé spécialement de cette importante mission, qui n'était pas une sinécure.

Au fond, la propagande rayonnait dans tous les sens: elle était l'œuvre de tous les affiliés convaincus. Tout semblait la favoriser, la surveillance de la police manquant totalement dans les petites localités et les campagnes, et se montrant fort peu dans les villes. Mille prétextes, d'ailleurs fort naturels, aidaient les propagandistes les plus actifs. C'étaient des marchands colporteurs qui, sous prétexte de vendre leur pacotille, se livraient, sans être inquiétés le moins du monde, à la contrebande de l'embauchage.

Les réceptions pouvaient avoir lieu partout, dans les écuries, greniers, bastidons, et même en rase campagne, pourvu, toutefois, que la chose fût secrète, ce qui faisait choisir les heures avancées de la nuit, comme étant plus propices aux mystères de l'initiation.

Quand la réception n'avait pas lieu la nuit, ou dans un local complètement fermé, on bandait les yeux au récipiendaire.

On sait généralement quel interrogatoire préliminaire on lui faisait subir.

Après l'avoir questionné sur ses dispositions, il était tenu de prêter serment de fidélité à la République démocratique et sociale, sur une arme quelconque, le plus souvent un pistolet.

En vertu du serment, il s'engageait à briser tous les liens de la famille, abandonner tout, père, mère, femme, enfants ; à marcher contre eux, s'il le fallait, pour exécuter les ordres des chefs, sans restriction, aveuglément, servilement, et à ne rien divulguer touchant la société secrète, sous peine de mort.

Le serment l'obligeait aussi à poignarder tout complice indiscret, infidèle ou traître, enfin tout individu suspect.

La réception était terminée par un signe de croix, que l'initiateur décrivait sur la tête du récipiendaire avec un poignard, un couteau ou une autre arme, en disant :

Frère, je te baptise au nom de la Montagne !

Ce cérémonial sacrilège n'était pas toujours suivi, surtout dans les derniers temps, lorsqu'on pressait l'organisation et que les réceptions étaient trop nombreuses, ou qu'on embauchait par intimidation et par surprise.

Pour augmenter le nombre des membres et les retenir par de plus forts liens, on s'adressait à toutes les passions, on flattait tous les mauvais instincts, on avait recours à tous les subterfuges.

On laissait à entendre à plusieurs, d'une manière vague, qu'ils auraient leur part de tous les bénéfices de l'association et de tous les avantages pour lesquels elle était établie. C'était fort élastique.

A d'autres, on promettait plus spécialement ce qu'on savait être l'objet de leurs plus ardents désirs, la suppression de l'impôt sur les boissons et des gendarmes, la diminution dans les heures de travail, l'accroissement des salaires, etc.

Les tendances véritables des sociétés étaient dissimulées sous des titres recommandables, tels que sociétés de *bienfaisance*, *de prévoyance*, *de secours mutuels*. Il ne s'agissait d'abord et ostensiblement que de secours en cas de maladie, de chômage, de grève, etc.

Un certain nombre d'honnêtes travailleurs se laissaient prendre à ces enseignes charitables.

Lorsque plus tard le but véritable, les tendances homicides leur étaient dévoilées, ils avaient beau vouloir se retirer, il n'était plus temps, car ils devaient opter entre la mort et une affiliation complète.

Au reste, le secret du but n'était complètement connu que des affiliés sûrs et fidèles, que des fanatiques et des endurcis, il était caché, aussi soigneusement et aussi longtemps que faire se pouvait, aux affiliés timides, faibles et susceptibles du moindre scrupule ou de la moindre hésitation.

Pour relier en un seul faisceau toutes les sociétés disséminées dans les villes, bourgs, villages et hameaux, il fallait des mots d'ordre et des signes de reconnaissance.

En premier lieu, le mot d'ordre était :
France, Franchise, Fermeté.

On lui substitua plus tard, probablement après la loi du 31 mai, celui-ci :
Suffrage universel, Lyon, 1852.

En dernier lieu, le mot d'ordre fut :
Action, Ardeur, Avenir.

Les signes de reconnaissance consistaient dans la manière de saluer, d'échanger les poignées de main et de choquer les verres dans les cabarets et chambrées.

Pour le salut, on ôtait le chapeau de la main droite et on le replaçait sur la tête de la main gauche.

Pour la poignée de main, de la droite on serrait la gauche, tandis que l'autre main libre caressait trois fois le menton ou la barbe.

Pour les tostes, on choquait les verres légèrement par le côté et par le fond, probablement après avoir bu.

Si à ces signes ou à d'autres convenus d'avance dans quelques circonstances particulières, un affilié, se trouvant dans un lieu public, ne reconnaissait pas un complice, il disait, d'un air vague et indifférent, mais assez haut pour être entendu de tous les assistants :

— *Plóou.*
— Il pleut.

Ce qui signifiait, en guise d'avertissement :
— Silence, prenez garde, c'est un intrus, un *fioli*.

Le *fioli*, c'était l'ennemi, le riche, le bourgeois, l'ouvrier honnête non affilié.

Dans le cas où l'affilié reconnaissait un camarade, il s'écriait jovialement :
— *Plóou pas. Fa bèou tem.*
— Il ne pleut pas. Il fait beau.

C'est-à-dire :
— Il n'y a ici que des affiliés. Personne n'est suspect. Nous pouvons parler à notre aise.

Cette vaste organisation embrassait déjà tout le département ; l'ouest, le centre et le sud étaient plus avancés que l'est et le nord, probablement parce que les populations, les plus reculées dans les montagnes, n'avaient pas encore été suffisamment catéchisées par les colporteurs et les émissaires anarchiques.

Il paraît, du reste, que la prise d'armes était fixée aux fêtes de Noël et ajournée même au 2 janvier.

Dans ce but, la direction supérieure et centrale avait activé d'abord l'organisation des sociétés secrètes vers les départements situés aux extrémités, pour la compléter successivement par une propagande progressive, affluant de plus en plus vers le cœur du pays.

Les directeurs suprêmes de l'œuvre de désorganisation suivaient ainsi les indications de la nature, qui, généralement, nous montre la mort s'emparant des extrémités d'un corps malade, pour gagner insensiblement et de proche en proche, par un froid envahisseur, le siége principal de la vie.

Un fait digne de remarque, c'est que les affiliations étaient plus nombreuses, comparativement, dans les petits villages que dans les grands centres de populations.

Un autre fait à noter, c'est que tous les efforts des organisateurs de cette vaste conspiration tendaient à l'établir plutôt dans les rangs des cultivateurs que dans ceux des ouvriers.

Il y avait là un profond machiavélisme.

Les suprêmes directeurs de ce grand mouvement de destruction comprenaient fort bien que, pour établir sur une plus large base le règne du mal, qui est l'œuvre de l'erreur, du mensonge, il leur fallait pour terrain :

L'ignorance.

La classe ouvrière est assez intelligente de nos jours, pour être lasse des révolutions, qui ont toujours tourné en définitive contre elle.

Les travailleurs des campagnes commencent aussi à s'éclairer, mais, par la nature de leurs travaux, de leurs habitudes et de leur séjour loin des villes, il est plus facile de les tromper sur leurs véritables intérêts, de les séduire par de fausses promesses, de passionner les indifférents, et de gagner même les timides et les bons par d'équivoques apparences humanitaires.

Là est tout le secret de l'immense et rapide progrès de la jacquerie moderne, car, tout en fesant une large part à la facilité de la propagation du mal, il est juste aussi de tenir compte de tout le bien faussé, des instincts généreux abusés, de l'ignorance enfin exploitée par quelques ambitieux meneurs.

Nous trouvons dans la manière dont les embaucheurs des sociétés secrètes s'y prenaient pour recruter des adeptes, des indications suffisantes pour établir cet immense abus et ce terrible péril de l'ignorance et de la crédulité populaires.

Les embaucheurs socialistes exploitaient tout, les mauvais instincts d'abord, c'était la partie la plus facile de leur tâche, les bons ensuite, c'était la partie la plus difficile sans doute, mais facilitée pourtant par l'ignorance.

Nous n'avons pas besoin d'indiquer, par quelques exemples, les avantages du premier procédé, d'une application toujours simple et d'un succès assuré.

On comprend, en effet, qu'en s'adressant à la haine, à la cupidité, à la luxure, à toutes les passions mauvaises, on devait recruter promptement et sans peine des partisans à l'œuvre du mal.

Ce qui est intéressant et instructif à remarquer, selon nous, c'est la ruse et l'habileté confisquant, au profit de l'œuvre du mal, les bons instincts et les sentiments honnêtes.

C'est à la veille surtout de la prise d'armes de décembre que, pressés par les événements, les embaucheurs ont fait des prodiges sous ce rapport.

Un honnête travailleur des champs, se rendant tranquillement à son chantier ordinaire, est accosté par un embaucheur qui parle comme lui, qui paraît avoir les mêmes intérêts, les mêmes sentiments que lui.

La conversation s'engage d'abord sur la pluie et le beau temps.

— *A fa dé frèi proumié*, dit le rustique Robert Macaire.

— *Nouvè òou fuè, Pasque òou juè*, répond l'autre.

— *Voui, maï l'hiver ès long è l'ia tant de paouréis gen !*

— *Es vraï, maï coumo faïré ? foou bèn què l'iagué de paouré et de riché.*

— *Diou pa noun, naoutré, bouan travailladou, anan toujou : ès lou maraou, pécairé !*

— *Tè ! E l'espitaou doun, perqu'ès faïré ?*

— *Per lei gen de villo, enca fòou de proutècien, o piei naoutré nou foou l'air dòou bastidoun.*

— *Aco ès aco.*

— *Senso counta què din lou tem de la fèbré, leis còoussido poussoun.*

— *E bè coumo faïré ?*

— *S'ajuda un paou, l'un per l'aoutré.*

— *O per aco, n'en siou.*

— *Es pa malèisa, sian uno soucièta de benfésenco, cadun pago soun esco, un tan per mès; couro sias maraou, avès lou médècin è lou pouticari per ren.* (1)

La société de bienfaisance, c'était la société secrète.

N'a-t-on pas reconnu que parmi les insurgés des localités les plus arriérées, plusieurs croyaient prendre les armes pour la défense de Louis-Napoléon ?

Révolution, cruelle ignorance ! Socialisme, immense duperie !

---

(1) — Il a fait des froids précoces. — Noël au feu, Pâques au jeu. — Oui, mais l'hiver est long et il y a tant de pauvres gens. — C'est vrai, mais comment faire ? Il faut bien qu'il y ait des pauvres et des riches. — Je ne dis pas non ; nous autres, bons travailleurs, nous allons toujours, mais le malade !..... — Tiens, et l'hôpital donc, pour qui est-il ? — Pour les habitants des villes, et encore faut-il être protégé, et puis à nous il faut l'air des champs. — C'est cela. — Sans compter que pendant la fièvre les mauvaises herbes poussent. — Eh bien ! comment faire ? — S'entr'aider. — Pour cela, j'en suis. — C'est bien simple, nous avons formé une société de bienfaisance, chacun paie tant par mois, quand on est malade, on reçoit ainsi gratuitement les soins du médecin et du pharmacien.

LA CHAINE DES MAURES.

Il est des sites dont l'aspect sauvage inspire l'esprit d'indépendance et [de] révolte, il est des lieux qui semblent voués, dans tous les âges, aux scènes de désolation.

Ainsi, du Luc à Vidauban, se présente aux regards du voyageur, sur [la] route d'Italie, la chaîne pittoresque des MAURES.

C'est un granitique entassement de rochers recouverts d'épais châtaigniers, de sombres chênes-lièges, dont les vieux troncs montrent leurs écorchures d'un rouge vif que le temps brunit et cicatrise bientôt, de pins au feuillage toujours frais et brillant, mais dont les massifs sont éclaircis par de fréquents incendies.

Cette chaîne, dont le nom seul rappelle le sanglant souvenir de plusieurs siècles de déprédations barbares et anti-chrétiennes, cette chaîne s'étend dans la direction du sud-ouest au nord-est de notre beau littoral méditerranéen.

Les premières ondulations partent des riantes campagnes de Cuers [et] d'Hyères, pour venir se perdre dans la riche plaine du Muy à Fréjus.

Vers la partie orientale de cette chaîne, sur une crête que l'on peut distinguer de fort loin, à sa forme échancrée et aux moulins à vent dont elle est couronnée, s'élève le bourg de la Garde-Freinet, l'ancien *Fraxinet* d[es] Sarrazins, fléau de la Provence au moyen-âge, dominant les golfes de G[ri]maud et de Saint-Tropez.

C'est là que l'antique barbarie musulmane avait planté et longtemps défendu son drapeau, si funeste à la civilisation européenne. C'est là aussi, en décembre 1851, avec plus d'ensemble et d'énergie que partout ailleurs, c'est là que le socialisme, cette barbarie des temps modernes, devait lever l'étendard de la révolte contre toutes les lois divines et humaines.

Depuis 1848, les trois communes de la Garde-Freinet, du Luc et de Vidauban, les deux premières surtout, étaient comme autant de foyers permanents d'exaltation anarchique.

Le réseau des sociétés secrètes avait envahi bientôt les populations d'ouvriers et de cultivateurs de ces riches communes.

Un jeune maire de la Garde-Freinet, héros des barricades de février, en était venu à résister à l'autorité préfectorale, même à l'époque de la réaction conservatrice et, n'ayant cédé que devant la force, il avait dû chercher un asile à l'étranger contre les condamnations qui l'avaient frappé.

Non content de fanatiser les ouvriers et les cultivateurs, ce même jeune homme exerçait une singulière influence sur les femmes, qu'il avait groupées en associations, dont la charité était le but apparent, mais dont les tendances anarchiques ne pouvaient être un mystère pour personne.

Plus tard, un avocat de Draguignan, profitant avec habileté de ces premiers éléments, avait encore resserré les liens puissants de ces associations démocratiques en une forte organisation, qui rayonnait au loin et entretenait dans tous les cœurs une exaltation à peine contenue.

Aussi, dès l'automne 1851, M. le préfet G. de Romand, ayant cru devoir ordonner la fermeture d'une chambrée suspecte, des désordres assez graves éclatèrent à la Garde-Freinet.

Déjà des manifestations avaient lieu de temps à autre contre certains grands propriétaires de la commune. Les curés éprouvaient des difficultés à faire respecter les pratiques du culte. Les gardes champêtres et les gendarmes étaient exposés à de continuelles avanies. Quelques rares citoyens inoffensifs se voyaient menacés. On remarquait des tentatives d'incendie, un pétard faisant explosion la nuit dans la cave d'une maison habitée par des personnes recommandables, et d'autres symptômes de très-fâcheux augure.

A l'époque de la fermeture de la chambrée par ordre de M. de Romand, quelques semaines avant la grande explosion de décembre, la population tout entière est debout. Les scellés, apposés sur la porte du local servant de lieu de réunion à l'association populaire proscrite, sont brisés. Les membres de cette association, prohibée par arrêté préfectoral, s'installent dans la salle et délibèrent comme à l'ordinaire. Les représentants de l'autorité sont insultés, des tentatives d'incendie ont lieu, des coups de feu sont tirés.

Pour procéder à l'arrestation des coupables, l'autorité judiciaire, qui se transporte immédiatement sur les lieux, a besoin de s'entourer d'un appareil militaire imposant.

Un jeune substitut, plein de résolution, d'énergie et d'intelligence, M. Niepce ne parvient à faire respecter la loi, qu'à force de patience et grâce à un ingénieux stratagème.

Sous prétexte de renseignements à demander, il convoque au domicile du Maire les gens les plus compromis, après avoir pris ses mesures de concert avec les chefs militaires. Les coupables arrivent sans défiance ; la foule, lasse de provoquer les agents de la force publique, semble se calmer un instant. M. Niepce profite avec habileté des circonstances. Les meneurs, comme pris au piège, sont arrêtés à leur entrée dans la maison du Maire. Ils n'en sortent que pour être brusquement introduits dans le carré formé par les troupes sur la place avoisinant la demeure municipale ; à l'instant même, tout le convoi s'ébranle au pas de course, protégé par le détachement de gendarmerie à cheval qui se déploie sur les ailes.

Il ne fallait rien moins que ce procédé expéditif pour en finir avec cette population exaltée, car, malgré ce stratagème et ces habiles mesures, cette expédition, si bien conduite, ne fut pas sans péril, surtout à la sortie du village.

La colonne, descendant les rampes abruptes des *Maures*, se trouve constamment dominée et harcelée par une masse compacte de femmes et d'ouvriers exaspérés.

On comprend maintenant dans quelles dispositions le coup d'état du 2 décembre trouvait une pareille population.

La commune du Luc n'était guère mieux disposée.

Cette localité, située à l'embranchement de la route de Toulon au chef-lieu et de la grande voie de Paris à la frontière italienne, devait à sa position centrale le triste honneur d'être, depuis février, le quartier général de la démagogie, surtout dans les grandes démonstrations électorales. C'est là, lors des *meetings* du lendemain de notre dernière révolution, que l'armée militante et verbeuse du socialisme départemental convoquait le ban et l'arrière-ban de ses orateurs en plein vent et de ses délégués fidèles. Ces frais d'ardente déclamation n'étaient point perdus. Ces réunions donnaient au Luc une grande animation et une certaine importance. Le mal, qui se propage toujours avec avidité, pénètre d'ailleurs plus profondément sur les points d'un facile accès, d'où part l'impulsion mauvaise, où l'exaltation des idées et la dépravation des tendances sont entretenues par des excitations permanentes.

Comme la Garde-Freinet, la commune du Luc avait préludé aux désordres de décembre par des troubles préliminaires.

Déjà le jeune comte Edouard de Colbert, qui devait conquérir dans ces derniers temps une réputation de bravoure bien méritée, avait eu à faire l'essai de son dévoûment filial, au milieu d'une véritable émeute, lorsque seul, entouré à l'improviste par une foule nombreuse et menaçante, il avait été entraîné à faire usage d'un stick pour écarter ses agresseurs.

La commune de Vidauban avait eu aussi ses préludes sinistres.

Dans une vile mascarade de carnaval on avait vu, par les rues et carrefours de cette localité, une foule de suppôts de cabarets traîner dans la boue un mannequin blanc, au milieu de démonstrations obscènes et de cyniques hurlements. Ces apprentis bourreaux avaient poussé le délire de cette grossière orgie révolutionnaire jusqu'à parodier, dans tous leurs dégoûtants détails, les scènes de l'échafaud. Le mannequin blanc, portant au cou une vessie pleine de vin, avait été décapité, de manière à simuler l'effusion du sang, aux frénétiques applaudissements de la multitude.

Comme on le voit, Vidauban n'était pas indigne de former, par sa situation rapprochée de celle du Luc et de la Garde-Freinet, un triangle démocratique et d'en occuper le point nord-est, le plus voisin de Draguignan.

Vidauban était le trait d'union entre la tête et le cœur de la démagogie du Var.

Dès le 3 décembre 1851, l'agitation commence presque simultanément dans ces trois communes, triangulairement situées, l'une sur la crête, les deux autres dans la plaine, en face des *Maures*.

D'infatigables émissaires parcourent les campagnes, portant le mot d'ordre aux chambrées en permanence. On apprête les armes et tout ce qui peut en tenir lieu ; les têtes s'échauffent ; les plus impatients commencent à se montrer ; des listes de futurs magistrats et fonctionnaires s'improvisent ; les chants, les cris, les excitations des plus exaltés entraînent les faibles, étourdissent les imbéciles, accélèrent le mouvement général et déterminent l'explosion.

Le Luc, chef-lieu de canton, donne le signal presque en même temps que la Garde-Freinet. Vidauban suit l'exemple donné.

Le 4, le 5 et le 6, ces trois communes sont en pleine insurrection.

Des rassemblements armés envahissent les mairies, changent les municipalités, s'emparent traîtreusement des fonctionnaires, des agents de la force publique et des notables.

Percepteurs, receveurs de l'enregistrement, facteurs ruraux, gardes champêtres, une vingtaine de gendarmes, un prêtre, deux directeurs des postes, d'anciens magistrats, des avocats, des propriétaires, un docteur en médecine, des négociants, des ouvriers, des bourgeois, des nobles, légitimistes ou républicains honnêtes, tout est englouti dans une proscription commune, dans une razzia imprévue et complète, où les haines particulières se cachent sous le masque du fanatisme politique.

Le toesin sonne ; la générale bat ; de grands rassemblements d'hommes à figure sinistre, armés de fourches et de bâtons, parcourent les campagnes, hurlent la *Marseillaise*, se répandent partout, activent le mouvement, forcent à marcher, le pistolet sur la gorge, les gens les plus paisibles, pénètrent violemment dans les plus humbles demeures, dans les cabanes les plus retirées, pour extorquer des armes et des vivres.

Des femmes excitent leurs maris et leurs pères ; il en est parmi elles quelques-unes qui se parent comme pour une fête. Leur jeunesse ne semble retrouver des sourires, que pour réveiller les plus odieuses passions, que pour éteindre les dernières étincelles d'honnêteté dans les âmes.

D'autres, mieux inspirées et n'ayant point abdiqué les instincts naturels à leur sexe, tremblent, pâles d'épouvante, pour leurs proches qu'elles ont dérobé à la hâte aux poursuites des agitateurs.

Pas un seul foyer n'est respecté, pas une demeure où le sommeil descende pendant une seule heure de la nuit. L'épouvante plane sur tous les toits, sur le château et sur la chaumière. Le courage plus apparent que réel des meneurs les plus forcenés, le courage de la bravade et de la férocité n'est que de l'épouvante déguisée et de la couardise hypocrite, car ces meneurs subalternes ne savent ce qui se passse, ce qu'ils feront, où ils iront.

Les courriers, les voitures, les simples charrettes, tout est saisi, arrêté, fouillé avec brutalité, avec violence, le fusil en joue, la fourche en arrêt, le sabre en l'air. Les dépêches sont ouvertes, le secret des lettres particulières est violé ; les voyageurs sont soumis à d'odieuses et minutieuses investigations. Au moindre signe de résistance, la vie du récalcitrant est en danger.

L'explosion du mouvement est si vive, si universelle d'ailleurs, au sein de ces populations, depuis longtemps travaillées par l'esprit de désordre et préparées à cette levée de boucliers, que les rares hommes d'ordre de ces trois communes n'ont pas le temps de se reconnaître.

C'est ainsi que, dans la commune de la Garde-Freinet, dès le 4 au soir, onze gendarmes, et le lendemain, 5 onze habitants honorables sont brutalement saisis et violemment incarcérés.

Voici les noms de ces prisonniers :

Courchet, Charles, avocat, ancien juge de paix.
Guillabert, Hippolyte, propriétaire.
Courchet, Désiré, directeur de la poste.
Courchet, Alix, fils.
Tournel, percepteur.
Guillabert, Ambroise, négociant.
Dubois, César, fils, négociant.
Panescorce, Eugène, propriétaire.
Ollivier, François, facteur rural.
Pie, Bruno, garde champêtre.
Voiron, Alphonse, propriétaire.
Massiou, brigadier. \
Pascal, gendarme. |
Richard, id.   > Brigade locale.
Ragnès, id. |
Perraud, id.   /
Marchetti, de Salernes, détaché
Chabaud   id.   id.
Gras, de St.-Tropez   id.
Danis   id.   id.
Thomas, de Callas,   id.
Arène   id.   id.

La plupart d'entre eux sont arrachés des bras de leurs proches. On refuse à plusieurs les derniers adieux de leurs femmes, de leurs enfants réveillés en sursaut.

Les gendarmes, accablés par le nombre et pris à l'improviste, n'ont pas le temps de se défendre. Leurs mains, dit un témoin oculaire digne de foi, sont tordues sur la poignée de leurs sabres. Ils sont renversés, traînés, foulés aux pieds. Les brigades de la Garde-Freinet, du Luc et de Vidauban sont ainsi surprises et désarmées.

Vingt-deux ôtages à la Garde-Freinet et trente-deux au Luc ont à subir les plus odieux traitements. On les enferme, en les menaçant d'une fusillade immédiate s'ils paraissent aux croisées de leur prison, ainsi que le raconte, dans un récit publié par lui, l'honorable M. Voiron, l'un des ôtages de la Garde-Freinet.

Les femmes, ajoute le même témoin oculaire, les femmes ressemblaient à des furies ; elles criaient :

— Bon voyage, citoyens, revenez bientôt avec la bonne, vive la rouge !

Ce même prisonnier aperçoit, en passant devant le seuil de sa demeure, son vieux père qui le regarde avec une expression de douleur ; une larme involontaire vient mouiller la paupière du pauvre captif. Il s'arrête un instant.

— Marche donc, brigand, s'écrie un de ses geôliers, ton heure a sonné, je saurai bien te reconnaître.

Des scènes semblables se reproduisent ailleurs.

Le jeune comte Edouard de Colbert, enfermé dans le château de sa famille, au Bouillidou, se disposait à défendre vigoureusement sa vie, celle de son digne père et de son respectable aïeul, vieillard âgé de 94 ans ; il avait auprès de lui son cousin M. Alphonse de Colbert-Turgis, habitant avec son père le domaine voisin de la Verrerie.

Le 5 décembre, M. de Colbert l'aïeul et son petit-fils M. Alphonse sortent en voiture du Bouillidou, probablement pour aller chercher M. de Colbert-Turgis et le ramener au château.

A peine la voiture est-elle à trois cents pas de la grille, qu'une bande armée se précipite sur les chevaux et les arrête, tandis que les fusils sont braqués sur les portières, et que le chef de la bande intime l'ordre au vieillard nonagénaire de reprendre à l'instant le chemin du Bouillidou.

Cet ordre est exécuté sur le champ ; mais les chevaux ayant pris le trot et la bande armée ne pouvant les suivre, de toutes parts ces forcenés s'écrient, en apprêtant leurs armes :

— Arrêtez ! ou feu sur la voiture !

Le cocher retient les chevaux et la voiture est ramenée au château, ainsi escortée par les hommes les plus dangereux de la contrée.

La grille est fermée. Il est enjoint à M. de Colbert de ne plus sortir de chez lui ; des sentinelles sont placées à toutes les issues.

Deux heures après, deux ou trois cents insurgés accourent du Luc pour renforcer les assiégeants.

Cette bande fait à l'instant irruption dans les appartements, enfonce les portes, brise les meubles, réclamant à grands cris des armes.

La foule envahissante agite des sabres, des pistolets, des poignards, des fusils rouillés, des bâtons. Le propriétaire du château ne peut faire entendre sa voix au milieu d'un pareil tumulte.

Cependant, tandis que les plus furieux fouillent partout pour s'emparer des armes, d'autres assaillants moins héroïques font main basse sur tous les objets qu'ils trouvent à leur convenance. Des bijoux et des objets de prix, entre autres une chaîne en or d'une grande valeur, disparaissent au milieu du désordre de cette invasion.

Les cuisines et la cave ne sont point oubliées. Envahies par ces *voraces* qui ajoutent la dérision à leurs violences, elles deviennent le théâtre de bombances que les domestiques se voient contraints d'improviser.

La couardise des pillards ne s'arrête pas devant le privilége de l'âge. M. de Colbert l'aïeul, presque centenaire, est gardé à vue par quatre insurgés, l'arme au poing et debout à ses côtés.

Le jeune comte Edouard de Colbert, qui a su préserver le château de sa famille par son énergique attitude, jusqu'au moment de l'arrivée du dernier renfort du Luc, M. de Colbert fils est assez heureux pour ne point tomber entre les mains des envahisseurs.

Se voyant écrasé par le nombre, sa première pensée est de courir chercher des secours au chef-lieu. Il monte sur son beau cheval arabe, et franchit lestement le mur de clôture, ne pouvant présumer que les insurgés osent emprisonner son père et son cousin.

Quelle est sa douleur quand il apprend le sort cruel qu'on leur a fait subir, en les traînant à la suite des bandes insurrectionnelles, pendant ces longues étapes d'une captivité sans cesse menacée du plus sanglant dénoûment !

Mais son héroïsme et la joie de son père délivré à Aups sont de bien dignes compensations à une pareille douleur.

Son cousin, M. Alphonse de Colbert-Turgis, se montre lui aussi digne du même sang, il refuse la liberté qui lui est offerte par ses geôliers. Il ne veut pas abandonner son oncle.

Au milieu de ces déplorables scènes reposons, un instant notre pensée sur un trait consolant.

Nous traversions dernièrement cette belle plaine du Luc à Vidauban, que le printemps parait de ses premières et de ses plus fraîches promesses. Les rayons joyeux d'un soleil d'avril doraient les feuilles naissantes, et versaient les plus doux reflets sur la verdure variée des jeunes blés, des oliviers bleuâtres et des arbres fruitiers couverts de blanches et roses guirlandes.

Nous voyions disparaître les dernières maisons du Luc, et la chaîne des Maures prolongeait à notre droite les découpures de ses crêtes, d'un vert sombre, que le soleil bronzait de chaudes teintes, contraste d'un charme sévère entre la fraîcheur de la plaine verte et la splendeur d'un ciel tout d'azur.

La diligence, dans laquelle je me trouvais à côté d'un jeune homme de Draguignan, qui a montré le plus grand zèle pour la cause de l'ordre lors de nos troubles, la diligence s'arrêta devant le Bouillidou.

Peu d'instants auparavant nous avions vu passer avec la rapidité de l'éclair une brillante cavalcade.

Trois jeunes et gracieuses amazones suivaient sur de fringantes haquenées le palefroi d'un noble cavalier, fièrement campé sur la selle et dominant de sa haute stature la rieuse et folâtre caravane.

C'était, nous dit-on, le jeune comte Edouard de Colbert, suivi de ses cousines.

Devant cette grille du Bouillidou, la conversation ne pouvait manquer d'amener quelques réflexions sur les tristes événements dont le château de Colbert avait été le théâtre.

— Le calme est-il tout à fait revenu? dis-je à mon compagnon de voyage.

— Je ne sais, reprit-il, mais il faut l'espérer.

Puis il ajouta :

— Si tous les habitants avaient la générosité du conducteur Baudier.....

— Qu'a-t-il donc fait? repris-je avec vivacité, heureux de recueillir une anecdote.

— Baudier, vous le savez, était le conducteur qui, au milieu d'un rassemblement menaçant, fut frappé à la tête par M. Edouard de Colbert.....

— Oui, eh bien !

— Eh bien ! dès le début de l'insurrection, poursuivit mon interlocuteur, quelques meneurs voulurent exploiter contre la famille de Colbert cette inimitié personnelle.

Le conducteur fut circonvenu, pressé, obsédé par les plus exaltés de se mettre à la tête du détachement qui devait envahir le château.

Non-seulement le conducteur résista à ces odieuses sollicitations, mais il voulut arrêter ces forcenés dans l'exécution de leurs coupables desseins.

Ses généreux efforts ne purent vaincre l'obstination des insurgés.

Comme vous le voyez, le Bouillidou est assis au pied de ces coteaux couverts d'oliviers, et dominé par le petit village du Cannet qui en couronne les hauteurs pittoresques.

On ne peut sortir des murs de clôture du château, sans être aperçu par les habitants du Cannet, qui ont pris à la lutte de décembre une part aussi active que leurs voisins du Luc.

Le château est pris entre deux feux, et le généreux Baudier ne peut le préserver de l'irruption insurrectionnelle.

Puisse du moins une aussi généreuse inspiration être le présage de l'extinction des préjugés, des haines privées et politiques, et l'heureux gage de la réparation des malheurs qui ont pesé sur toutes les conditions et fait des vides funèbres dans tous les rangs.

En ce moment, la conversation fut interrompue par l'arrivée de M. de Colbert-Turgis, qu'on attendait devant la grille ouverte du Bouillidou. Il s'installa entre mon compagnon de route et moi ; puis la diligence reprit sa marche interrompue, sans que nos regards eussent pu découvrir le château caché sous un massif d'ombrages.

Avant le sac du château de Colbert, les prisons du Luc s'étaient déjà ouvertes pour recevoir M. Gilly, maire de la commune.

Cet honneur lui était bien dû, car, dans la journée du 4, l'énergie de sa résistance et son esprit conciliant avaient paru arrêter un instant le torrent révolutionnaire dès sa première irruption.

M. Amalric, directeur des postes, qui avait été pris et relâché la veille, en même temps que le fils de M. Andrac, le juge de paix, absent, M. Almaric est de nouveau saisi pour n'être plus relâché.

Du 4 au 5, la marche de l'insurrection est rapide au Luc. La commission municipale, sortie du premier mouvement, se voit dépassée dans quelques heures et remplacée par un comité révolutionnaire. Une nuit suffit pour user ces Girondins. Quand donc ces éternels modérés révolutionnaires comprendront-ils que modération et révolution sont choses incompatibles ?

A la vue de leur maire et d'un fonctionnaire traînés en prison, d'honnêtes et paisibles citoyens s'émeuvent ; ils suivent la foule des factieux et n'hésitent pas à flétrir énergiquement leur conduite.

Ils savent qu'en agissant ainsi, ils s'exposent à partager le sort des victimes qu'ils veulent disputer à la multitude ameutée. Mais les véritables hommes d'ordre ne transigent pas avec leurs devoirs et savent le remplir au péril de leurs jours.

Telle est la conduite de MM. Louis Giraud, négociant, et Einésy, docteur en médecine, qui, pour avoir fait entendre des paroles de paix à ces émeutiers, sont traînés à leur tour en prison.

Le même honneur est accordé à l'intrépide maréchal-des-logis Guillon, qui a osé protester dès la veille contre l'autorité insurrectionnelle.

Les braves gendarmes Mayère, Dromard, Valdenner, Audiffret, avaient suivi leur chef au poste où les appelait le devoir, ils devaient le suivre dans les étapes d'une longue captivité.

M. Porre, receveur de l'enregistrement, ne pouvait être épargné. Tout fonctionnaire intègre était désigné d'avance à la rage des démolisseurs. Aussi, malgré son grand âge et ses infirmités, M. Caors, percepteur, va bientôt rejoindre M. Porre dans les cachots de l'insurrection.

Le même sort attend M. Gerffroy, que le plus grand des malheurs accable en ce moment. Sa fille se débat dans les convulsions de l'agonie. Mais quels sentiments humains pourraient arrêter des révolutionnaires qui, non contents de marcher au renversement des lois de la religion et de la propriété, ont pour mission de fouler aux pieds les instincts les plus sacrés de la famille?

Les émeutiers, qui ont arraché le curé des Mayons du Luc à son modeste presbytère, pouvaient bien arracher M. Gerffroy au lit de mort de sa fille. MM. Martel, Désiré, propriétaire, et un huissier, M. Blanc, sont également arrêtés.

Cette jacquerie en délire n'était plus la guerre du pauvre contre le riche, c'était la révolte du vice contre la vertu.

En veut-on la preuve?

Voici des ouvriers et des cultivateurs, modestes mais honnêtes travailleurs, coupables parce qu'ils ont compris que le travail est le plus beau fleuron de la couronne des devoirs sociaux.

Louis Roch, *Eustache Périer*, *François Clavel*, *Porcio*, *Ferdinand Henrich*, *Théodore Vergelin* et vous brave *Codou*, que vos noms soient inscrits ici, comme les plus significatifs et les plus honorables noms de ce long martyrologe insurrectionnel, comme le stygmate qui doit marquer au front la démagogie du Var!

Fait instructif et digne d'être enregistré: l'arrestation de ces honorables travailleurs précède celle de M. de Colbert.

La chaumière n'a donc rien à envier au château.

Que le château et la chaumière s'entendent toujours ainsi et le socialisme aura beau faire, il sera impuissant.

Nous trouvons encore une preuve touchante à l'appui de ces réflexions, dans l'arrestation des fidèles domestiques de M. de Colbert, dont nous avons réservé les noms pour clore dignement la liste des victimes de l'anarchie au Luc:

Ce sont MM. *Julien*, jardinier, *Antonin Chastron*, *Tambon*, ses deux fils *Henri* et *François*, *Hippolyte Audemard*.

Voilà donc treize noms d'honorables travailleurs lâchement arrachés à leurs foyers par une multitude égarée et inintelligente.

Pendant que l'insurrection grandissait au Luc, Vidauban ne restait point en arrière.

Seulement l'audace des insurgés de ce pays s'arrêtait un instant, le 4, devant l'attitude de M. le maire Bernard, qui refusait la clef de l'hôtel-de-ville aux revoltés et leur intimait l'ordre de se retirer, en accompagnant cet ordre de l'exhibition d'un argument sans réplique.

Mais les gendarmes, comme nous l'avons dit, avaient déjà été surpris.

La perspective de l'impunité encourage les moins audacieux.

La porte du clocher est enfoncée, on sonne le tocsin. Les habitants des campagnes quittent leurs travaux et accourent, en s'écriant :

— Les gendarmes sont pris, ce n'est pas trop tôt.

La caserne de la gendarmerie est envahie. Toutes les avenues du bourg, comme à la Garde-Freinet et au Luc, sont gardées.

M. le Maire trouve cependant le moyen d'expédier un émissaire à M. le Préfet, au chef-lieu du département : cet émissaire, homme intelligent et dévoué, parvient à Draguignan dans la soirée, mais les secours qu'il vient demander lui sont refusés, car de pareilles demandes arrivent de toutes parts.

Cependant les chambrées de Vidauban se complètent et correspondent avec l'hôtel-de-ville tombé au pouvoir de l'anarchie.

En ce moment accourt à franc étrier du côté du Luc un gendarme porteur d'une dépêche.

Un groupe d'insurgés fait feu sur lui : il ne doit son salut qu'à la vitesse de son cheval et à la maladresse de ses agresseurs.

A partir de ce moment, l'entraînement insurrectionnel se déchaîne irrésistible; les démocrates qui conservent quelques sentiments honnêtes, commencent à trembler pour eux-mêmes.

Comme dans les communes de la Garde-Freinet et du Luc, on ne se contente pas d'arrêter les estafettes, les courriers, les diligences et voitures particulières; un groupe agite froidement la question du pillage, on délibère sur les mesures à prendre afin que personne n'échappe aux investigations, on recommande de ne pas oublier dans les perquisitions l'examen attentif et minutieux des tuyaux de cheminées.

Mais, tout en songeant à ces odieuses mesures et à d'autres plus tristes encore, nos héros se gardent bien d'oublier leur ventre.

Le rôle d'insurgé est apéritif, et généralement partout dans le Var, les plus ardents meneurs de révolte ont fait constamment preuve de grandes facultés digestives. Après leur étonnante agilité à la course, au moment de la débandade; ce qu'on a pu remarquer de plus homérique en eux, c'est leur pantagruélique appétit et leur inextinguible soif.

Les victuailles et le vin ne pouvaient faire défaut aux héros de l'insurrection vidaubanaise.

— Qui paie? disaient piteusement les marchands effarés, à la vue des requérants fort pressés.

—*Marquez, marquez sur le compte de la commune*, répliquaient ces héros entre deux coups de vin.

Comme au Luc, comme à Brignoles, comme dans la plupart des localités en révolte, la lutte entre les modérés et les forcenés, entre les Girondins et les Jacobins ne tarde pas à s'élever, à grandir et à se terminer par la défaite des premiers et le triomphe des derniers.

La commission municipale, improvisée dès le début de l'insurrection, renferme dans son sein quelques hommes modérés. Ils ont à lutter sans relâche contre les factieux les plus ardents, qui demandent à grands cris le pillage des armes, les arrestations et autres aménités démocratiques.

La commission municipale oppose à ces factieux une résistance qui honore ses intentions, mais qui ne prouve pas la portée de son jugement.

Les factieux, irrités de cette résistance, tentent le lendemain d'établir un comité de salut public, de dresser une liste de suspects, etc.

Toujours cette éternelle comédie de sang entre les Jacobins et les Girondins et qui durera jusqu'à l'extinction du dernier républicain modéré!

La commission municipale débordée, menacée, donne sa démission.

Les démocrates vidaubanais sont convoqués à son de trompe sur la place publique.

Un simulacre d'élection a lieu et, merveilleux résultat du suffrage universel tant calomnié, la majorité des nouveaux élus s'oppose encore aux mesures violentes.

Les postes sont moins bien gardés, les gendarmes élargis. On se contente de les garder à vue. Le brigadier profite d'un moment favorable pour se jeter dans le courrier, espérant se rendre au chef-lieu. Il est repris pour ne plus être relâché. Un émissaire envoyé au Plan-de-la-Tour ramène de cette commune trente hommes. L'autorité insurrectionnelle trouve ce contingent insuffisant et renvoie ces conscrits insurgés, leur enjoignant de revenir accompagnés d'un plus grand nombre de recrues, volontaires ou non. En même temps des bandes parcourent les campagnes, recrutant par l'intimidation dans les plus humbles cabanes les cultivateurs ignorants et surpris, s'emparant de toutes les armes et de tous les objets plus ou moins nécessaires à la grande expédition.

C'est ainsi que Vidauban s'agite jusqu'au samedi soir, 6 décembre, jour où cette commune devient pour une nuit le quartier général de l'insurrection en marche vers le chef-lieu.

Sur un mot d'ordre donné par le comité directeur, les colonnes du Luc et de la Garde-Freinet renforcées, les premières des contingents des Mayons, du Cannet, de Gonfaron, Pignans, Carnoules, Flassans etc., les secondes des détachements de Saint-Tropez, Gassin, Grimaud, Cogolin, s'ébranlent, au même instant, au bruit des cloches, au chant de la *Marseillaise* et du *Ça ira*, et se mettent en marche vers le coucher du soleil, tambour battant, enseignes déployées.

C'est un spectacle étrange que ce ramassis incohérent d'ouvriers, de paysans en veste ou en blouse, de vagabonds déguenillés, coiffés de casquettes ou de vieux chapeaux de feutre défoncés, armés à la hâte de bâtons, de pioches et de quelques mauvais fusils. Dans la foule, des enfants et des femmes portent sous le bras un panier de cantinière. Parmi elles on remarque déjà l'aristocratie du genre, la personnification de la révolte. C'est une jeune femme qu'un chef, dit-on, affuble de son manteau pour l'improviser déesse de la Raison ou de la Liberté. Toutes les exaltations se confondent dans cet enivrement insurrectionnel : les propos obscènes et les chansons grivoises se mêlent aux hurlements des chants révolutionnaires et aux cris de mort. La luxure a de tout temps donné la main à la férocité sur le trône des Césars du Bas-Empire, comme sous la tente des Vandales.

Un chirurgien de marine a quitté le *Pingouin*, navire de l'Etat, mouillé dans le golfe de Saint-Tropez, pour venir prendre le commandement des bandes recrutées aux alentours de cette ville, à Gassin, à Grimaud, à Cogolin. Ce chef de bande n'a pu entraîner que trente hommes de Saint-Tropez. Un serrurier partage avec lui le commandement. Mais à mesure qu'il avance dans le pays, l'ignorance et la crédulité des habitants de ces vallées et de ces montagnes favorisent ses tentatives d'intimidation et d'embauchage. Il s'empare à Gassin des armes de la garde nationale et de quelques munitions déposées à l'hôtel de ville. Il voit accourir sous ses drapeaux quelques contingents des communes de Grimaud et de Cogolin, dont les municipalités ont été destituées et remplacées pendant la nuit. Là se bornent les exploits de ce chef de bande, car, dès le 5, le juge de paix du canton de Grimaud, M. Hippolyte Maille, homme d'esprit et de cœur, avait déjà réintégré les municipalités destituées, après avoir mis à la porte les commissions municipales improvisées par l'insurrection.

Ainsi recrutée et composée, cette masse désordonnée et tumultueuse, surexcitée par le bruit, l'ivresse et des hourras de femmes, cette masse descend les pentes raides et sombres du versant septentrional des *Maures*, à cette heure douteuse où les malfaiteurs sortent de leur retraite pour venir guetter leurs victimes au détour du chemin.

Ce spectacle devait avoir quelque chose de sinistre et de comparable aux excursions des hôtes antiques de ces lieux désolés, car nous lisons dans une relation publiée par un témoin oculaire, l'honorable M. Alphonse Voiron, l'un des ôtages de la Garde-Freinet : « Dire tout ce que j'ai souffert durant la route, la nuit, me serait impossible. »

Une preuve non moins irrécusable du hideux aspect des bandes insurrectionnelles de la Garde-Freinet et du Luc, c'est qu'elles frappèrent de terreur les démocrates vidaubanais eux-mêmes. Ils veulent reculer devant tant d'audace. Ils savent qu'un détachement de troupes de ligne, parti de Toulon, peut arriver d'heure en heure. Ils comprennent que, dans une situation pareille, marcher sur le chef-lieu est une folie. Ils parlementent dans ce but avec leurs complices de la Garde-Freinet et du Luc.

— Il est trop tard ! s'écrient ceux-ci.

— Comment ! poursuivent avec un redoublement de fureur quelques meneurs étrangers, vous prétendez être des démocrates et vous n'avez encore emprisonné personne !

— Et les provisions de bouche et les munitions de guerre promises par vous, où sont-elles ? ajoutent quelques autres.

En proférant ces paroles accompagnées de menaces, les plus déterminés se précipitent vers l'hôtel de ville qu'ils envahissent en désordre. Ils expulsent la commission municipale, élue pourtant par les insurgés du pays, et s'installent brutalement, sans autres formalités, à la place de ces révolutionnaires trop modérés à leur gré. Pour mieux réchauffer sans doute l'enthousiasme local, ils entassent follement dans les cheminées de l'hôtel de ville, envahi par eux, une quantité de bois qui aurait suffi à la consommation de deux ans. Les cheminées éclatent et menacent de dévorer l'édifice. Ces insensés parviennent à éteindre ce commencement d'incendie.

Comment raconter les angoisses des prisonniers au nombre de soixante environ, entassés dans d'étroites salles et veillant au milieu de ce chaos ?

Laissons parler ici M. Alphonse Voiron, témoin de ces déplorables scènes :

« Cette nuit que nous avons passée à Vidauban, couchés sur les bancs de la salle d'école où l'on nous avait enfermés, fut pour moi la nuit la plus terrible, elle laissera dans mon esprit un souvenir qui ne s'effacera jamais.

» Cette petite localité avait alors dans son sein environ 2,000 insurgés. Toute la nuit nous n'entendions que le bruit des armes, des tambours battant la générale et le son de la cloche, appelant aux armes les habitants des campagnes.

» Pour montrer les égards que nos geôliers avaient pour nous, je dirai que peu après notre incarcération à Vidauban, l'on nous apporta, pour notre souper, du pain et un pot de terre rempli d'eau ; nous avons appris depuis, que quelques amis étaient venus nous apporter des vivres, mais que ces honnêtes citoyens avaient jugé à propos de les garder pour eux.

» Le lendemain dimanche, à cinq heures du matin, on nous fit sortir de notre prison pour marcher sur Draguignan ; toute une armée alors d'insurgés nous attendait à la porte ; on se mit en marche à la lueur des torches, au chant de la *Marseillaise* et du *Ça ira*.

» Le jour nous trouva à environ trois kilomètres de Vidauban, mon cœur alors se dilata un moment, je me sentais revenir à la vie.

» Nous arrivâmes aux Arcs vers les huit heures du matin. »

Les bandes se mettent en marche commune par commune. A chaque départ, le bruit des tambours, le retentissement des cloches, les cris de la foule redoublent. Enfin, la commune de Vidauban se vide insensiblement. On n'aperçoit plus sur la place publique, si encombrée et si bruyante naguère, que deux ou trois groupes composés de cultivateurs paisibles qui ont résisté à la menace de la fusillade, pour ne pas abandoner leurs foyers.

Des femmes, les menaçant de la voix et du poing avec toute l'énergie de la gesticulation et de l'accentuation provençales, se précipitent vers eux, en s'écriant :

— *Les nôtres y sont ; il faut marcher aussi, sinon gare le retour !*

Quel retour, non pas pour ceux qui ont eu le bon sens de rester, mais pour ceux qui ont eu la folie de partir !

Sur le point le plus élevé de la chaîne des Maures étalant, au-dessus d'une forêt de châtaigniers et près des nues, un petit plateau gazonné, lo regard du pieux voyageur peut apercevoir de loin une modeste chapelle dédiée à Marie, sous la gracieuse invocation de *Notre-Dame des Anges*.

Toutes les années, au mois de septembre, des pèlerins fidèles et de curieux touristes, les populations environnantes de Collobrières, de Cuers, de Pignans, de Gonfaron, du Luc, etc., viennent, sur le sommet de la montagne, jouir d'un panorama qui s'étend des Alpes à la Corse et offrir leurs religieux hommages à la divine mère.

Touchant emblème bien digne de la dispensatrice de toutes les grâces, une source intarissable d'eau vive jaillit à quelques pas du sommet vénéré.

Le pèlerin, sur le point d'atteindre le terme de ses fatigues et le but de ses espérances, peut s'y reposer à l'ombre de frais massifs d'ombrages et s'y désaltérer à loisir.

Sans doute cette chapelle fut bâtie sur ces hauteurs solitaires, pour perpétuer le souvenir du triomphe de la croix, de la délivrance de notre pays opprimé par les infidèles.

Pourquoi hésiterions-nous à croire que le monument de la piété des ancêtres est destiné à réparer les malheurs des fils égarés ?

Pourquoi douter que la chapelle de Marie, tour de David, boulevard de la Chrétienté au moyen-âge, dominant ces contrées délivrées autrefois des sauvages incursions sarrazines, est appelée à les purger, les consoler, les préserver aujourd'hui des suites de l'invasion socialiste, de cette hérésie d'un sensualisme sanglant, qui nous ramènerait à la barbarie musulmane ?

Espérons-le, car déjà la foi catholique se réveille au sein de ces populations qui ont pris une part si active au soulèvement démagogique du mois de décembre.

Lors du dernier jubilé, la parole des apôtres du Christ, de celui qui a dompté la chair pour affranchir l'esprit, la parole des apôtres de la paix, de la concorde et de l'obéissance a produit des fruits inespérés.

A Vidauban, au Luc, au Puget près Cuers, une foule pieuse s'est approchée de la table sainte.

Puisse *Notre-Dame des Anges* veiller sur nous ! Puisse la chapelle qui domine de si haut nos misères, après avoir été bâtie comme un trophée de délivrance, être bénie comme un monument de réconciliation !

LE VAL D'ARGENS.

En sortant de Vidauban pour marcher sur le chef-lieu, l'insurrection traversa le pont d'Argens ou de l'Argens, si l'on veut faire à ce modeste cours d'eau l'honneur de l'appeler un fleuve.

C'était pour la démagogie le passage du Rubicon.

Ces bandes indisciplinées devaient être dans le paroxysme de l'exaltation et pourtant, sauf quelques meneurs et énergumènes de la Garde et du Luc, la plupart commençaient déjà à réfléchir sur les conséquences de tant d'audace.

Le jour commençait à luire sur les roches de couleur rougeâtre qui encaissent le lit assez profond du petit fleuve près du pont, lorsque le gros des bandes défila avec une sorte d'ensemble, simulant assez grotesquement la discipline d'un corps de troupes plus régulièrement armé.

Laissant à gauche la tour de Taradel, qu'elles devaient bientôt revoir de plus près et dans des dispositions moins conquérantes, et à droite les déclivités plus rapprochées des *Maures*, ces bandes, après avoir traversé les riches plaines qui bordent l'Argens, entrèrent bientôt dans la petite ville des Arcs, pittoresquement abritée sous des roches pendantes.

Le général en chef venait d'arriver à franc étrier de Brignoles. Ce n'était pas trop tôt. Les soins de son équipement avaient sans doute retardé sa marche triomphale, car il ne lui manquait, pour prendre le commandement suprême..... qu'une paire de bottes et un cheval quelconque.

Enfin, il arrivait à temps..... pour battre en retraite.

Si le bruit et la confusion sont de l'enthousiasme, on peut dire qu'il fut dignement accueilli.

Toutefois la déesse Raison et le Spahis, par l'effet du costume, avaient le privilége d'exciter peut-être un entraînement plus grand.

Où ne mène-t-on pas les masses avec des oripeaux ?

Les hauteurs qui encaissent, comme un mur d'amphithéâtre du côté de l'ouest, la petite ville des Arcs, renvoient en mille échos les hourras, les cris et les refrains de sang des envahisseurs.

D'autres clameurs répondent.

Ce sont les démocrates du pays qui saluent les nouveaux arrivants.

Ils appellent cela fraterniser : sombres fanfaronnades, funèbres enfantillages !

Le désordre a son vertige comme l'abîme.

Ceux qui sont entraînés par ignorance ou lâcheté crient et menacent plus haut et plus fort que les autres. C'est un pêle-mêle inouï de frères et amis qui s'espionnent, s'exaltent, se trahissent déjà et se jalousent une influence de quelques heures : triste comédie ! Tous commandent, et personne n'obéit. Des estafettes vont, viennent, accourent, partent, sont rappelées pour repartir encore.

Le général en chef ne sait à qui entendre, à qui parler, quels ordres donner : chaque chef subalterne est un espion ou un rival pour lui, chaque soldat un geôlier ou un maître.

Tout est plein, tout regorge, rues, places, remises et surtout cabarets. Tout cela grouille, tempête, rit, boit, chante et s'agite.

Comme partout, les derniers venus se plaignent de la tiédeur des démocrates de la commune envahie.

—Qu'avez-vous fait ? voyons !

—Où sont vos prisonniers ?

—Vos provisions ?

—Vos armes ?

Les démocrates du pays ne savent que répondre.

Leurs exploits se sont bornés à des promenades patriotiques et silencieuses.

Le maire, homme intelligent et résolu, bien que retenu chez lui par une fracture à la jambe, est parvenu la veille et l'avant-veille à les contenir.

Ils n'ont pu sonner le tocsin et procéder à toutes les mesures préliminaires.

Les envahisseurs sont indignés.

—Comment ! un maire, cloué dans son fauteuil, vous arrête ! quels démocrates !

—Ils n'ont rien pris, canaille !

—Allons ! allons ! commençons !—Chez le maire !

—Chez le maire ! chez le maire ! hurle la foule.

La demeure du magistrat est envahie.

Il est entouré, pressé, menacé de toutes parts par les factieux et brave sans sourciller, pendant plus d'une heure, la vue des haches et des armes de toute espèce que des assaillants étrangers tiennent comme suspendues sur sa tête, pendant qu'on délibère sur le sort qu'on lui réserve.

On l'a brutalement enlevé de son lit, où le retenait une opération chirurgicale récemment faite à sa jambe fracturée; on le porte, au milieu des cris et des menaces, sur un char pour l'emmener.

Les insurgés des Arcs, honteux de ces violences, protestent par des murmures.

Les insurgés étrangers ont peur.

M. Truc est relâché.

La foule ondule au milieu des protestations et des menaces qui s'entrecroisent. Les démocrates des Arcs ne sont pas assez nombreux pour résister. De nouveaux énergumènes arrivent et réclament leur proie avec une exaspération croissante.

M. Truc est repris.

Ses nombreux amis, sa famille, tous ceux qui le connaissent se désespèrent.

Les protestations continuent et irritent les étrangers.

—Il ne peut suivre la colonne, s'écrie-t-on.

—Ne le voyez-vous pas !

—C'est pire que la mort !

Les deux partis échangent les plus énergiques épithètes, ils épuisent le riche vocabulaire des jurons provençaux.

Au milieu de ce pêle-mêle, à chaque instant plus dangereux pour l'honorable magistrat qui est l'enjeu de la lutte, M. Placide Lavagne, deuxième adjoint, accourt et s'offre à prendre la place de M. Truc.

—Je ne puis m'en charger, répond le chef démocrate des Arcs, ancien aubergiste.

—Mais enfin, décidez-vous !

—Tout ce que je puis faire, dit le chef un peu embarrassé, c'est d'en référer au conseil de guerre qui délibère en ce moment.

3

Les amis de M. Truc souscrivent à la proposition ; le chef court soumettre au sanhédrin démagogique la généreuse proposition, qui est froidement discutée comme un marché onéreux.

Ah! *parbleu*, (par euphémisme) nous exposons bien notre tête, nous! s'écrient les pères conscrits de la république rouge.

—Pourquoi tant ménager ces..... ?

Le conseil de guerre de l'insurrection délibérait en ce moment sur la question de savoir si l'on marcherait immédiatement sur Draguignan.

Le moment était mal choisi pour obtenir une concession quelconque.

— Il nous faut des ôtages à tout prix! observe l'Agamemnon en paletot, président du conseil.

—Il nous en faut beaucoup et premier choix, ajoute en ricanant un Ulysse à la barbe luxuriante et au chapeau rabattu sur le nez.

—Sans cela, comment nos soldats soutiendraient-ils le premier feu? observe un naïf diplomate en blouse.

—Allons donc! le premier feu, riposte un Achille aux pieds légers, le soldat français n'osera tirer sur des frères.

—N'importe, réplique le Nestor de la bande, il nous faut des ôtages de toutes façons, qu'on marche sur le chef-lieu ou non, qu'il y ait un engagement ou un arrangement, que l'on se batte ou que l'on négocie. Dans le premier cas, les prisonniers serviront de rempart vivant à nos soldats qui ne sont pas plus solides que de raison; dans le second cas, on pourra proposer un échange de prisonniers. Il nous faut donc des ôtages de qualité et en quantité!

—Appuyé!

— Que décidez-vous donc sur la proposition du citoyen adjoint parfaitement valide, qui veut remplacer le maire empêché.

— C'est un marché de dupes! dit Ulysse en caressant sa barbe.

—Non! non! point de transaction! si le maire ne peut marcher, qu'on le traîne! Il est bien heureux qu'on lui fasse les honneurs d'une voiture.

Le chef des Arcs, saisi d'un dernier sentiment d'humanité, est tout-à-coup frappé d'une idée lumineuse.

—Si, pour remplacer le maire, nous demandions les deux adjoints, dit-il.

Un mouvement d'adhésion se manifeste dans la docte assemblée.

— Au fait, c'est une assez bonne idée, observe l'un.

— Allez, dit le président, et prenez ce que vous pourrez.

Deux adjoints bien portants valent bien un maire malade, pensa le sanhédrin humanitaire.

Toutefois, il est étonnant que le docte conseil de guerre n'ait pas jugé à propos, dans sa sagesse, de garder à la fois maire, adjoints, secrétaire, sergents de ville. La postérité lui saura gré sans doute de sa modération et de sa générosité.

C'est ainsi que ces chefs ineptes délibéraient froidement sur le sort des familles désolées et frémissantes, et ricanaient au milieu de tant d'angoisses imméritées!

Le chef des Arcs vient rapporter la décision du conseil aux amis impatients de l'honorable M. Truc.

Le premier adjoint, M. Reynier, s'empresse d'adhérer à la proposition.

Il est père de six enfants!

Il sait bien qu'il fait le sacrifice de sa vie. L'acharnement des geôliers à garder leur proie le prouve assez, mais il n'hésite pas un instant!

Ce n'est pas tout.

N'ayant pu emmener le maire des Arcs, ces maniaques d'arrestations arbitraires veulent prendre leur revanche.

M. Edouard Reynier, maire de Taradeau, se trouve aux Arcs où des affaires l'ont appelé.

M. le maire de Taradeau est fait prisonnier.

Bientôt, par suite de cette incohérence qui dominait dans cette multitude sans direction, surtout aux Arcs, pendant la matinée du 7, M. le maire de Taradeau est mis en liberté.

A peine relâché, il apprend que son collègue M. Truc est prisonnier.

S'oubliant lui même, ne s'arrêtant point à l'idée des dangers auxquels il vient d'échapper et n'écoutant que l'impulsion de son cœur, M. Reynier, Edouard, se dirige tranquillement vers la demeure de M. Truc, pour avoir la consolation de lui serrer une dernière fois la main en signe d'adieu.

Fendant la foule, qui devient de plus en plus compacte et menaçante à mesure qu'il approche du seuil de la demeure de son collègue, il arrive et se dispose à entrer, lorsqu'il est reconnu par plusieurs insurgés qui l'ont déjà suivi.

On s'empare de lui une seconde fois pour l'emmener à la suite des autres ôtages jusqu'à Salernes, où il obtint d'être seulement gardé à vue.

Il eut du moins la consolation d'apprendre que M. Truc était épargné; mais il eut la douleur, en passant à Taradeau, de voir sa maison envahie par ses geôliers.

La petite armée socialiste, après un séjour assez court aux Arcs, mais assez bien rempli, comme on voit, après des hésitations et des incertitudes sans nombre, ne tarda point à s'ébranler à la voix de son chef qui donna l'ordre à ses troupes de se replier sur Salernes.

Un émissaire, expédié par le comité directeur à Draguignan, effrayé des moyens de résistance préparés au chef-lieu, venait d'apporter cet ordre qui avait été parfaitement accueilli par le sanhédrin démagogique.

C. Duteil se met à la tête de son armée et prend la direction de Lorgues, l'œil hagard, la tête bouleversée, après avoir expédié dans tous les sens des estafettes.

On raconte que, dans la nuit du 6 au 7, le chef présidant à l'arrestation des courriers, ayant saisi les dépêches annonçant le rétablissement de l'ordre sur tous les points de la France, se garda bien de les montrer au général, tant il se méfiait de l'esprit d'indécision de ce dernier.

Quoi qu'il en soit, dès l'arrivée de l'émissaire de Draguignan enjoignant aux meneurs des factieux de faire rétrograder leurs phalanges, la comédie de la peur commence pour l'insurrection.

C'est ainsi qu'on peut expliquer le sens des paroles que le *général* C. Duteil adressa aux prisonniers, dans la visite qu'il leur fit avant son départ pour Lorgues.

— Citoyens, dit-il, je ferai tout mon possible pour alléger votre position. L'humanité est l'arme de la démocratie. *Nous avons les dépêches nous annonçant que Paris est au pouvoir des ouvriers et Napoléon à Vincennes.* Rassurez-vous, nous penserons bientôt à votre délivrance. »

Les otages n'étaient pourtant pas trop rassurés : les scènes de désordre qui éclatèrent à Lorgues, ne leur prouvèrent que trop combien peu ils pouvaient compter sur les protestations d'un chef qui n'était déjà plus maître de ses troupes.

Il était dix heures environ quand les premiers détachements insurrectionnels sortirent des Arcs, tournant le dos à Draguignan.

Ils s'arrêtèrent quelques instants aux *Quatre Chemins*, au grand détriment du propriétaire de l'endroit.

Quelques minutes de halte à Taradeau ne furent pas moins ruineuses pour cette petite commune.

Il faut si peu de temps à des bandes affamées pour semer la misère sur leur passage !

A quoi bon discuter si le pillage était à l'ordre du jour. Cette démagogie errante ne pouvait pas vivre uniquement de cris, de chants et d'agitations vaines.

Les derniers contingents partis des Arcs, après une marche fort courte, reçurent l'ordre de rétrograder, tandis que le gros de la colonne continuait sa marche vers Lorgues.

Déjà l'attitude de ces masses armées était notoirement changée. La méfiance, la peur, les fatigues et la faim commençaient à les démoraliser.

Vers le milieu du jour, les derniers contingents reçurent l'ordre de venir rejoindre le corps principal.

Cette espèce d'arrière-garde, composée en grande partie d'habitants des Arcs, fit son entrée à Lorgues vers les quatre heures, chantant la *Marseillaise*. C'est alors qu'eut lieu le mouvement d'odieuse agression contre le chef-lieu de canton, de toutes les bandes qui, jusque là, avaient stationné, devant l'hôtel de ville, dans une attitude assez inoffensive.

On a prétendu que la commune des Arcs enviait à celle de Lorgues la prérogative de chef-lieu de canton. C'est à cette rivalité qu'il faudrait, dit-on, attribuer la première cause des troubles qui signalèrent le passage des phalanges anarchiques dans cette dernière commune.

L'honorable M. Truc, au nom de ses administrés, a démenti ce bruit assez accrédité à Lorgues.

Nous aimons à voir, dans ce démenti, une raison de douter de la réalité de ce bruit et la condamnation de ces haines locales qui poussent aux mouvements populaires et leur donnent un caractère plus odieux, en les rappetissant au niveau des plus misérables querelles.

L'esprit religieux, s'il faut en juger par les résultats du dernier jubilé, s'est réveillé aux Arcs comme ailleurs. Il a sans doute dissipé tous les préjugés qu'entraînent à leur suite les désordres révolutionnaires.

La commune des Arcs a aussi sa chapelle de prédilection, monument populaire de douce piété et de gracieux souvenirs.

De toutes les communes environnantes on accourt, après le mois des fleurs, à son ermitage de *Sainte-Roseline*, de la *Vierge aux Roses*, de la *Vierge de la Charité*.

L'année qui a suivi les troubles de décembre, l'affluence y était nombreuse et paisible comme à l'ordinaire et nos populations y ont réappris les joies de la seule fraternité possible, de la fraternité chrétienne.

LE MUY.

La Chaîne des Maures est brisée au Muy par d'immenses blocs de roches perpendiculaires, qui surplombent le cours sinueux de l'Argens.

De l'autre côté du petit fleuve commencent à s'élever les premières déclivités de l'Estérel, autre chaîne pittoresque de nos montagnes du littoral bien connue des voyageurs.

Le Muy est bâti entre les deux chaînes de montagnes, de manière à commander la tête de la belle plaine de Fréjus.

L'ardeur de caractère des habitants de cette commune est à remarquer, même dans le midi où cette ardeur est assez ordinaire.

Nous en trouvons un exemple dans l'histoire de Provence.

En 1536, les soldats de Charles-Quint, ayant envahi nos contrées, sont arrêtés trois jours au Muy, par quinze hommes enfermés dans une tour, que l'on voit encore sur la route à l'entrée de la ville du côté de Fréjus.

Charles-Quint fait tirer cent quarante-neuf coups de canon contre cette espèce de forteresse.

Les quinze hommes tiennent bon.

Ne pouvant en venir à bout par la force, le rival de François Ier a recours à la ruse.

Il promet la vie sauve aux quinze défenseurs de la tour, s'ils consentent à se rendre.

Ces braves gens, dépourvus de munitions, acceptent cette proposition.

Mais dès qu'ils sont entre les mains de Charles-Quint, celui-ci les fait pendre, au mépris de la foi jurée.

Non content d'un pareil exploit, il fait mettre le feu au bois des Maures où s'étaient retirés les habitants, qui se vengent en taillant en pièces l'arrière-garde des ennemis de la France.

En décembre 1851, les habitants du Muy se sont montrés dignes de leurs ancêtres et ils ont été plus heureux.

Nul des intrépides défenseurs de l'Hôtel de Ville n'a été pendu, et ils ont obtenu en quelque sorte une récompense collective par la distinction accordée à leur digne chef, M. le maire Célestin Fouque, décoré de la croix de la Légion-d'Honneur.

Depuis 1848, la population du Muy était divisée en deux camps bien tranchés, les napoléoniens et les rouges, formant deux sociétés ou *chambrées* rivales dont l'exaltation allait toujours croissant.

Dès 1849, la lutte était déjà très-ardente : nous avions pu en juger en assistant à la fête patronale du pays, au *Romèrage de Notre-Dame-des-Œufs.*

Sur le versant oriental des abruptes rochers qui terminent la Chaîne des *Maures* et connus sous le nom de *Roquebrune*, s'élève une petite chapelle, comme suspendue sur le cours de l'Argens, au milieu d'immenses blocs noirâtres, qu'on dirait fendus et crevassés par d'anciennes éruptions volcaniques. Au-dessous de ces roches, taillées à pic et affectant les formes les plus grandioses et les plus bizarres, sont groupés des massifs de chênes-lièges, au milieu desquels s'étend une assez large clairière gazonnée.

C'est le théâtre de la fête.

Quand vient le *renouveau,* comme disent les vieux poètes, quand la Provence, cette pauvre *gueuse parfumée* tant calomniée, se fait belle comme une grande dame, c'est là que les populations du Muy, de Roquebrune et de quelques communes environnantes se réunissent pour célébrer la fête, pour manger l'omelette des œufs de Pâques fleuries, et.... danser, car, hélas ! où pourrait-on voir en Provence un *Romèrage* sans échaudés et sans farandole ?

A l'époque dont nous parlons, le citoyen Emile Ollivier, déchu de ses fonctions de commissaire extraordinaire, suivi de la fleur des pois de l'aristocratie démocratique des environs, se trouvait à la fête.

Comme la sève, qui monte et bouillonne au printemps dans les tiges et les rameaux, le sang fermentait dans toutes les veines, dans toutes les têtes. Le nom d'Emile Ollivier volait de bouche en bouche, en signe de provocation pour les uns, de vanité pour les autres, d'exaltation pour tous.

Le long des bords du paisible et ombreux Argens arrivent et se pressent les groupes variés des populations voisines. Les amateurs du confortable ont eu l'ingénieuse idée de construire un radeau et, s'entassant sur cette large embarcation improvisée, ils se laissent entraîner mollement par l'insensible courant du fleuve.

Telles ne sont point les allures pacifiques des deux chambrées rivales, qui traversent, comme une bouffée de mistral, les sentiers ombragés pour se devancer au lieu du rendez-vous.

Les *napoléoniens* arrivent les premiers, l'œil en feu, l'air conquérant, le galoubet et le tambourin vibrant et frémissant de plaisir.

Les *rouges* les suivent de près et tournoient en bondissant comme des faunes et des sylvains frénétiques.

Jeunes filles et jeunes femmes, exaltées par le bruit, les chants et les cris, se mêlent à la foule, et les deux chaînes vivantes se déroulent en méandres capricieux et bruyants, en longs anneaux de moment en moment plus rapides et plus rapprochés.

Quand les deux farandoles rivales se rapprochent ainsi, à travers l'épaisseur des bois, les plus tendres œillades se transforment en regards de défi, les refrains amoureux ou bachiques tournent subitement au lyrisme le plus échevelé, les mains enlacées se dressent crispées et menaçantes, la *Marseillaise* tonne, le *Guerre aux tyrans* lui répond, les deux farandoles dégénèrent en véritables pyrrhiques, prélude d'un combat imminent, comme chez les sauvages.

Simples flâneurs, nous sentions déjà, malgré nos goûts peu chorégraphiques, la contagion de l'étourdissement, de l'ivresse, du bruit et du mouvement nous gagner. Les rares spectateurs prenaient parti pour ou contre, baffouant les uns, applaudissant les autres. Tout-à-coup, dans un des carrefours les plus sombres de la forêt, un chef de file de la farandole napoléonienne se détache, grimpe sur une roche élevée et, du haut de ce piédestal improvisé, entonne un chant patriotique en l'honneur de l'empereur et de son neveu.

A chaque refrain la foule en masse répond, battant des mains, trépignant des pieds, ébranlant les échos de ces immenses roches perpendiculaires, mettant en fuite les oiseaux de proie effarés et portant à son comble l'exaspération des *rouges*.

En ce moment suprême, le citoyen Emile Ollivier apparaît comme Neptune au milieu d'une tempête. Il comprend qu'une collision est inévitable. Il assemble les siens, les captive par son éloquence insinuante et, sous prétexte d'une excursion au milieu des curiosités naturelles des environs, les entraîne loin du théâtre de la victoire des *napoléoniens*.

Une population, qui mettait tant de feu dans ses plaisirs, ne pouvait pas accueillir froidement l'acte du 2 décembre.

Dès le 4 décembre, sur un ordre transmis de Draguignan par deux émissaires, cent hommes environ se présentent à l'Hôtel de Ville.

Sortant à peine de maladie, M. Célestin Fouque est seul à son poste.

— Que voulez-vous, dit-il aux envahisseurs.

— Au nom du peuple souverain, votre écharpe, citoyen !

— Mon écharpe ! vous ne me l'arracherez pas, moi vivant !

Les agresseurs, stupéfaits devant tant d'énergie, s'entre-regardent et ne peuvent croire qu'un homme, seul et désarmé, leur parle ainsi.

Pendant qu'ils hésitent, s'imaginant sans doute que des amis armés sont cachés pour appuyer au besoin cette vaillante attitude, le maire leur montre la porte, en s'écriant :

— Puisque vous n'avez rien à faire ici, retirez-vous sur le champ !

Et ils sortent, honteux et penauds comme des écoliers surpris en maraude par un professeur.

Mais en battant en retraite, ils jurent de se venger.

Les voilà donc expédiant courrier sur courrier dans les environs, vociférant, puisant le courage à pleins verres dans les bouteilles qui se vident à la ronde, et battant un rappel d'enfer à crever la peau d'âne la plus dure.

Le vendredi, les frères et amis du Puget près Fréjus, de Saint-Raphaël, de Bagnols sont là.

Un démocrate intelligent, avocat parisien, veut leur faire comprendre qu'ils font fausse route, que le moment est mal choisi. Il est traité de lâche et contraint de marcher à leur tête. Les émeutiers du Muy sont en nombre et font mine de s'avancer enfin vers l'Hôtel de Ville.

Mais, dès la veille, les napoléoniens s'y sont barricadés, ils y ont apporté munitions de guerre et provisions de bouche, en hommes prévoyants et bien déterminés à tenir bon jusqu'au bout.

Deux barricades défendent l'escalier.

Une immense quantité de pierres et d'autres projectiles sont entassés sur les toits.

Chaque croisée est gardée par un petit groupe d'hommes choisis, anciens militaires ou chasseurs expérimentés, ayant cinquante coups de feu à tirer et trois hommes pour recharger les armes.

Derrière les barricades sont debout de braves travailleurs, dignement commandés par un militaire éprouvé, enchanté d'utiliser son congé de semestre, l'intrépide Lombardy, brigadier au 3e lancier.

Devant ce respectable appareil, les rouges continuent à crever des peaux d'âne, à chanter la *Marseillaise*, à boire, à rôder comme des renards à la queue coupée, s'amusant par ci, par là, à dévaliser les voyageurs, à fouiller les dépêches, à tous les exploits sans péril de la démagogie errante.

Ainsi s'écoulent les trois jours du siège, animés de temps à autre par quelques incidents dont nous citons le petit échantillon que voici :

Deux honorables habitants du Muy, n'ayant pu se rendre à la mairie, MM. Bouis, fils, et Sivan, aîné, sont saisis et indignement traités par les assiégeants.

La nouvelle de cet attentat est à peine connue des assiégés, que l'un d'eux, M. Alphonse Demore, receveur buraliste, sort à l'instant pour voler au secours de ses compatriotes en danger, sans communiquer son projet à personne.

Il a bientôt joint les insurgés qui, à son approche, s'alignent sur deux rangs et apprêtent leurs armes.

M. Demore avance toujours.

—Où courez-vous ? lui crie un démocrate exalté.

—Je veux, répond M. Demore, je veux savoir ce que vous comptez faire de mes deux compatriotes, saisis et maltraités par vous au mépris de tous les droits.

—Retirez-vous, ou vous aurez le même sort.

—Je ne reculerai point, car je suis dans mon pays et des gens tels que vous ne me feront point la loi ; si vous êtes des assassins, voilà ma poitrine.

Un insurgé se détache du groupe, s'avance à deux pas de M. Demore et l'ajuste lentement.

Le receveur buraliste demeure impassible.

Un autre insurgé s'élance et détourne l'arme.

—A la prison ! au cachot! s'écrient les autres.

Tout le rassemblement se précipite au même instant sur M. Demore.

Deux forcenés le saisissent violemment, lui serrent le cou et se disposent à l'étrangler.

Les uns le tiraillent par les bras, d'autres par les pieds. On le secoue par derrière, dix poignets le soulèvent et le terrassent. Il est ainsi traîné dans le local de la chambrée rouge, dans une pièce au premier étage d'une maison située au quartier des allées.

Là, il est claquemuré dans un cabinet dont on referme la porte avec soin.

Mais au moment où les anarchistes descendent l'escalier, le captif, qui n'a pas perdu un seul instant son sang-froid, s'évade lestement par la croisée et, regagnant l'hôtel-de-ville, rencontre sur le seuil son fils et ses frères qui sortent en armes pour le secourir.

Les anarchistes, frappés de terreur en voyant à quels hommes alertes et déterminés ils ont affaire, élargissent à l'instant MM. Bouis et Sivan.

Puissent de si beaux exemples servir de leçon à tous ceux qu'on est convenu d'appeler *hommes d'ordre*, et leur apprendre qu'il n'est point de dangers insurmontables, pour l'esprit de décision, d'union et de dévoûment !

La résistance des *napoléoniens* du Muy produisit un effet salutaire sur les populations, augmenta l'hésitation des bandes insurrectionnelles, acheva de paralyser les velléités de révolte dans l'arrondissement voisin de Grasse, moins profondément travaillé, d'ailleurs, par la propagande anarchique.

Peut-être aussi cette résistance protégea la ville de Fréjus contre toute invasion, s'il est vrai, toutefois, comme on l'a dit, que certains chefs de la démagogie errante aient eu l'idée sacrilége de s'emparer du courageux pasteur de notre diocèse. Notre digne évêque était sans doute, par ses vertus, par son apostolique et sainte énergie contre le mal, désigné d'avance à la fureur des barbares, mais il n'est pas vraisemblable que ceux-ci aient sérieusement songé à diriger leur mouvement oblique de retraite vers l'est, car ils se rapprochaient ainsi du littoral, qu'ils savaient gardé à vue par un navire de guerre en croisière à peu de distance. De plus ils s'engageaient dans un pays peu sûr et s'éloignaient des cantons de l'ouest et du centre, qui devaient se joindre à eux.

Dans la matinée du 7, les rouges du Muy abandonnèrent enfin le siège de leur hôtel-de-ville pour rejoindre aux Arcs le gros de l'insurrection.

Ils n'étaient pas des plus valeureux, s'il faut en juger par le trait suivant :

Pendant que les napoléoniens enfermés dans l'hôtel-de-ville les tenaient en échec, M. V..... grand vicaire du diocèse, bien connu de ses nombreux amis par de précieuses qualités et surtout par un caractère plein d'une aménité qui n'exclut pas l'énergie, M. V..... était venu de Fréjus au Muy tenir compagnie à M. le curé de cette commune.

Au milieu de l'effervescence peu rassurante qui l'entourait, M. V..... conservant toujours cette sérénité enjouée qui le caractérise, charmait les loisirs naturellement un peu troublés de l'excellent pasteur, son ami.

Bravant les sentinelles de la sédition, il allait et venait de Fréjus au Muy et du Muy à Fréjus, sans se préoccuper de la situation, assez périlleuse pourtant.

Enfin, ayant été rappelé à son poste peu de temps avant que le siège de l'hôtel-de-ville du Muy fût levé, il s'acheminait vers Fréjus fort tranquillement, bien qu'il fût seul dans sa voiture, lorsqu'aux abords de cette commune, il est arrêté par les sentinelles qui stationnent sur la route.

Un insurgé, armé jusqu'aux dents, s'avance d'un air rodomont :

—On ne passe pas, citoyen ! dit-il fièrement à M. V..... en abaissant son arme.

—Mon bon ami, lui répond M. V....., avec ce sourire communicatif qu'on lui connaît, mon bon ami, vous n'y pensez pas de vous compromettre ainsi et de vous exposer à être arrêté vous-même.

—Que dites-vous ! *Monsieur*, réplique l'*Artaban* un peu interloqué.

—Je dis, mon ami, que vous ignorez ce qui se passe. La troupe est en marche sur le Muy. Une colonne partie de Toulon a rejoint la garnison de Draguignan. Dans moins d'une heure, vous êtes fait prisonnier et....

L'insurgé épouvanté n'en demande pas davantage ; il jette son fusil au diable, prend son chapeau à deux mains, salue M. V..... jusqu'à terre, fait presque le signe de la croix comme pour s'exorciser lui-même, se recommande aux prières, à la protection de *Monseigneur* le grand vicaire et...... à la vitesse de ses jambes.

Peut-être à cette heure il court encore.

LE DOCTEUR DE CAGNES.

Heureux arrondissement de Grasse! le mistral des révolutions respecte ses doux abris et le vent des coups d'état glisse à peine sur lui comme une brise de mai sur un champ de fèves!

La bourrasque de février ne pouvait déflorer ce beau climat; car son représentant démocratique pouvait indifféremment cultiver l'œillet rouge, les blancs jasmins et les bleues violettes. La paisible ville de Grasse, au milieu de ses forêts d'oliviers et de ses moissons de fleurs, n'a jamais vu couler d'autres larmes que les pleurs embaumés du matin, et s'épancher d'autres torrents que les flots d'or de ses pressoirs.

La démocratie du Var, maîtresse partout ailleurs, voyait son influence s'évanouir à deux pas de ce trop sympathique Piémont, qui aurait pu lui prêter un si puissant concours et qui ne devait lui donner qu'une aveugle hospitalité.

A quoi donc faut-il attribuer cette heureuse répugnance de cet *Eden* provençal pour les chimères anarchiques?

Quelques points de la frontière, Vence et Cagnes, avaient bien un peu respiré l'haleine du choléra socialiste, mais ces foyers resserrés de l'épidémie n'étaient là, en quelque sorte, que pour mieux prouver la pureté de l'air ambiant.

Dès les premières tentatives de réaction en faveur de l'ordre, après février, les plus petites communes de cet intelligent et laborieux arrondissement avaient suivi le mouvement avec une ardeur presque unanime.

Lorsque, pour combattre l'esprit anarchique avec ses propres armes, le *Conciliateur du Var* établit une propagande populaire de souscriptions par décuries, l'arrondissement de Grasse répondit en dix jours par trois cents abonnements.

Aussi, dans la campagne électorale qui vint après ce mouvement d'adhésion, Saint-Jeannet, Saint-Auban, Saint-Vallier, Saint-Martin, Saint-Césaire, et tous les saints de l'arrondissement votèrent comme un seul homme en faveur des candidats portés par les conservateurs.

Eh bien ! comme tout s'enchaîne dans ce monde et qu'une bonne action n'est jamais perdue, l'arrondissement de Grasse a recueilli, en décembre 1851, les fruits de la bonne semence acceptée par lui en 1849.

Le bruit du tocsin, l'épouvante des invasions armées, le pillage des bandes affamées, le retentissement de la fusillade et toutes les horreurs de la guerre civile n'ont point troublé la paix de ces honnêtes habitants d'un climat favorisé, assez intelligents pour apprécier les bienfaits de la propagande du bien, trop dédaignée peut-être dans le reste du département.

Dieu fasse que la mission de la presse moralisatrice devienne réellement moins utile !

Quoiqu'il arrive, elle fera son devoir jusqu'au bout.

A la nouvelle de l'acte du 2 décembre, la ville de Grasse ne s'émeut point.

Cette ville, que le commerce des fleurs enrichit, pouvait-elle repousser les abeilles ?

D'ailleurs, M. Feraud, le sous-préfet, parfaitement secondé, veillait avec son intelligence et son zèle bien connus.

Au bourg de Cagnes était réservé l'honneur d'expédier au chef-lieu le héros démocrate de l'arrondissement, docteur célèbre par ses précédents démêlés avec la justice.

Ce docteur s'installe dans un café et prêche la révolte au nom de la constitution violée.

Merveilleux effets de l'éloquence pharmaceutique, les amis du docteur lui tournent le dos.

A quoi tiennent pourtant les succès oratoires ! le héros démocrate, en voulant s'asseoir dès l'exorde, avait oublié certaine infirmité fort douloureuse pour lui dans cette position, et la grimace involontaire, que la souffrance lui arrachait, avait fait tourner au comique son théâtral début.

Que l'on soit docteur ou non, on ne peut aspirer au rude métier de héros, sans une bonne constitution.... physiquement parlant.

Voilà donc notre docteur sur les dents, dès le premier pas.

Deux auxiliaires de Draguignan viennent à son secours.

L'un est un chapelier, à qui la fortune, ironique dans ses fantaisies, d'un riche banquier fort honorablement connu dans le monde financier du département, n'a pu donner que le nom; l'autre est un conducteur de diligences.

Ces émissaires, comme on voit, occupaient pourtant des positions assez élevées, et leurs affaires devaient aller bon train.

Le chapelier se prévalait bravement de son nom pour affriander les badauds et faire à peu de frais de la popularité financière.

— Nous sommes tous frères et nous savons comprendre l'égalité, s'écriait-il avec une généreuse bonhomie. Moi, par exemple, mon nom est connu. Vous le savez. Je suis ce fameux banquier du chef-lieu, avec lequel vous avez tous plus ou moins quelques comptes à régler. Eh bien! soyez tranquilles, — la république démocratique et sociale, que nous allons tous conquérir, demande le sacrifice de ma fortune. Il est déjà fait. Vous pouvez y compter. — Emparez-vous de Draguignan, ma caisse est à vous !

Le pauvre diable pouvait promettre impunément monts et merveilles sans se ruiner, car tout au plus sa caisse contenait-elle un peigne ébréché.

Seulement le banquier bien connu, dont il était l'homonyme, aurait eu fort à faire, si l'insurrection triomphante eût amené les démocrates de Grasse au chef-lieu.

L'intrépide docteur de Cagnes, ranimé par la présence de pareils aides-de-camp, oublia son malencontreux début et se remit en campagne, ayant soin de parler debout, comme doit faire tout bon héros démocrate, surtout quand il a quelques raisons particulières pour ne pas aimer une position trop sédentaire.

L'éloquence du docteur commençait à échauffer les têtes, lorsqu'un marchand, chef reconnu de la démagogie locale, jugea prudent de sonder le terrain, avant de s'aventurer mal à propos.

Le génie des habitants de Grasse est connu. Ils ne sont pas gens à tirer les marrons du feu pour autrui ; ils se méfient surtout des docteurs qui ne consentent jamais à rester assis et ils ont raison.

Un docteur qui prêche la révolte, sans jamais consentir à s'asseoir, éprouve évidemment le besoin de se maintenir dans une position favorable à une prompte retraite.

Il fut décidé qu'un émissaire serait expédié au chef-lieu pour s'informer de la situation générale des esprits.

Un avocat de Draguignan apporte la réponse et dit qu'il faut marcher.

— Diable! fit notre rusé marchand démocrate, un médecin qui ne peut jamais rester en place, et un avocat qui nous dit de marcher sans faire un seul pas en avant, cela ne me sent rien qui vaille.

Et notre homme donna l'ordre à tous les affidés des communes environnantes de n'ajouter foi ni aux docteurs, ni aux avocats, ni aux chapeliers, ni aux conducteurs de diligences.

Voilà donc nos bons apôtres fort embourbés.

Comment se tirer de là?

Les apôtres démocrates ont cela de bon qu'ils ne lâchent pas facilement prise.

Songeant alors à l'esprit d'antagonisme qui caractérise les deux villes de Grasse et de Cannes, ils espèrent sans doute réussir dans celle-ci, précisément parce qu'ils ont échoué dans celle-là.

Les voilà donc repartis pour ces doux rivages si chers aux Anglais et aux poitrinaires.

Nos orateurs poussifs comptent sur de faciles triomphes.

A la nouvelle du coup d'état, la ville de Cannes s'est tout d'abord émue et a proclamé la déchéance de l'autorité municipale.

Le chapelier et l'avocat n'ont qu'à se montrer pour cueillir des palmes aux lieux où elles croissent naturellement. Mais hélas! il y a des négociants aussi à Cannes, et les habitudes mercantiles ne rendent pas les gens si stupides qu'on pense.

— La république démocratique et sociale est bien malade, se disent tout d'abord les frères et amis du littoral, puisqu'elle choisit pour son apôtre un docteur, et quel docteur!

Et pour la première fois peut-être, Cannes suit l'exemple de Grasse, c'est-à-dire ne bouge pas.

L'infatigable docteur ne se décourage point pour cela. Il faut qu'il soit un héros à tout prix. En matière politique, c'était réellement le médecin *Tant Mieux*. Il faut croire, d'ailleurs, que sa constitution, ne lui permettant pas la vie sédentaire, il éprouvait le besoin de faire de la propagande par raison de santé. Les docteurs savent tirer parti de tout.

Bravant le proverbe: *Nul n'est prophète en son pays*, il reprend le chemin de Cagnes, avec cet aplomb qui n'abandonne jamais les charlatans en général et les apôtres socialistes en particulier.

— Frères et amis, dit-il à ses chers concitoyens, la patrie est debout, pourquoi rester assis! levez-vous et marchez! le mouvement est universel.

Cela fait tant de bien, la vie errante ! la vie sédentaire est la source de toutes les maladies pour l'individu, comme pour la nation et pour l'humanité. La société, ébranlée jusques dans ses fondements, n'a pas besoin de se rasseoir, mais de se tenir ferme sur ses deux jambes. Le progrès, c'est le Juif errant qui marche toujours. Levez-vous donc et marchez ! le mouvement, c'est la vie, l'insurrection, c'est la santé. Croyez moi et buvez de l'eau, c'est votre médecin qui vous le dit.

Voyant cependant que ses chers concitoyens ne se pressaient pas d'obéir à leur chef, le docteur comprit qu'il fallait frapper un grand coup.

— Vous ne marcherez pas seuls, poursuit-il, Ledru-Rollin est déjà débarqué à Nice avec un régiment d'Anglais ; Garibaldi le suit avec un escadron d'Américains ; Kossuth marche après lui à la tête de ses fidèles Hongrois, et Mazzini enfin ferme la marche avec toute une armée d'insurgés appartenant à toutes les nations. Vous pouvez compter sur la parole d'un démocrate et d'un docteur tel que moi.

Nous ne savons si l'honorable témoin, qui nous a rapporté les faits et gestes de l'intrépide docteur, n'a pas un peu altéré le texte de ce mémorable discours, mais ce qui est incontestable, c'est que les habitants de Cagnes se sont soulevés seuls dans l'arrondissement de Grasse, croyant à l'arrivée immédiate de Ledru-Rollin, et n'ont pas hésité à marcher dans ce but vers la Gaude.

L'histoire ne dit pas pourquoi ils espéraient rencontrer le héros du vasistas sur le territoire de cette commune, si célèbre par les qualités de ses vins. Ils devaient plutôt s'attendre à y trouver Caussidière.

Quoiqu'il en soit, les insurgés de Cagnes se lèvent enfin à la voix du docteur et le suivent.

Mais, en attendant que Ledru-Rollin, Garibaldi, Kossuth, Mazzini et Caussidière arrivent, le maire de la Gaude, l'honorable M. Gerbier, et le brave lieutenant des douanes, M. Boyer de Choisy, sont là, accompagnés de quelques volontaires et préposés des douanes, marchant résolument vers les factieux.

Au premier signe de résistance, les insurgés de Cagnes cherchent des yeux leur chef....

Au moment du danger, l'intrépide docteur a disparu... comme une pilule.

Ses dignes soldats, pris par la colique et bien aises sans doute de le consulter, courent après lui.

Seul, un détachement commandé par un ouvrier de l'arsenal de Toulon fait mine de résister.

M. le lieutenant des douanes s'approche de l'ouvrier, lui applique sur la tempe le canon de son pistolet et le fait prisonnier, ainsi qu'une bonne partie de ceux qui le suivent.

Ils sont conduits à Vence, où quelques parents et amis tentent vainement de les délivrer et ils arrivent bientôt à Grasse, où ils sont accueillis comme ils le méritent, c'est-à-dire au milieu de l'indifférence la plus profonde.

Quant à l'avocat, au chapelier et au conducteur de diligences, ils n'avaient pas eu assez de patience pour attendre Ledru-Rollin à Cagnes.

Le conducteur, connaissant les chemins, avait pris en diligence celui de Nice.

Quant à l'avocat et au chapelier, qui racontera leur Odyssée?

Ils errèrent longtemps à travers monts et vallées, bois et villages, cherchant la république rouge et ne la trouvant point, vivant à l'aventure, nantis de faux passe-ports et respirant à loisir le thym de la montagne, fleur de leur choix, qui aurait pu être d'une grande ressource pour eux, s'ils avaient été de meilleurs lapins.

Au moment où ils allaient être pris, un bon curé de village les fit évader.

Cet acte de charité les aura-t-il convertis? il est permis d'en douter.

Espérons du moins qu'ils ont perdu quelque peu de leur foi robuste dans l'avenir du socialisme en général, et en particulier dans l'héroïsme du docteur de Cagnes.

CUERS.

Au sud-ouest de la chaîne des *Maures*, centre du mouvement insurrectionnel du Var, au pied des montagnes situées sur la limite des arrondissements de Brignoles et de Toulon, s'étend la petite ville de Cuers.

Au midi se prolongent les plaines de Solliès, délicieuse avenue de la vallée d'Hyères. Des forêts d'oliviers entremêlés bientôt de quelques orangers, de prairies et de riches vergers, au milieu desquels serpente le Gapeau, se déroulent dans un large horizon, encadré par des collines boisées et qui va s'élargissant du côté de la mer.

C'est l'Eden de la Provence.

Le mistral, ce fléau de nos contrées, ne s'y fait sentir que par des remous amortis et d'expirantes bouffées, de manière à épurer l'air, à raviver l'azur du ciel sans ravager les brillants produits de ces plantureuses vallées.

L'heureuse influence d'un si beau climat et d'une si douce nature semblait devoir inspirer aux habitants de cette terre favorisée l'instinct de la paix, l'amour du travail et les sentiments d'une reconnaissance bien due à la providence, dispensatrice de tant de biens.

Nos philosophes, nos déistes, nos panthéistes, les élèves dégénérés de Jean-Jacques et de Bernardin, tous ces songe-creux, tous ces rêveurs qui ont préludé par l'idylle aux tragédies sociales, devaient compter, d'après leurs systèmes romantiques et humanitaires, sur la vertu de ces heureux habitants d'un véritable *Eldorado*.

Suivant les pacifiques penchants des instincts naturels, à l'ombre de ces oliviers toujours feuillus, sous un ciel toujours inondé de lumière, aux parfums enivrants de ces orangers toujours verts, les poétiques adeptes du naturalisme philosophique ne pouvaient être que des Tircis et des Némorin bienfaisants, trop accessibles peut-être aux tendres faiblesses du cœur, mais incapables de verser, avec indifférence, même le sang de leurs timides agneaux.

Eh bien ! le socialisme, cette dernière expression du naturalisme philosophique du siècle passé, le socialisme, cette traduction populaire et positive du plus vague des systèmes, du panthéisme de nos jours, le socialisme est venu, ici plus qu'ailleurs, planter ses drapeaux, répandre son influence, multiplier les ramifications de ses affiliations secrètes.

Le socialisme est venu s'emparer de ces populations paisibles et inoffensives, de cette terre privilégiée, et nous verrons bientôt ce qu'il a produit.

Depuis 1848, de Toulon et de Draguignan rayonnait, infatigable, la propagande anarchique. Un journal immonde, le *Démocrate du Var*, distillait, dans l'argot des bagnes, le venin des mauvaises passions. Non content de surexciter dans les masses l'instinct mortel de l'orgueil, de l'envie, de la jalousie, il flattait bassement, perfidement et brutalement les appétits grossiers, les penchants lascifs, toutes les obscènes tendances. Fouillant dans la fange lubrique d'apocryphes mémoires, il prenait plaisir à repaître l'imagination de ses lecteurs, de tableaux prétendus historiques, dans lesquels il trouvait le moyen de calomnier les mœurs déjà bien assez dissolues du 18me siècle.

Quelle bonne fortune pour le digne organe des sensualistes réformateurs modernes !

Sous le malin prétexte de faire poser, dans toute leur nudité, les grandeurs déchues, il aiguillonnait le scandale par le cynisme.

C'était un sordide amphithéâtre, offrant chaque jour à la dévorante curiosité du public, les débauches royales, seigneuriales et sacerdotales disséquées fibre à fibre avec le scalpel d'une analyse sans vergogne.

Les Tircis de sociétés secrètes, les Némorin de cabaret et les Amaryllis de tripot, repus de ces immondes lectures, n'avaient pas de grands efforts de logique à faire pour en tirer la conclusion suivante :

—Puisque les rois, reines, grandes dames, nobles, religieuses et prêtres du temps passé ont mené si joyeuse vie, pourquoi ne pas suivre d'aussi nobles et d'aussi doux exemples ? — Ils ont joui de la vie, jouissons à notre tour.

Et comme, ainsi que nous l'apprend l'histoire de tous les Caligula impériaux ou royaux, seigneuriaux ou truands, prolétaires ou bourgeois, la volupté et la cruauté, l'amour de la chair et la soif du sang se donnent la main, les Dubarry de la chaumière, les Pompadour du cabaret, les Faublas, les Richelieu de l'estaminet et du tripot s'étaient dit dans leur impitoyable logique proudhonnienne :

— Pour jouir sans gêne, massacrons ceux qui ont joui.

Telle est la trop réelle logique des faits qui ont précédé et signalé le mouvement insurrectionnel de décembre à Cuers.

L'autorité judiciaire, dignement représentée à Toulon par M. Roque, procureur de la République de l'arrondissement, comprenant, dans toute son étendue, la grandeur de sa mission moralisatrice, l'autorité judiciaire tenait constamment son attention fixée sur les populations perverties de ces riches contrées.

Long-temps avant l'explosion des troubles, cette vigilance constante du ministère public avait découvert les repaires infâmes où l'anarchie des idées et surtout des mœurs préludait dans l'ombre aux scènes de carnage et de cannibalisme, que décembre a fait surgir, quelques heures, au grand jour.

Malheureusement, une législation insuffisante et complice, en quelque sorte, de cette dépravation générale désarmait l'intelligent et religieux magistrat qui ne pouvait pas toujours suppléer à l'insuffisance de cette législation.

Cependant, dans les localités du canton de Cuers et des environs, bien des coups hardis et prompts avaient été frappés, bien d'éclatantes répressions accomplies, bien des foyers d'infection assainis.

Enfin l'autorité judiciaire, surmontant les difficultés, se dégageant, autant qu'il était possible, des entraves qui paralysaient son action, l'autorité judiciaire avait assez mis à nu la plaie sociale, pour montrer à un pouvoir supérieur, plus fort et mieux secondé par les circonstances, la nécessité d'apposer le fer chaud à cette gangrène sociale.

C'est ainsi que M. Roque avait eu tant de fois à chasser la prostitution et la débauche qui s'abritaient sous le chaume. C'est là, à deux pas de cette place publique, où le socialisme, triomphant pour quelques heures, s'est montré le plus cyniquement atroce, c'est là que ce magistrat, vigilant et moralisateur, avait eu à stygmatiser tant de fois la lèpre des plus honteuses dépravations, arrachant à une mère dénaturée sa fille flétrie avant l'âge, bravant toutes les fatigues, tous les dangers et toutes les répugnances, pour rehausser par sa présence et son intervention directe l'éclat et la dignité de la répression et du châtiment.

Les tribunaux ont assez retenti de ces scandales significatifs. Nous sommes dispensé de faire de la statistique locale, pour justifier la vérité de ces observations et le tribut d'incomplets éloges, dont nous étions redevables envers un magistrat d'élite.

Avec de pareils précédents, les populations d'une partie surtout de l'arrondissement de Toulon, des environs de Cuers, devaient se signaler entre toutes dans les scènes insurrectionnelles de décembre.

Le puissant appareil d'une force armée, comme celle qui stationnait à Toulon, pouvait seul arrêter la révolte et l'intimider par sa proximité.

Aussi les points les plus rapprochés de cette dernière ville furent plus facilement préservés.

Toutefois, le voisinage du chef-lieu et la facilité de communications n'arrêtent point l'audace inouïe des perturbateurs de la ville d'Hyères.

Le 5 décembre, un rassemblement armé de 200 hommes envahit la mairie. L'honorable maire de cette commune, M. David de Beauregard est sommé par un cabaretier et un ex-rédacteur du journal le *Démocrate du Var*, de résigner ses fonctions.

— Je n'abdiquerai point un pouvoir qui est un devoir, au moment du danger, répond le digne magistrat, dont la ferme attitude impose le respect aux révoltés.

Ils se retirent pour revenir quelques heures après. Leur audace croît avec le nombre.

M. Denis, colonel de la garde nationale, et M. Rey, premier adjoint, sont saisis par les émeutiers.

On somme ce dernier, en l'injuriant, de se démettre de ses fonctions. Il déclare vouloir mourir à son poste plutôt que d'accepter un pareil affront.

A l'instant même, il est renversé de son siége et traîné en prison.

M. Denis devient la victime de semblables outrages ; on lui arrache les insignes de son autorité.

—Arrachez-moi la vie, s'écrie-t-il avec indignation, mais laissez-moi du moins ma croix et mon épée.

Ils étaient 400 !

Heureusement les moyens de salut n'étaient pas loin.

Les clairons d'un équipage de marine du vaisseau l'*Uranie* se font entendre ; au premier signal de résistance imprévue, ces champions du socialisme se dispersent et disparaissent avec rapidité.

Par suite de cette facilité de secours, la plupart des autres localités sont comprimées comme l'était le chef-lieu lui-même.

La petite ville de Cuers, au contraire, soit par suite de son plus grand éloignement de Toulon, soit par l'effet d'une démoralisation plus profonde et d'une ignorance plus grande, la petite ville de Cuers était destinée à souiller les annales du Var du plus hideux épisode.

Comme partout ailleurs, la révolte n'éclate point à Cuers comme un de ces mouvements spontanés, irréfléchis et sans préméditation, entraînant quelquefois des populations égarées.

Non, car la nouvelle du coup-d'état du 2 décembre est accueillie avec une apparente indifférence.

Les journées du 3 et du 4 s'écoulent sans qu'on puisse remarquer aucun symptôme trop alarmant.

C'est dans la nuit du 4 au 5 que le complot s'organise. Les chambrées reçoivent et envoient divers émissaires.

Les conjurés n'attendaient qu'un prétexte ; le prétexte étant donné, il suffisait d'un signal pour soulever comme un seul homme les populations entières dès long-temps perverties, préparées et enregimentées pour une immense conspiration.

Dès le point du jour, toutes les avenues de la ville sont gardées par des délégués des sociétés secrètes, qui font rebrousser chemin aux cultivateurs se rendant à leurs travaux ordinaires.

Presque tous ces cultivateurs sont affiliés ; c'est donc pour être fidèles au serment prêté par eux de marcher au premier signal, qu'ils viennent grossir l'attroupement stationnant sur la place dite *la Ferrage*.

Vers le milieu de la journée, le rassemblement se porte vers l'hôtel de ville.

M. Barralier, maire de la commune, accourt accompagné du commissaire de police et suivi de la brigade de gendarmerie ; il veut défendre la mairie.

La foule se rue alors avec des cris de rage sur l'intrépide magistrat et ses braves compagnons.

Ils sont 200 misérables contre cinq hommes.

Le maire est d'abord violemment séparé des gendarmes, renversé sur le sol, et littéralement traîné en prison.

Le malheureux brigadier Lambert veut défendre M. Barralier, mais il est saisi par cinq ou six insurgés à la fois. Ceux-ci, l'étreignant fortement par derrière, le soulèvent et le présentent ainsi immobile aux coups de l'assassin, jeune homme désigné par le sort à immoler cette première victime.

Cet assassin a vingt ans à peine. Aucun précédent ne pouvait faire pressentir qu'il fût capable de commettre un pareil attentat. Il appartient, dit-on, à une famille jouissant d'une réputation, jusqu'à ce jour, intacte.

Mais il est membre d'une société secrète, il a prêté l'horrible serment qui fait une loi aux affiliés du parricide ; le sort l'a désigné et il frappe froidement la première victime offerte à ses coups.

Sa main ne tremble pas, son œil vise avec calme. L'infortuné brigadier Lambert tombe, atteint à bout portant d'une balle dans la tête.

Le gendarme Doren, exposé au même danger, est plus heureux. Le coup de feu qui lui est destiné, grâce aux brusques ondulations de la foule, ne l'atteint point. Exaspérés, les assassins lui réservent une mort plus lente et se précipitent sur lui pour l'étrangler. Une lutte désespérée s'engage ; il se débat avec une énergie incroyable et parvient à se dégager, en laissant une partie de ses vêtements et ses armes entre les mains des insurgés.

Le gendarme Cauvin doit également son salut à sa force et à son adresse et il s'empresse de gagner Toulon pour avertir l'autorité.

Alors, ivre de son lâche triomphe, cette foule sans nom se précipite sur son trophée—un cadavre !

Des cris, des rires, des hurlements éclatent et se prolongent.

Ces monstres, mâles et femelles, se donnent la main comme pour consacrer leur victoire par une ronde infernale.

Ils dansent pareils aux anthropophages de l'Océanie, puis ils viennent tour à tour, comme aux jours de fête on fait la farandole autour d'un feu de joie, ils viennent tour à tour bondir et piétiner sur le cadavre ruisselant et livide, ricanant et échangeant d'obscènes railleries qu'ils accompagnent de gestes plus obscènes encore.

Les uns broient le crâne sous les coups répétés des bâtons et des pioches, d'autres plongent leurs sabres dans la poitrine comme pour s'assurer que leur arme a le fil.

Puis, quand le cadavre est méconnaissable, la ronde recommence : les cris et les trépignements redoublent et ces monstres, ayant perdu la raison à la vue du sang comme des viveurs après un festin, se répandent dans la ville en criant : — aux armes !

Ils arrivent ainsi devant la maison du receveur buraliste.

Un cri part de la foule:

— Le pillage ! le pillage !

A l'instant la foule se précipite :

Le receveur buraliste, M. Roustan, saute par une fenêtre de derrière, tandis que les portes volent en éclats sous les coups de haches, de crosses de fusils et de lourds bâtons, casse-têtes improvisés de ces modernes barbares.

Les meubles sont brisés ou forcés, puis jetés par les fenêtres : ces pillards se disputent entre eux les objets de quelques prix qui échappent à la dévastation, le linge et l'argent.

Tout ce qu'ils ne peuvent emporter commodément est entassé dans la rue et livré aux flammes.

La maison de M. Guérin, receveur des contributions indirectes, subit le même sort. La femme du receveur trouve un asile chez un locataire dans une cave.

Tout est brisé, pillé, incendié !

Frappés d'épouvante et d'horreur, les moins coupables ou les curieux entraînés s'enfuient, et les deux cents insurgés les plus forcenés continuent, avec plus d'entraînement et d'ensemble, s'il est possible, leurs déprédations et leurs attentats de toute nature.

C'est le pillage qui s'organise et qui a la prétention d'agir avec méthode, comme pour mieux prouver que le sang-froid et la préméditation président à ces saturnales du crime.

Les meubles et les registres du receveur buraliste et du receveur des contributions indirectes, qui ont échappé au premier pillage, sont recueillis et portés processionnellement, avec une espèce de cérémonial dérisoire, sur la place principale.

Un individu met le feu à ce monceau d'objets inflammables, au milieu des hourras de la foule qui applaudit avec des transports de joie.

Des femmes sont là, impassibles et souriantes, tenant par la main leurs enfants en bas-âge, ou les soutenant dans leurs bras pour qu'ils jouissent mieux de ce spectacle.

Ce *feu de joie* brûle pendant plus de trois heures, au grand contentement de ces pauvres petites créatures, que les modernes *tricoteuses* habituent ainsi aux scènes révolutionnaires, les accompagnant de leurs commentaires et de leurs sourires encourageants.

Les acteurs de ce drame dégoûtant sont infatigables.

Enrégimentés par sections et marchant avec régularité, ils se dirigent, tambour en tête et enseignes rouges déployées, vers la maison du receveur de l'enregistrement.

La colonne, arrivée devant cette maison solidement fermée, se dispose à enfoncer les portes.

— A la caserne ! crie une voix.

Et, reculant devant le premier obstacle, la foule se précipite vers la caserne, qui n'est plus défendue que par la présence de la veuve du malheureux brigadier Lambert.

Les misérables! ils ont foulé aux pieds le cadavre du mari et, quelques heures après, ils viennent arracher à la veuve sa montre, ses bijoux et lui voler une somme de neuf cents francs, produit lentement accumulé de privations journalières!

Au moment où ces bandits se disputent le prix du sang et les dépouilles du crime, on entend une femme, une mère, dire, avec une expression de joie horriblement naïve, à son enfant en bas âge :

— Tiens, petit, porte cette montre à la maison.

Une autre mégère, voyant jeter un matelas dans les flammes par une fenêtre, s'écrie avec indignation.

— C'est péché de brûler de pareilles choses. Cela ferait bien pour moi!

Mais nous avons hâte de mettre un terme à des scènes aussi dégradantes et qui ferait douter de l'avenir social, si l'on ne savait que Dieu ne permet ces irruptions du mal dans le monde, que pour montrer aux moins clairvoyants les dernières conséquences de l'immoralité et de l'absence de tout frein religieux.

Lasse de pillage et de dévastation la bande insurrectionnelle revient triomphante à l'hôtel de ville, improvise et nomme une commission municipale provisoire.

Un sergent de ville, escorté d'hommes armés, proclame à la lueur d'une lanterne les noms peu rassurants des administrateurs chargés de veiller à la sécurité de la ville.

A huit heures, les tambours battent le rappel.

Toutes les issues sont gardées par des hommes à figure sinistre.

La place, les rues sont désertes, silencieuses et mornes. La lune seule les éclaire, car aucune lumière ne brille à travers les fenêtres barricadées.

Le Crime a peur de son œuvre et les honnêtes gens se disposent à une défense désespérée, ou à une mort qui semble inévitable.

Deux heures s'écoulent ainsi.

Pour donner une faible idée des fiévreuses angoisses de ces deux heures terribles, résignons-nous à rapporter encore un incident oublié.

Au moment où les pillards erraient dans les carrefours comme des loups affamés dans les bois, un enterrement passe.

Les prêtres, courageux comme des hommes d'une foi sincère dans l'accomplissement de leurs devoirs, accompagnent le trépassé, récitant les prières funèbres.

A l'aspect de ces apôtres de la charité, continuant, avec ce stoïcisme modeste que le catholicisme peut seul inspirer, leur pieux ministère de paix et de céleste conciliation au milieu des horreurs de la guerre civile, devant ces enseignements du cercueil, devant le signe rédempteur qui traverse comme un dernier avertissement cette ville désolée, à cette vue la rage des insurgés ne connaît plus de bornes.

Ce tableau touchant de la religion sanctifiant la mort les trouble, les accuse, les pétrifie.

Une vague mais profonde terreur leur dit qu'ils peuvent échapper au bagne, au gibet, à la justice humaine, mais qu'ils n'échapperont point à la mort, à la tombe, à la justice divine.

Le prêtre, cette robe noire recouverte d'une blanche tunique, emblême de la vertu éclairant les ténèbres de l'éternelle vie, le prêtre les glace par sa présence comme une vivante protestation.

Les fusils s'abaissent vers les apôtres de la charité catholique.

Mais la providence veille sur les siens.

C'est de l'excès même de ces fureurs homicides qu'elle fait surgir le salut pour ses représentants sur la terre.

—Le curé n'y est pas, s'écrie un de ces misérables.

—Il faut qu'il y passe le premier, dit un autre.

—C'est juste. Il faut de l'ordre, observe un troisième.

—Nous les massacrerons tous ensemble, attendons!

Attendons!!!....

Nous laissons à l'imagination de nos lecteurs le soin de se représenter les angoisses des habitants honnêtes de Cuers, pendant les heures de silence d'une pareille soirée.

Tout-à-coup, au milieu de cette paix sinistre et de ces rues désertes et solitaires, une voix brève et forte, un cri vibrant et accentué a retenti :

—Halte!

C'est le cri de l'armée, de l'honneur, de la patrie, de la France, de la civilisation, de la Providence!

C'est le brave 50ᵐᵉ qui arrive sans bruit, ayant à sa tête son digne commandant le colonel Trauers et M. Pastoureau, nouveau préfet du Var.

Le procureur de la république et le juge d'instruction accompagnent la force armée.

Aux abords de la ville, une sentinelle de l'insurrection fait feu et blesse à l'oreille un soldat. Le misérable est à l'instant passé par les armes ; l'hôtel de ville est occupé par la troupe ; le local de la chambrée dite la *Pomone*, repaire du complot, est gardé par une compagnie.

Ignorant l'arrivée de la force armée, les insurgés s'y rendent en foule, le fusil sur l'épaule et tombent entre les mains des soldats.

Des patrouilles parcourent la ville dans tous les sens et fouillent toutes les chambrées.

A deux heures du matin la prison est pleine et ne peut suffire à l'incarcération des individus placés sous la main de la justice : elle recueille les éléments nécessaires pour pénétrer le secret de cet infernal complot.

Cette énergique et prompte répression épargne d'incroyables malheurs; non seulement à Cuers, mais à toutes les communes voisines, Pierrefeu, Collobrières, etc., dans toute la partie est de l'arrondissement de Toulon qui commençait à s'agiter.

BRIGNOLES.

Notre but n'est point d'apprécier dans tous ses détails, mais seulement dans ses principaux faits caractéristiques, l'insurrection de décembre dans le Var.

La justice a fait son œuvre, œuvre patiente et laborieuse, qui ne doit rien laisser échapper, procédant par analyse, se préoccupant avant tout des individus.

Notre rôle de simple observateur nous permet d'éviter les redites, de fuir les personnalités, pour nous attacher à reproduire seulement le côté saisissant et instructif des choses, à décrire l'ensemble des événements, sous leur changeant aspect, tour à tour grotesque ou sinistre.

C'est ainsi que nous avons vu rapidement surgir et se dérouler les scènes révolutionnaires des communes groupées à l'entour de la *chaîne des Maures*, les plus engagées dans la lutte, nous laissant un moment distraire par les efforts impuissants et burlesques des héros démocrates de la frontière, pour ramener nos lecteurs à la réalité lugubre de l'assassinat de Cuers.

Cette manière de raconter et de peindre, étrange au premier abord, nous semble la seule possible et naturelle. Parfois dramatique, souvent burlesque, généralement triviale et stupide, l'insurrection de décembre échappe à une appréciation méthodique, régulière et compassée.

Pour la peindre, autant qu'il est possible, telle qu'elle s'est produite, suivons-la donc dans ses allures bizarres et pleines de contrastes.

Tandis que les communes de Luc, de la Garde-Freinet et de Vidauban sont entraînées par un mouvement irrésistible, la démagogie brignolaise hésite, délibère, transige même.

La présence de C. Duteil, qui se prolonge à Brignoles du 4 au 7 décembre, peut seule réveiller les démocrates indigènes.

Une réunion a lieu dans le *café du Cours*, situé à l'est de la ville *extrà muros*, dans un lieu peu fréquenté.

La démagogie n'ose s'installer au centre de la commune. Le futur général est en fuite devant un mandat d'arrêt émané du parquet de Marseille. Il est sans ressources et doit savoir que le mouvement n'est point appuyé par les populations de Marseille et de Toulon, mais il ne peut reculer et il aime autant s'entourer en fuyant de bandes nombreuses recrutées sur sa route.

Il s'attache, par conséquent, à combattre les idées pacifiques des chefs de la démagogie brignolaise, chefs intelligents, non affiliés aux sociétés secrètes, qui, n'étant pas encore compromis, sont peu disposés à une prise d'armes inopportune.

L'auditoire du *café du Cours* paraît d'abord écouter assez favorablement l'opinion de M. C. qui penche pour l'ajournement de tout projet de révolte.

Mais C. Duteil se livre alors à une violente sortie contre le chef brignolais. Orateur plus heureux qu'habile général, il a bientôt entraîné son auditoire et le mouvement est résolu.

À l'instant, des émissaires sont expédiés dans toutes les communes du canton d'abord, de l'arrondissement ensuite.

Le lendemain, vendredi, dès le point du jour, un rassemblement de cinq à six cents insurgés est massé en bon ordre sur le cours.

Les plus forts contingents sont fournis par les communes environnantes. On cite un hameau qui s'est levé en masse. Il faut, en effet, une bien grande ignorance pour ne pas comprendre l'inopportunité du mouvement.

Vers les sept heures le rassemblement se rend à l'hôtel-de-ville, où viennent d'accourir trois membres de la commission municipale, MM. Mouttet, Garnier et Delestang.

Grâce à l'intervention officieuse d'un chef brignolais, ces messieurs peuvent se retirer sans encombre; l'anarchie s'installe et nomme une municipalité révolutionnaire.

Après cette prise de possession du pouvoir municipal, la déchéance de

Napoléon est proclamée dans les rues et sur les places publiques. Un tonneau, placé sur un banc de pierre et sur lequel trône une femme versant l'ivresse démagogique à tout venant, inaugure le nouveau régime populaire.

On apporte ensuite une assez grande quantité de pain et de fromage, mais bientôt ces vulgaires provisions sont remplacées par des mets plus aristocratiques et plus confortables, tels que côtelettes, jambons et charcuterie de toute espèce, tant les vertus démocratiques sont en progrès depuis le brouet des Spartiates !

De petits carrés de papier, miraculeusement transformés en monnaie par la vertu de l'apposition du sceau municipal et d'une signature quelconque, font les frais de ces bombances.

Quel génie financier dans les chefs de révolte, et quelle douce et commode profession que celle d'insurgé !

Après avoir fait ripaille à si bon compte pendant quatre jours, ces braves gens eurent la présence d'esprit de brûler, au moment de l'arrivée des troupes, l'énorme tas de ces bienheureux petits carrés de papier, moyen aussi simple qu'ingénieux d'acquitter les dettes de la République rouge.

A peine installée à l'hôtel de ville, l'autorité révolutionnaire se divise comme partout. La Gironde siège au premier étage et la Montagne est debout au rez-de-chaussée.

Comme partout aussi, la Montagne fait la loi à la Gironde et lui extorque les mesures les plus violentes. L'état de siége de la terreur s'établit. Tous les abords, à une assez grande distance de la ville, sont si bien gardés, qu'un émissaire, porteur de dépêches pour Toulon, est saisi au *pont de la Celle*, dans un site des plus écartés et des plus solitaires de la banlieue.

Un rassemblement se précipite vers la maison d'arrêt, pour élargir les prisonniers politiques.

On n'y trouve qu'un pauvre colporteur de chansons.

La porte de sa cellule est immédiatement ouverte.

— Sois libre, martyr de la liberté ! s'écrient ces énergumènes.

En même temps, on presse, on étouffe le pauvre colporteur. On se dispose même à le porter en triomphe.

Le pauvre diable paraît fort peu touché de ces ardentes manifestations et se débat de toutes ses forces.

— Laissez-moi, dit-il, mon martyre est fort peu de chose et votre délivrance pourrait être plus funeste à ma liberté que la tyrannie la plus ombrageuse. Je reste, car je suis plus libre ici qu'au milieu de vous.

Pour un colporteur, il avait plus d'intelligence que tous les insurgés ensemble.

Dans la journée du vendredi, les délégués des communes environnantes repartent pour révolutionner les villages. Les mêmes scènes se renouvellent ainsi partout.

Barjols et les autres communes de l'arrondissement prennent part au mouvement. Cotignac résiste. Mais nous ne pouvons anticiper sur les événements principaux, dont ces cantons ont été le théâtre, car ces événements se lient à ceux de Salernes.

La partie de l'arrondissement, qui avoisine le département des Bouches-du-Rhône, n'offre pas le même intérêt que le centre et le nord.

Dès le 6, le bruit du départ du colonel de Sercey, de Marseille, suffit pour pacifier Saint-Zacharie.

Le maire de Nans, petite commune située au pied de la Sainte-Baume, barricadé chez lui et tenant en respect les insurgés de la localité, est ainsi délivré des menaces d'invasion dont il était l'objet de la part des bandes de Saint-Maximin.

Dans cette dernière commune, chef-lieu de canton, le maire, l'honorable M. Honorat résiste noblement à l'anarchie. Dès les premiers symptômes, il convoque le conseil municipal. MM. Madon, Ricard, Rostan, Garnier, Taron, Barthélemy, Livon, Jourdan, Bonfils et Liautard s'y rendent accompagnés de l'unique gendarme se trouvant en ce moment à Saint-Maximin. On délibère sur les mesures à prendre. Les avis sont partagés. Parmi ceux qu'une noble indignation entraîne à opiner pour une résistance quand même, nous distinguons M. L. Rostan, en qui le goût de l'étude marche de pair avec la générosité des sentiments et l'élévation du caractère. Mais après avoir obéi tout d'abord à l'entraînement de ces sentiments généreux, chacun reconnaît bientôt que toute résistance est inutile. Sur ces entrefaites, le chef de l'insurrection locale entre dans l'hôtel-de-ville, et demande à M. le maire la remise de l'écharpe municipale.

L'honorable M. Honorat répond à cette demande par un péremptoire refus.

A l'instant même l'insurrection locale expédie des émissaires à Brue, Seillons, Ollières, et deux ou trois heures après, six cents insurgés de ces diverses localités accourent avec une promptitude et une entente si grandes, qu'ils semblent réunis comme par enchantement sur le pré de foire, lieu du rendez-vous.

M. le maire, sommé de nouveau de se démettre de ses fonctions, exige une déclaration par écrit, portant qu'il ne se retire que par contrainte et devant une force matérielle impossible à repousser; et il sort seulement alors, accompagné des conseillers municipaux.

L'insurrection signale sa facile victoire par une promenade civique, des fanfares et des sérénades en l'honneur du nouveau maire insurrectionnel, marchand de bois de son état et démagogue de profession.

Immédiatement l'état de siége de la terreur s'établit comme à Brignoles.

Le dimanche matin les démagogues de Saint-Maximin vont prêter main forte à leurs frères de Bras, car ces vaillants champions du socialisme avaient partout pour système d'échanger entre eux ces petits services de bon voisinage.

Dans la nuit du 8 au 9, un détachement d'insurgés de Tourvés arrive, drapeau noir en tête, pour entraîner avec eux vers Aups leurs frères et amis de Saint-Maximin.

Tourvés, pays livré, comme un trop grand nombre de nos communes du Var, à cet esprit d'antagonisme local, levain qui a tant envenimé nos discordes civiles, Tourvés avait été démoralisé par un énergumène qui mérite d'être cité.

C'était un cordonnier, originaire de Solliés-Ville, nommé Réquier et marié à Tourvés, où il avait répandu les doctrines de Cabet.

Ne reculant point devant la sacrilége profanation d'une de nos plus saintes institutions, il avait osé dissimuler une association de sectaires, capables de tous les excès, sous le patronage hypocrite de Saint-Vincent-de-Paule.

Il se servait de ce patronage vénéré pour propager sa pestilentielle influence.

Comprenant qu'il fallait frapper l'imagination crédule des habitants des campagnes, en parlant à leurs sens, il avait eu l'idée de les séduire par des représentations, dans lesquelles le génie de l'impiété attisait la rage de la haine.

Tantôt c'était un noble ou un riche, labourant avec une charrue traînée par deux paysans attelés comme des bœufs, et aiguillonnés comme eux à coups de fouet.

Tantôt c'était Jésus-Christ, c'était le Sauveur de tous les hommes, crucifié par des porteurs d'habits, par les bourgeois de 1852.

Ce maniaque avait la modestie de se réserver, dans ces indécentes parades, le rôle du fils de Dieu.

Grâce à ces jongleries abominables, ce misérable, qui s'est dérobé par la fuite à la vindicte des lois, exerçait une influence irrésistible; ce qui prouve combien la foi est nécessaire au peuple, sur lequel le fanatisme usurpe si facilement un si grand empire !

Déjà démoralisés par les nouvelles de Marseille, les démocrates de Saint-Maximin ne peuvent se décider à suivre les insurgés de Tourvés. Ils font même afficher la proclamation de la mise en état de siège, et l'écharpe municipale est remise à M. Honorat qui reprend ses fonctions.

A partir de ce moment, l'ordre n'est plus troublé que par une fausse alerte. L'apparition d'une bande, débris de celles que nos soldats ont mis en fuite à Aups, est signalée, mais elle se dérobe à toutes les poursuites.

C'est probablement ce même attroupement, qui a été remarqué aux environs de Saint-Zacharie, chez M. de Rémusat, à Montvert, et qu'un enfant mit en fuite en s'amusant à tambouriner, tant la frayeur était grande parmi les héros de la journée des semelles.

Mais revenons à nos moutons, c'est-à-dire aux girondins de la municipalité insurrectionnelle de Brignoles, toujours prisonniers au premier étage, au pouvoir de leurs bons amis les montagnards du rez-de-chaussée.

Le Roland de la Gironde brignolaise, nous voulons dire le maire révolutionnaire, avait donné sa démission, fatigué qu'il était de lutter en vain contre les factieux.

Quelques démocrates modérés s'étant interposés, l'infortuné maire se résigne à retirer sa démission.

C'est alors, dit-on, que, se voyant débordés par les gens malintentionnés de leur parti, les girondins eurent l'idée de proposer aux honnêtes gens de se joindre à eux, pour opposer une masse plus compacte et plus imposante aux détestables projets des factieux. Voici comment cette fusion devait s'effectuer.

Il était question de procéder à la nomination d'un commandant et de deux capitaines de la garde nationale.

Ces chefs de la garde civique étant nommés, une manifestation aurait eu lieu ; à un signal convenu d'avance, les blancs seraient sortis en armes et seraient venus renforcer les rangs des révolutionnaires modérés.

Ce projet fut abandonné, comme étant de nature à irriter les ultra-démagogues et à provoquer l'effusion du sang.

L'inertie n'était pourtant pas une suffisante garantie pour la paix publique.

En effet, vers le milieu de la nuit du dimanche au lundi, un grand tumulte éclate soudainement.

Le poste des montagnards de l'hôtel de ville donne le signal, en poussant le cri de la fraternité socialiste : — Aux armes !

Ce cri, retentissant au milieu d'un calme général, se reproduit en lugubres échos dans tous les quartiers.

A l'instant même, tous les cabarets, toutes les chambrées, tous les mauvais lieux vomissent des groupes de forcenés à face patibulaire, de ces êtres qui n'apparaissent qu'aux heures fatales, déguenillés, l'œil hagard, le bras nu, brandissant ces armes improvisées, d'autant plus menaçantes qu'elles sont moins promptement meurtrières.

Ces groupes descendent précipitamment des hauts quartiers vers la place Carami.

Le silence, qui a succédé tout à coup au sinistre appel, donne à ce rassemblement nocturne un caractère de mystérieuse terreur qui glace les plus résolus.

Quelques imprécations, qui échappent à l'impatience des conjurés, des gestes entrevus dans l'ombre, des bruits sinistres, que la peur exagère, une poutre, qu'une escouade menaçante traîne et qu'on dit destinée à faciliter l'effraction des portes, tout concourt à répandre dans les familles honnêtes une indicible épouvante.

On n'a jamais connu les véritables causes de cette fausse alerte. Toujours est-il que l'anarchie a reculé.

C. Duteil était parti dans la matinée, dans un état de complet dénûment, laissant déjà pressentir son mouvement de retraite vers Aups.

Une trentaine d'insurgés seulement le suivit d'abord dans sa course rapide vers le Luc, mais, avant d'arriver à Flassans, les trente compagnons du *général* de l'insurrection se trouvaient déjà réduits à cinq, tant était grande la confiance que ce chef inspirait à ses plus fidèles amis !

Après le départ de C. Duteil, les insurgés brignolais ne pouvaient toutefois abandonner la partie, les chefs de la localité étant trop compromis pour reculer. Loin de songer à déposer les armes, ils se mettent en mesure de s'en procurer, avant de prendre la direction de Salernes.

Quelques fusils sont déposés à l'hôtel de la sous-préfecture. Ils veulent s'en emparer ; mais comment faire ?

L'autorité administrative était représentée à Brignoles par M. Veyan, avoué, membre du conseil général, exerçant par intérim les fonctions de Sous-Préfet.

L'insurrection a la politesse de lui demander la clef de la sous-préfecture. M. Veyan répond que la clef est confiée à M. le lieutenant de gendarmerie, qui refuse énergiquement de la livrer aux anarchistes.

Ceux-ci manifestent alors quelque velléité d'enfoncer la porte, mais l'effraction ne leur va pas et ils délibèrent longtemps.

— Si nous entrions par la fenêtre, observe un Talleyrand de l'émeute.

— Tout juste comme Ledru-Rollin est sorti... par le vasistas.

Une échelle est placée contre le mur.

Au pied de l'échelle, nos fiers assiégeants se regardent et s'arrêtent devant l'escalade comme devant l'effraction.

Dénouement plus incroyable encore, tandis que nos héros démocrates délibèrent, la clef arrive.

Comment et par quelle intervention?

C'est ce que nous laissons à deviner à la sagacité de nos lecteurs, nous contentant d'observer, que le caractère bien connu du lieutenant de gendarmerie le place au-dessus de tout soupçon de connivence ou de faiblesse.

Munis de la clef, les insurgés entrent tout simplement par la porte, dans l'hôtel de la sous-préfecture, ancienne résidence des comtes de Provence, et s'emparent des fusils à loisir.

Pauvres héros et pauvre histoire! — Triviale couardise, vulgaire indifférence, absence d'énergie dans tous les rangs, tel est le caractère des événements de décembre à Brignoles.

On assure pourtant que la fureur du mal fermentait dans la lie de l'insurrection. Triste expérience de nos derniers troubles, qui prouve combien l'apathie pour le bien encourage l'énergie du mal.

Tandis que les chefs *modérés* de l'insurrection n'osaient se coaliser avec les honnêtes gens du pays, la basse démagogie hurlait au rez-de-chaussée de l'hôtel de ville, réclamant à grands cris le pillage.

Les chefs *modérés*, qui luttaient depuis longtemps contre cette obsession terrible des forcenés, dont ils avaient déchaîné les fureurs, ne savaient plus comment les contenir.

Enfin, un girondin municipal, vaincu et démoralisé, s'écrie dans un transport de lassitude indignée :

— Le pillage! le pillage! vous le voulez donc à tout prix, misérables! Eh bien! allez-y !...

— Allez-y! riposte avec rage cette foule exaspérée, braquant ses fusils sur la poitrine du girondin pâle et bouleversé; *allez-y*! c'est-à-dire *allons-y*! car vous êtes notre chef et vous marcherez à notre tête !!!

Plus mort que vif, le girondin municipal s'esquive, pour ne plus reparaître.

Aura-t-il profité d'une aussi rude leçon?

Hélas! les révolutions ont tellement aveuglé les esprits, énervé les caractères et dégradé les cœurs, que les hommes de tous les partis sont également indifférents aux leçons de l'expérience.

L'égoïsme est impuissant pour se sauvegarder lui-même. Non-seulement le sens moral a disparu, mais on dirait même que l'instinct de la conservation sociale, en ce qui touche les intérêts matériels, nous abandonne, tant le culte de la peur domine tout.

On transige avec le mal et, quand il déborde, chacun se couche à plat ventre pour le laisser passer.

Si quelque dévoûment isolé se lève au milieu de cet aplatissement général, on se hâte de fuir et de faire le vide alentour, comme pour frapper le dévoûment d'impuissance, quand la dérision ne s'acharne pas à sa poursuite.

Dernier refuge du dévoûment collectif, l'armée est là. Elle a sauvé Brignoles, comme la plupart de nos villes et bourgs, qui, sans son intervention, auraient été la proie de quelques misérables, n'ayant pas même le courage du crime.

Quelques timides velléités de résistance ont été pourtant remarquées, dit-on, à Brignoles, dans la soirée du lundi, de la part des factieux avertis de l'approche des troupes.

Vers les sept heures, on voit des enfants parcourir les rues des bas quartiers, portant de petits sacs remplis de sciure de bois. Ils sont dirigés par des hommes, postés aux angles des rues et se cachant avec soin. Sur l'injonction de ceux-ci, les enfants versent le contenu de leurs sacs, traçant des lignes transversales sur le pavé, pour indiquer l'emplacement de barricades à construire. La trace était faite de manière à ménager aux fuyards de faciles moyens d'évasion.

Toutefois, les insurgés brignolais abandonnèrent bientôt ces projets de résistance, et se disposèrent à rejoindre le quartier général de Salernes, emportant force provisions de bouche et sept barils de poudre pris à la poudrière, sans obstacle, car on leur en avait remis la clef, comme pour l'hôtel de la sous-préfecture.

Inconcevable faiblesse, transaction homicide!

Avant de suivre ces bandes indisciplinées au quartier général de l'insurrection, nous reviendrons sur nos pas pour retracer la situation du chef-lieu, dès l'origine des troubles, et nous esquisserons ensuite les scènes révolutionnaires de Lorgues, Cotignac, Barjols, Salernes et Aups, qui ont entre elles une certaine connexité. Tel est le seul plan qu'il nous a été possible de suivre, dans l'exposé de ce mouvement confus et désordonné de l'anarchie, soulevant les populations ignorantes, épouvantant les honnêtes gens surpris presque simultanément sur tous les points à la fois.

LE CHEF-LIEU.

3 DÉCEMBRE.

La Constitution de 1848 se dressait comme une impasse devant la France, acculée au bord d'un abîme sans fond — le socialisme.

Le bord de cet abîme, s'éboulant chaque jour sous la lutte de deux pouvoirs rivaux, allait bientôt manquer sous nos pas.

Il fallait bien, pour écarter la France du gouffre, renverser les murs de l'impasse, ou faire à ces murs une brèche quelconque.

Espérer que les deux pouvoirs rivaux s'entendraient pour faire la brèche ensemble, la faire plus large et passer de front sur un terrain plus solide, où la lutte aurait recommencé, c'était trop chevaleresque pour être politique.

Cela paraît fort clair aujourd'hui, mais au moment du coup d'Etat du 2 décembre, la situation de la presse conservatrice, indépendante, n'en était pas moins très-perplexe.

Cette perplexité, du reste, nous paraît des plus honorables, car elle était due aux nobles sollicitudes, inspirées par l'immense danger auquel se trouvait exposé le pays.

Donc, le mercredi matin, 3 décembre, au moment de la mise en page de l'*Union du Var*, j'épiais les moindres rumeurs, comme un orageux présage, tout en corrigeant les épreuves d'un article, un peu trop chaud peut-être, vu la situation, lorsqu'on vient m'annoncer, vers huit heures, que M. le procureur de la République désire me parler.

Comme on le pense bien, je me rends avec empressement à cette assignation.

Je ne trouve personne au parquet.

J'apprends dans les rues que les postes sont doublés. M. le maire se rend en toute hâte à la préfecture. De vagues bruits, sans précision, et par cela même plus inquiétants les uns que les autres, sont colportés par des curieux mal informés.

J'avise un fonctionnaire, arpentant d'un air radieux le macadam de l'avenue, devant la caserne. Il cause avec un officier qui se frotte les mains d'un air singulièrement satisfait.

Je dis, en guise d'*aparté*, en me permettant une légère variante à un mot de ce pauvre M. Thiers, à peu près comme disent les enfants et les hommes d'état.

— C'est fait!

A l'instant je vois arriver des quatre points cardinaux, affairés, essoufflés, palpitants, de graves magistrats, de rêveurs fonctionnaires, d'impatients substituts.

Un juge glisse un mot à l'oreille d'un de ces derniers, et disparaît comme une ombre dans la ruelle voisine.

Je cours à la poursuite du substitut.

Il court plus vite que moi.

Un magistrat courir dans la rue! plus de doute!

La constitution se meurt, la constitution est morte!

La magistrature ayant échappé à ma poursuite, je me tourne vers l'administration. Le fonctionnaire public ne peut résister à la tentation de me confier ce secret, qui fait courir tout le monde.

— L'assemblée est dissoute. Dans une heure vous allez voir les proclamations affichées, dit-il.

Au même instant j'aperçois un de mes amis et je cours vers lui, tout heureux de lui faire part d'un secret d'état, qui va faire explosion dans une heure.

— Allons donc, pas possible, s'écrie cet ami, incrédule comme un avocat.

Pauvres journalistes, on ne veut jamais nous croire, même quand nous prophétisons des faits accomplis!

Une heure après, la dépêche télégraphique, arrivée pendant la nuit, était affichée et mon ami, l'avocat incrédule, à peu près convaincu.

On ne s'attend jamais à ce qui doit arriver.

Et quand un fait est consommé, on s'étonne de ne l'avoir pas prévu.

Combien de grands politiques en sont là aujourd'hui !

Ainsi va le monde, ainsi va surtout la France.

La première sensation, produite par la nouvelle du coup d'état au chef-lieu, fut une sensation d'hilarité.

C'était grave pourtant.

Tandis que je réfléchis sur la légéreté de notre caractère national, je monte l'escalier du tribunal et j'arrive au parquet, où j'ai le plaisir de trouver M. le procureur de la République, homme d'esprit et de tact, dont je n'ai eu qu'à me louer dans cette circonstance.

Au premier mot je suis au fait de la situation.

Je prends à l'instant une résolution décisive.

Mon journal et la patrie sont en danger.

En bon citoyen je dois sauver l'une et l'autre.

Au premier article de mon journal je substitue le texte des proclamations affichées et quelques lignes de réflexions pacifiques.

Je gardai pourtant dans mon portefeuille l'épreuve de l'article supprimé, lequel était plein d'un beau feu contre les coups d'état.

C'est cette même épreuve qui fut saisie par les sbires de Camille Duteil, quand ils me fouillèrent, lors de mon arrestation sur le seuil du café Brisse. Evidemment les révolutions n'ont pas d'esprit.

Avant celle que nous venons de décrire, une scène d'un autre genre avait eu lieu dans le cabinet du ministère public.

M. Bigorie ne s'y trouvait pas encore. Il était remplacé par son substitut, M. Niepce.

Un ancien constituant, avocat du barreau de Draguignan, l'un des principaux chefs de la démocratie indigène, entre bruyamment, le visage pâle d'une émotion mal dissimulée.

— Je désire parler à M. le procureur de la République, dit-il.

— Il est absent, Monsieur.

— Il faut cependant que je le voie et que je lui parle.

— Qu'à cela ne tienne, en son absence je le représente. Veuillez bien me faire connaître l'objet de votre visite.

— Vous savez, reprend alors l'avocat d'une voix émue, vous savez, *Monsieur*, ce qui se passe : la constitution est violée, et, comme ancien membre de la constituante, je dois me préoccuper vivement d'un fait aussi grave : *Aussi, je viens savoir si le parquet a donné des ordres pour que M. le préfet soit arrêté sur le champ* (historique), comme complice des actes du gouvernement, en faisant afficher les proclamations du président.

— Je n'ai à rendre compte à personne, Monsieur, réplique le substitut, des actes du parquet, ni même de ses intentions, et malgré votre qualité d'ancien constituant, je ne vous reconnais aucun droit de venir ainsi les contrôler.

Un peu dérouté par la réplique du jeune magistrat, l'ancien constituant se réfugie dans les banalités déclamatoires de l'école révolutionnaire.

— S'il n'est pas donné satisfaction, dit-il avec emphase, à l'opinion publique, les campagnes peuvent marcher sur la ville, et l'ordre en est peut-être déjà donné.

Le jeune magistrat, comprenant tout le parti qu'il peut tirer de pareilles révélations, somme l'avocat démocrate de s'expliquer. Il lui demande, si l'ordre de faire marcher les paysans a été réellement donné par lui ou ses amis politiques.

Puis il ajoute :

— Si ce crime a été commis et que le sang soit répandu, vous ne pourrez plus maintenant en décliner la responsabilité.

Comprenant qu'il se compromet inutilement par une précipitation déplacée, l'ancien constituant se hâte de revenir sur ses imprudentes déclarations :

— L'ordre de marcher n'est pas donné, dit-il, mais vous devez comprendre mon émotion à la vue des proclamations qu'on vient d'afficher à peine.

L'arrivée de M. le vice-président du tribunal et d'un juge interrompt cet étrange entretien.

L'ancien constituant, voyant enfin le danger de son attitude, modifie son langage.

Les magistrats s'efforcent de lui faire comprendre combien il lui importe, à lui et à ses amis, de maintenir le calme au sein des populations, et de ne pas engager une lutte impie, dans laquelle les agresseurs ne peuvent manquer d'être écrasés.

En homme adroit, l'ancien constituant écoute avec réserve ces paternels avis et se retire bientôt après, en protestant de ses intentions pacifiques.

Toutefois, dans l'espoir de sonder les intentions et les projets de l'autorité, il reparaît encore dans la journée, mais, devant le silence systématique et significatif des magistrats, comprenant l'inutilité de ses démarches suspectes, il se décide enfin à ne plus reparaître.

Telle est la prudence ordinaire des chefs de parti : toujours disposés à pousser en avant les multitudes aveugles, dont ils se font un marchepied, ils savent toujours s'effacer à propos et se ménager une retraite.

Le reste de ce jour est calme, mais c'est le calme qui précède l'orage.

4 DÉCEMBRE.

Dans la matinée de cette seconde journée, une foule inquiète se répand sur l'esplanade.

Cette foule semble, au premier coup d'œil, ne rien présenter d'hostile.

On dirait un simple rassemblement de curieux et de désœuvrés.

Cependant, pour un spectateur attentif et prévenu, quelques symptômes fâcheux laissent déjà pressentir des scènes de désordre.

C'est ainsi que l'on remarque les démarches de quelques individus ; ils vont d'un groupe à l'autre et disparaissent pendant quelques instants pour reparaître bientôt après.

Ce sont les chefs subalternes de la démagogie. Ils font circuler des nouvelles fausses ou exagérées, entretiennent une excitation sourde, mais permanente, ils préparent le mouvement.

Les véritables chefs, les principaux meneurs ne se montrent pas.

Ainsi fait toujours l'aristocratie révolutionnaire.

Les hauts et puissants seigneurs de l'émeute, les princes de l'insurrection, les autocrates de la rébellion ne sont pas gens à se compromettre comme le vulgaire, et à descendre les premiers dans la rue avant que le succès soit certain. La foule des multitudes égarées se précipite avec l'entraînement d'un enthousiasme aveugle à la conquête du pouvoir, l'aristocratie révolutionnaire n'arrive qu'après la victoire, pour en recueillir les fruits souillés de fange et de débris, couverts du sang des vainqueurs et des vaincus, également victimes de l'astuce et de l'avidité de quelques ambitieux.

Donc, les véritables chefs ne se montrent pas.

D'ailleurs, ils désapprouvent, pour le moment, une prise d'armes qui leur paraît prématurée.

Ils sont d'avis d'attendre l'issue du mouvement tenté à Paris. Ils comprennent fort bien que, la révolution étant maîtresse de la ville où siége le pouvoir et le mouvement dans les départements devenant une vaine parade, ils pourront jouer sans danger leur rôle de héros révolutionnaires.

Le chef des agitateurs, dont l'autorité domine encore celle de l'avocat dont nous avons raconté le piquant entretien de la veille avec un jeune magistrat, ce chef suprême se tient claquemuré chez lui et fait interdire sa porte, assiégée en vain par une foule d'énergumènes.

On assure que la jeune femme de ce chef, exerçant un certain ascendant sur lui, s'oppose, avec toute l'énergie que donne une tendresse vraie et légitime, à la participation de son mari à tout mouvement insurrectionnel.

L'autre chef, l'ancien constituant dont nous avons déjà parlé, animé des mêmes sentiments de prudence, sans se mettre beaucoup plus en évidence que son compétiteur en suprématie révolutionnaire, use pourtant de quelque condescendance à l'égard des impatients.

Sommé de prendre la direction du mouvement, il s'efforce de faire accepter à ses partisans un système de temporisation, fondé sur la nécessité d'attendre la réussite de l'insurrection parisienne.

Tandis qu'il tient ainsi l'émeute comme en arrêt, il ne néglige rien pour écarter les soupçons de l'autorité. Sous mille prétextes, il se rend auprès d'elle, protestant de ses intentions pacifiques, manifestant les plus honorables sentiments. Nous n'avons pas à remplacer ici la justice dans ses appréciations, mais nous pouvons remarquer, que cet office d'intermédiaire entre l'émeute et le pouvoir n'a pas empêché en définitive la prise d'armes, secrètement dirigée par le comité du chef-lieu.

Vers midi, arrive du Luc une première dépêche, annonçant à M. de Romand le début de l'insurrection dans cette commune. Ce début semble présager de graves événements.

Quelques groupes stationnent sur l'esplanade.

A mesure que le rassemblement augmente, l'audace suit la progression du nombre.

Les murmures se changent en rumeurs, les rumeurs dégénèrent en vociférations.

Les multitudes en révolte s'enivrent de bruit, comme une foule en armes s'exalte à l'odeur de la poudre.

Les émeutiers, cherchant un prétexte à leurs clameurs, demandent à grands cris communication de prétendues dépêches de Toulon, qu'ils savent bien ne pas être arrivées, instruits qu'ils sont de la situation du Luc.

Ils exigent ensuite que l'autorité entende une députation, chargée par eux de conférer avec M. le préfet sur la situation.

L'autorité répond à cette proposition en donnant l'ordre à la troupe de charger les armes.

Le capitaine Birouste prend aussitôt les mesures nécessaires, et donne à ses ordres le ton le plus significatif.

La foule commence à se disperser.

La gendarmerie à cheval fait quelques évolutions sur l'esplanade.

La foule achève de quitter la place, non sans quelques rumeurs bientôt réprimées.

On n'entend plus aux alentours de l'hôtel de la préfecture, dans les premiers silences de la nuit, que le piétinement des chevaux et la voix retentissante du capitaine.

5 DÉCEMBRE.

L'affluence semble augmenter dans les rues, mais rien ne trahit encore trop ouvertement les sourdes menées des agitateurs.

Toutefois, l'autorité apprend que des émissaires sont venus demander secrètement le mot d'ordre au comité directeur.

Ce comité qui, jusqu'alors, a suivi les inspirations des deux avocats dont nous avons parlé, ce comité vient de subir une modification radicale.

Comme il arrive presque toujours dans les séditions, les hommes intelligents sont écartés et cèdent la place à des fous subalternes.

Les deux avocats sont remplacés par un ex-professeur de l'école normale supprimée, poëte incompris, par un charron et autres grands politiques de même acabit.

Ces nouveaux ministres de la révolte s'installent dans un café, digne théâtre de leurs bachiques inspirations.

Le professeur ne quitte plus la scène populaire, assiégée jour et nuit par une foule nombreuse, avide de connaître le succès croissant de l'insurrection.

La demi tasse, le verre de cognac remplacent avantageusement le fade et classique verre d'eau sucrée parlementaire et, grâce à de spiritueuses libations, l'auditoire s'énivre de l'ivresse de l'orateur.

Une nouvelle capacité surgit bientôt à côté de ces chefs improvisés.

Un perruquier, entendons-nous bien, un perruquier et non pas un coiffeur, un perruquier est jugé digne de compléter cet intelligent triumvirat.

Le perruquier, en général, sauf les exceptions qui sont dignes de nos respects, le perruquier a une tendance à être voltairien ; c'est une grandeur détrônée du dix-huitième siècle.

Aussi, à peine admis dans le comité directeur de la démagogie du Var, le perruquier en question a bientôt éclipsé ses deux collègues, le charron et le professeur incompris.

Sa boutique devient le Sinaï de la nouvelle loi sociale, que doivent inaugurer, sans le savoir, ces pauvres cultivateurs enrégimentés dans les sociétés secrètes.

Le perruquier démocrate entend le progrès à sa manière, c'est-à-dire, à rebours, et s'il n'a pas inventé la poudre, il est bien capable d'en jeter aux yeux du vulgaire.

Bref, le perruquier démocrate est un Voltaire de carrefour, cherchant à ressaisir un sceptre qui lui échappe, parce qu'il n'a plus l'esprit qui fait accepter l'erreur.

Le triumvirat du nouveau comité dirigeant se trouvant ainsi complété, la démagogie dracénoise reçoit une impulsion plus vive et reprend l'essor, pleine de confiance dans ses nouveaux chefs, bien dignes de la commander.

Quant aux deux avocats, ainsi éclipsés par un perruquier, ils ne s'arrachent pas un cheveu de la tête, mais ils comprennent que leur rôle est fini, et qu'ils n'ont plus qu'à baisser le front devant les volontés du peuple souverain, si bien représenté par un perruquier.

L'un d'eux, toujours d'après les sages avis de sa femme, abdique complètement et refuse ses consultations gratuites à l'ingrate multitude.

L'histoire même raconte qu'en se retirant sous sa tente, il donne l'ordre à ses partisans, dans plusieurs communes, de ne prendre aucune part au mouvement, et d'attendre que celui de Paris soit mieux connu.

Quant à l'ancien constituant, placé entre ses partisans de la veille qui l'accusent de modérantisme, et ses adversaires politiques aux yeux desquels il s'est trahi dans le cabinet du ministère public, il éprouve le besoin de s'en aller et fait demander un passe-port pour l'étranger.

Le passe-port lui est refusé, mais il n'en part pas moins : et l'île de Malte le reçoit en fugitif, rejeté loin de sa patrie par le premier souffle de cette bourrasque, qu'il a déchaînée lui-même.

Triste leçon, qui devrait apprendre aux hommes d'une certaine valeur, que les révolutions ne pardonnent à aucune supériorité, à celle de l'intelligence moins qu'à toute autre.

Cependant, ce changement de direction dans les conseils de la démagogie, tout bouffon qu'il est en réalité, a pour résultat de développer une effervescence plus grande.

En face des nouvelles venues des divers points du département, la situation de l'autorité devient plus critique.

M. le procureur de la République installe son parquet à l'hôtel de la préfecture, afin d'agir de concert avec M. de Romand. Les principaux fonctionnaires accourent aussi auprès du représentant du pouvoir.

Dans une réunion secrète, la question de marcher immédiatement sur le Luc, point central de la révolte, est alors agitée.

Les plus grandes précautions doivent présider à ce hardi coup de main.

Il doit étouffer l'insurrection dans son principal foyer, mais il laisse chef-lieu livré sans défense à la merci de la démagogie locale.

Cette appréhension est justifiée par l'agitation croissante de la population dracénoise.

L'affluence augmente aux abords du café Alter, quartier général des factieux du pays. L'autorité est avertie de l'apparition sur plusieurs points de symptômes de plus en plus alarmants.

Les insurgés du Luc ont constitué une municipalité révolutionnaire, et ils poussent l'audace jusqu'à la dérision, ayant soin d'annoncer officiellement cette nouvelle à l'autorité, par une dépêche qu'ils adressent directement à M. de Romand.

Blessé dans sa dignité administrative, ce magistrat remet sur le tapis la question de marcher sur le Luc.

Les commandants militaires s'accordent à repousser ce projet.

Forts de l'autorité que leur donne une intelligence reconnue, une expérience incontestée et des connaissances stratégiques peu communes, ils établissent, que distraire un détachement quelconque de l'effectif militaire, dont ils disposent au chef-lieu, c'est livrer le siége du gouvernement à l'insurrection.

En premier lieu, il faut agir secrètement et sortir, sans être vu, de Draguignan, et une foule ennemie entoure l'hôtel de la préfecture et la caserne.

En second lieu, le coup de main tient éloigné du chef-lieu l'élite des troupes, pendant une journée, vu la distance de Draguignan au Luc.

Enfin, en troisième lieu, il est bien évident qu'il ne s'agit plus de réprimer seulement une émeute locale, mais de tenir tête à une insurrection, qui gagne de proche en proche le département tout entier.

Tandis que les commandants militaires combattent par ces arguments le projet proposé par M. le préfet, la foule, qui se presse aux abords de l'hôtel, fait entendre des rumeurs d'assez mauvais augure. Ces bruits confus, ces murmures avant-coureurs de l'orage populaire, pénètrent dans l'enceinte des délibérations et semblent apporter, à l'appui des arguments présentés avec beaucoup de lucidité et de sang-froid par les habiles commandants, la plus concluante péroraison.

Le projet de marcher sur le Luc est ainsi abandonné.

Il faut, dès lors, se résigner à la douloureuse nécessité de laisser l'insurrection se mettre en campagne, et attendre le renfort de troupes (le colonel Trauers) qui doit partir de Toulon.

Ce système a pour but de ne pas exposer la force armée du chef-lieu à être prise entre deux feux, mais il laisse à l'insurrection le temps de se développer.

Quoiqu'il en soit, au moment où ce plan est adopté, la foule semble prendre à tâche de le justifier par une attitude de plus en plus menaçante.

A sept heures, le commandant Mongin fait doubler les postes de garde devant l'hôtel, et place une compagnie de grenadiers derrière la grille.

Le capitaine de gendarmerie, suivi de vingt hommes à cheval, se porte sur l'esplanade, couverte d'une foule nombreuse et compacte, à laquelle l'ordre d'évacuer les abords de l'hôtel de la préfecture a été vainement intimé, avant la nuit, au nom de l'autorité.

Incessamment, des émissaires et des groupes, sortant du café Alter où trône le triumvirat charivarique de l'insurrection, viennent grossir et animer la multitude entassée, près de la grille.

Les gendarmes à cheval ont de la peine à contenir leur ardeur devant cet attroupement insolent. Ils savent que la plupart des brigades de l'arrondissement sont déjà la proie de l'insurrection. Ils ne veulent pas être désarmés sans combat. Leur intrépide chef réprime leur indignation, mais il ne peut se dissimuler que l'obstination de la foule à ne pas obéir aux ordres de l'autorité est un fâcheux symptôme, et qu'il importe d'avoir raison de cette obstination.

A la tête de ses vingt hommes, il donne l'ordre de pousser en avant pour balayer l'esplanade ; cet ordre est exécuté avec régularité et précision, sans donner lieu au moindre danger pour personne. Les gens inoffensifs et les curieux, confondus avec les mutins, peuvent se retirer sans encombre ; la circulation se rétablit ainsi avec une sorte de calme imposant.

Mais ce dénoûment pacifique ne saurait convenir aux énergumènes sortant du café Alter, ivres encore de l'éloquence bachique du triumvirat directeur.

Au moment où la foule est dispersée, quelques chefs cherchent à souffler l'esprit de sédition dans les groupes. Des cris confus se font entendre.

Un énergumène, plus audacieux et destiné à remplir un rôle tragi-comique, se trouvant alors près des gendarmes, apostrophe le capitaine en ces termes :

—Commandant, ce que vous faites là est inconstitutionnel.

—Gendarmes, empoignez-moi cet homme.

—Aux armes ! s'écrie, en fuyant à toutes jambes, le démocrate.

Ce singulier héros, criant ainsi *aux armes* en fuyant, s'esquive derrière l'ancien mur d'enceinte du chef-lieu, se glisse par une porte entr'ouverte dans une dépendance d'une maison appartenant à un de nos principaux négociants et se cache sous des tonneaux.

Les gendarmes, qui le serrent de près, pénétrent à sa suite dans la pièce qui a servi de refuge au fugitif. Le maître de la maison arrive porteur d'une lanterne dont la clarté est dirigée de manière à masquer la retraite du délinquant.

Les gendarmes sortent et reviennent sur l'esplanade, renonçant à leur poursuite et notre héros, se hâtant de fuir sa cachette, court reprendre des forces au café voisin, en absorbant d'un trait un verre de cognac.

C'est ce même clerc d'avoué, qui s'est signalé à Aups par divers exploits, notamment dans cette scène curieuse où les principaux propriétaires d'Aups et des environs ont été arbitrairement imposés, quelques instants avant la débandade générale.

Cependant, tandis que l'esplanade est balayée et que les perturbateurs sont refoulés vers l'intérieur de la ville, on reçoit, de moments en moments, des émissaires de plusieurs communes du département. Ces émissaires annoncent que le mouvement se propage partout. Ils demandent des secours, qu'on ne peut évidemment leur accorder, vu le grand nombre de localités envahies et l'insuffisance des ressources.

En effet, l'autorité ne dispose que de 700 hommes de troupes de ligne. Encore, sur un nombre aussi restreint, il faut prélever 470 conscrits fraîchement enrôlés, ne possédant aucune notion du maniement des armes. Il ne reste donc en définitive que 230 soldats exercés et aguerris.

Devant cet exposé, on comprend que les commandants n'aient pas jugé à propos de marcher sur le Luc.

Pour ceux qui ont pu connaître l'esprit de la population du chef-lieu du Var, il ne saurait être douteux que ces 230 soldats suffisaient à peine pour garder la ville.

Depuis quelque temps, en prévision des éventualités menaçantes d'un incertain avenir, une association d'hommes d'ordre, appartenant à toutes les fractions de l'opinion conservatrice, avait été établie à Draguignan.

Cette association, connue sous le nom de société Saint-Martin, suivait avec ensemble l'impulsion intelligente et dévouée de ses chefs, MM. Théus, maire, et Cavalier, directeur des postes.

M. le maire était partout où sa présence pouvait produire quelque bien et il trouvait, d'ailleurs, dans quelques hommes d'élite un concours énergique.

M. Cavalier se distinguait aussi par son activité et son courage. Déjà, lors des funérailles de M. Laugier, juge de paix, dont la mort est encore un mystère, il avait résolument affronté la démagogie dans une véhémente allocution prononcée d'un ton significatif sur la tombe de la victime, tandis que l'assassin inconnu entendait peut-être le provocant panégyrique.

Une pareille fermeté ne pouvait se démentir quelques mois plus tard ; au milieu des troubles de décembre, M. Cavalier, suivi de ses fidèles employés, allait de groupe en groupe, gourmandant les retardataires, encourageant les timides et maintenant dans la ligne du devoir les moins résolus.

On craignait, dit-on, les dissidences d'opinions des conservateurs indépendants, enrôlés dans cette association volontaire. Nous ne savons jusqu'à quel point ces bruits peuvent être fondés. Toujours est-il que les membres de la société Saint-Martin, sans distinction de nuances d'opinion, paraissaient tous également animés des meilleurs sentiments.

Il est vrai que la question entre la révolte et la répression était posée de manière à rendre la situation de quelques-uns assez délicate. Mais ceux-là même qui se trouvaient dans cette situation difficile, n'y voyaient qu'un motif d'abnégation de plus.

En fait de dévoûment chevaleresque et désintéressé, l'opinion légitimiste a fait depuis longtemps ses preuves; nous pourrions, au besoin, à l'appui de cette assertion, citer ici plus d'un nom recommandable, si nous n'étions retenu par la pudeur de l'amitié.

Ces braves volontaires se rendent en armes à l'hôtel de la préfecture.

Leur bonne contenance produit sur les groupes populaires une salutaire impression.

Pourquoi faut-il que les questions politiques viennent compliquer la question sociale ?

S'il était possible de fondre l'égoïsme des partis dans un grand intérêt national, l'avenir serait à jamais assuré, car les honnêtes gens, rapprochés par des sympathies réelles, sortiraient de leur indifférence, non seulement pour la défense de l'ordre matériel, mais encore pour la restauration de l'ordre moral.

Tant que cette fusion ne sera pas consommée, nous camperons.

La société de Saint-Martin est installée dans la salle du conseil général, où elle passe la nuit.

L'hôtel de la préfecture, à l'intérieur comme à l'extérieur, présente l'aspect le plus étrange et le plus animé.

Le cabinet de M. de Romand est transformé en bivouac. Si l'étiquette perd quelques-uns de ses droits, les témoignages de sympathies doivent y gagner en sincérité. Le sentiment du péril commun tend au rapprochement bien plus que la politesse; pourquoi le dévoûment n'aurait-il pas le privilège du laisser-aller et de la confiance? Aussi les principaux fonctionnaires s'installent dans le cabinet préfectoral, sans trop de cérémonie, sur les divans et les tapis du parquet, de façon à pouvoir prendre un peu de repos.

A l'intérieur veille la troupe de ligne, avec cette résignation admirable et cette patience toujours égale, apanage des cœurs éprouvés.

C'est ainsi que les soldats passent la nuit, le sac sur le dos, debout devant les faisceaux, battant parfois la semelle, vu la rigueur de la saison, égayant leurs veilles par d'intraduisibles saillies sur les insurgés, qu'ils sont disposés à *régaler* de leur mieux.

Les commandants militaires, dont la prévoyance n'est jamais en défaut, font exercer en secret les 400 conscrits au maniement des armes.

Chose étrange! l'insurrection est maîtresse de toutes les routes et les dépêches arrivent, ouvertes et n'apportant que des nouvelles peu alarmantes de Paris et des provinces.

Et pourtant, le chef-lieu est bloqué par tout un département en révolte.

6 DÉCEMBRE.

Les premiers rayons du jour retrouvent les soldats veillant sous les armes depuis trois nuits.

La ligne de Toulon à Draguignan est complètement interceptée.

Le bruit du soulèvement de Cuers et de l'assassinat du gendarme Lambert se répand dans la ville. On attend avec anxiété la colonne du 50me qui doit partir de Toulon.

A la chute du jour, les principaux fonctionnaires sont réunis à l'hôtel de la préfecture.

On apprend que les rassemblements insurrectionnels partis de Saint-Tropez, Cogolin, Grimaud, Fréjus, du Puget ont opéré leur jonction avec les bandes de la Garde-Freinet, de Vidauban, du Luc, du Cannet, des Mayons, de Flassans, Gonfaron, etc.; que toute cette partie du département est debout, en armes et en marche vers le chef-lieu; que les gendarmes, les notables, un prêtre sont traînés comme ôtages à la suite des populations soulevées en masse.

Le commandant Mongin expédie un émissaire à Toulon, car il ne sait à quoi attribuer le retard du renfort que l'autorité a demandé depuis trois jours.

L'émissaire choisi est un voltigeur, ancien maître d'armes, jeune homme adroit et résolu, qui se déguise en ouvrier, prend place dans une diligence et part, emportant une dépêche cachée sous sa chemise.

A Vidauban la voiture est arrêtée par les insurgés, le soldat s'empresse de détruire le pli compromettant dont il est porteur. On le conduit au poste, il se fait passer pour ouvrier mécanicien. Il prend adroitement les renseignements les plus complets sur l'insurrection et veut s'évader, mais les insurgés, veillant les uns sur les autres avec la plus grande méfiance, ne sont pas hommes à perdre de vue les voyageurs qui tombent entre leurs mains. Ce n'est que le lendemain matin, au point du jour, quand les bandes insurrectionnelles arrivent aux Arcs, qu'il parvient à se cacher dans les bois et à regagner le chef-lieu pour rendre compte à son chef de sa périlleuse mission.

Cependant les principaux fonctionnaires, réunis dans le cabinet préfectoral et présidés par M. de Romand, délibèrent sur les mesures à prendre.

L'esprit de sédition, on le sait, compte, en grand nombre, d'ardents prosélytes au sein de la population du chef-lieu.

Justement préoccupé des pressants dangers auxquels la ville est exposée dans une pareille disposition des esprits, au moment où les masses insurrectionnelles frappent déjà aux portes de Draguignan, M. le maire Théus ouvre l'avis de faire déclarer la mise en état de siège du département.

Il pense que cette mesure, purement comminatoire, puisque l'action de l'autorité est circonscrite en des limites fort restreintes, intimidera les populations soulevées.

Cet avis est partagé par un grand nombre de personnes ; M. Bigorie-Laschamps, procureur de la République, partage cette opinion et s'empresse de rédiger un arrêté dans ce sens.

M. de Romand refuse de signer cette pièce ; il fait observer que M. Pastoureau, nouveau préfet du Var, arrivé à Toulon, a déjà reçu les sceaux de la préfecture et que son successeur a seul le droit d'accepter la responsabilité d'une aussi grave mesure.

Il faut cependant contenir l'agitation croissante du chef-lieu. On songe alors à proclamer la loi martiale.

M. le préfet, d'après une circulaire de M. le ministre de la guerre, dicte rapidement un arrêté portant que tout individu, saisi les armes à la main, sera immédiatement fusillé.

Cet arrêté doit être publié à son de trompe par le commissaire de police. M. le maire réclame pour lui l'honneur de cette périlleuse mission. Il part, ceint de son écharpe, escorté d'un détachement de grenadiers et proclame, à la lueur des torches, la loi martiale dans tous les quartiers.

Des exemplaires de l'arrêté, imprimés à la hâte, sont expédiés dans les communes environnantes.

Cette mesure, mise à exécution avec énergie, produit les meilleurs effets. Elle intimide les factieux et stimule le zèle des honnêtes gens.

Les volontaires de la société Saint-Martin accourent plus nombreux à l'hôtel de la préfecture. Plusieurs habitants, étrangers à cette société, s'y rendent aussi. Quelques fonctionnaires amènent avec eux leurs femmes et leurs enfants. Le petit salon de l'hôtel est converti en dortoir pour ces nouveaux hôtes de l'autorité, accueillis par Mme de Romand et sa mère Mme la comtesse de Kaïssaroff, avec leur affabilité ordinaire.

Tous les meubles de la salle sont encombrés d'armes et des fusils déposés dans toutes les embrasures des fenêtres.

Sous ces lambris d'or et ces tentures de soie qui ont abrité déjà tant d'éphémères pouvoirs, sur ce parquet effleuré par tant de pas joyeux et légers, on voit aller et venir avec lenteur une foule étrange, sombre au milieu de cet éclat ironique, morne au sein de ce brillant appareil. Ces frais visages orgueil des soirées, ces triomphants sourires douces vanités du cœur, ces fleurs, ces chants, ces bruits, ces frôlements de parures ambition frivole de la femme, cet étalage d'habits brodés ambition plus triste de l'homme, qu'est devenu tout ce mirage d'un passé récent?

L'éclat de ces demeures est un contraste poignant, en présence de la réalité d'une situation pleine d'angoisses. Sous ces brillantes tentures on sent la froide nudité des murs d'une prison, et quelle prison! une prison qui peut devenir, d'un moment à l'autre, un immense tombeau!

Sous bien des paupières tremblantes brillent quelques larmes, longtemps contenues, furtivement essuyées, larmes bien amères, car elles sont impuissantes, larmes de jeunes femmes que l'insurrection a déjà frappées au cœur, en leur enlevant quelques-uns de leurs proches.

Le comte Édouard de Colbert est là, en costume rustiquement improvisé, veste de bure, bottes de chasse, chapeau à larges bords.

Hors de lui, il arpente à grands pas la salle, agitant convulsivement dans sa main crispée une baguette de fusil, dont il frappe l'air avec emportement, ne pouvant se rendre compte de l'impossibilité où l'on est de lui accorder des secours.

Sa douleur navre les plus insensibles. On l'entoure avec empressement ; on essaie de le calmer en lui demandant le récit de l'arrestation de son père, de son aïeul et de son cousin. On lui prodigue les plus vifs témoignages de sympathie ; mais qui pourrait adoucir une si légitime impatience ?

Les heures de la nuit s'écoulent ainsi, silencieuses et lentes ! A chaque instant des promeneurs pensifs viennent interroger tristement le cadran de la pendule, car on sait, par des correspondances interceptées, que l'insurrection a fixé à 8 heures du matin l'heure de son rendez-vous général au *camp* de Draguignan.

Tout-à-coup la porte du salon s'ouvre avec fracas, un fonctionnaire se précipite en s'écriant :

— Les voilà ! les voilà ! Aux armes ! aux armes !

A ce cri, un tumulte inexprimable éclate. Tous les hommes se jettent sur les fusils, assurent leurs pistolets à leur ceinture, s'apprêtent pour le combat. Les dames épouvantées fuyent dans le petit salon, où sont couchés les enfants, arrachés inopinément aux douceurs d'un sommeil ignorant et paisible. Madame de Romand, s'oubliant elle-même pour ne songer qu'à son mari, se traîne vers le cabinet préfectoral, madame de Kaïssaroff suit les pas de sa fille.

Tandis que ces désolantes scènes se passent dans le grand salon, des corridors, des salles voisines, du grand escalier, du rez-de-chaussée, du premier étage, de tous les alentours s'élèvent des clameurs confuses, des piétinements précipités, des coups de crosses de fusil dont l'immense retentissement est dominé par ce cri terrible, répété sur tous les points :

— Aux armes ! aux armes !

La société Saint-Martin descend le grand escalier et se range devant le péristyle, se rendant au poste d'honneur qui lui est assigné par le commandant Mongin.

Dans la cour et au dehors de l'hôtel le tumulte se prolonge.

Les soldats chargent leurs armes, les chevaux hennissent et piaffent, la gendarmerie vient se placer en bataille à droite et à gauche de la grille; au-dessus de tous ces bruits la voix des chefs militaires plane, accentuée et vibrante, tandis qu'au loin, dans la longue et large avenue, le regard n'entrevoit que des baïonnettes, scintillant sous les pâles rayons de la lune.

Bientôt au tumulte succède un silence profond, rempli d'impatience pour les uns, d'anxiété pour les autres.

Fidèles à cette discipline, sublime patience du courage, les soldats sont immobiles et muets comme des statues.

Cependant le silence continue.

On dirait qu'on entend respirer les poitrines : on écoute, on épie ; les regards plongent, avec une fiévreuse avidité, dans le demi jour d'un clair de lune qui se prête à toutes les illusions.

On s'attend à voir paraître, d'un instant à l'autre, l'avant-garde de l'insurrection, s'avançant furtivement et sans bruit.

Mais rien, toujours rien !

Les plus résolus frémissent d'impatience.

Ceux qui ne sont pas habitués à ces préliminaires d'un engagement commencent à respirer plus à l'aise.

Enfin, les vedettes, placées de distance en distance sur la route, échangent entre elles ce cri :

— Fausse alerte ! fausse alerte !...

Le soldat demeure immobile à son poste, comme s'il n'avait pas entendu.

Le grand salon se remplit de nouveau.

Au milieu de la foule agitée de sentiments divers, un homme surtout a paru n'éprouver aucune émotion de crainte, bien que sa noble physionomie, toujours la même avant comme après cette alerte imprévue, ait laissé voir combien son cœur souffrait d'avance des scènes d'horreur qu'une pareille situation paraissait devoir infailliblement produire.

Cet homme, c'est M. Infernet, curé du chef-lieu.

Obéissant à une impulsion religieuse, à laquelle nous sommes heureux de rendre hommage, M. de Romand a pensé, dès huit heures du soir, qu'il serait consolant, pour la plupart des défenseurs de l'hôtel de la préfecture, de voir au milieu d'eux un ministre de la religion. D'ailleurs, c'est un moyen de raffermir en eux le vrai courage qui vient de Dieu, et cette intervention peut devenir nécessaire, dans le cas malheureusement trop probable d'un engagement meurtrier.

Dans ce but, il a fait demander un prêtre à la paroisse. Comprenant qu'il doit être le premier en face du danger, comme il est le premier dans la hiérarchie, M. le curé de Draguignan répond à la demande de M. le préfet, en se présentant lui-même.

Cette présence était la plus sûre consécration de la cause sainte, que les soldats et les volontaires de Draguignan avaient à défendre, car, si le socialisme est à redouter et à combattre, n'est-ce point surtout parce qu'il est réellement la plus violente des hérésies ?

Aujourd'hui plus que jamais, la croix est le labarum social, car pour renverser le siége de l'autorité temporelle, la borne de l'héritage, la pierre du foyer, c'est toujours en sapant l'autel par la base que l'anarchie commence.

Aussi, qu'il nous soit permis de formuler ici un vœu, bien souvent renouvelé depuis l'expédition de Rome, celui de voir le prêtre catholique reprendre son poste d'honneur au milieu des armées françaises.

La France n'a été et ne peut être encore la première nation du monde qu'en étant la fille aînée de l'Église.

Cette première alerte, malgré la bonne contenance des troupes, inspire à l'autorité militaire la pensée de prendre sur le champ de nouvelles mesures.

Sous la direction et par les soins des commandants, des barricades sont construites à l'embouchure des rues avoisinant l'esplanade et l'hôtel de la préfecture, afin de couvrir avant tout le siége du gouvernement, point de mire de l'insurrection, et de ne laisser ouverte aux assaillants que la route de Trans, où la cavalerie peut se déployer.

En très-peu de temps et sans bruit, des voitures, des charrettes et des matelas sont entassés et enchevêtrés, de manière à former des obstacles suffisants pour couvrir les défenseurs de l'hôtel de la préfecture.

Au point de vue matériel, pourquoi ne pas emprunter à l'esprit révolutionnaire ses propres armes et ses moyens de défense?

L'hôtel de la préfecture lui-même est transformé, pour ainsi dire, en forteresse. Une énorme barricade, formée à l'aide de madriers, de planches liées par des cordes et recouvertes de matelas, s'élève derrière la grille et met complètement à couvert les soldats. Des hommes choisis, des tireurs d'élite sont postés aux points les plus vulnérables.

La terrasse, du côté des jardins, dominée par des hauteurs et des maisons voisines d'un facile accès, est également protégée par une barricade. Les fenêtres les plus exposées à une attaque imprévue sont également matelassées et n'ont d'ouverture libre, que l'espace nécessaire à un tireur expérimenté pour tenir longtemps en respect et à distance l'ennemi.

Enfin, rien n'est oublié par l'autorité militaire, dont on ne saurait assez reconnaître le sang-froid, l'esprit de prévoyance et la sagacité dans ces critiques circonstances.

Plusieurs volontaires secondent, avec beaucoup de zèle et d'intelligence, les efforts des commandants et des officiers.

On nous signale, entre autres, M. Meissonnier, ancien élève de l'école polytechnique, ingénieur des mines. Par ses soins, d'utiles mesures sont prises. Sa maison, située sur l'esplanade, en avant de la caserne, est ouverte à une compagnie de soldats qui s'y poste en embuscade. Un jeune aspirant de marine, M. Riouffe, d'Antibes, et le fils d'une des principales notabilités du chef-lieu, M. de Berlier-Tourtour, officier d'état-major en congé, se mettent à la disposition des chefs militaires.

M. de Romand, de son côté, prévoyant toutes les éventualités de la situation, fait apporter des provisions de bouche, du pain de munition destiné à la troupe de ligne et à la société Saint-Martin, le tout en assez grande quantité pour pouvoir, au besoin, supporter toutes les conséquences d'un siége et d'un blocus en règle. La table particulière de M. de Romand est constamment ouverte, pour ainsi dire, à tous, sans affectation de préférence ou d'exclusion pour personne.

Quelques dernières mesures de précaution sont prises vers la fin de cette longue nuit. La maison située en face de la caserne est soumise à des perquisitions. On s'assure de toutes les personnes qui l'occupent et on s'en empare.

M. Bigorie, procureur de la République, préside en personne à ces opérations. Il se rend ensuite au domicile de plusieurs des principaux chefs pour faire procéder à leur arrestation, mais ils ont déjà jugé prudent de prendre la fuite.

On avait pensé sans doute que les arrêter plus tôt était impolitique, car il fallait donner le temps à ces chefs si prudents de se compromettre.

Tous les apprêts étant terminés, les dernières nouvelles venant confirmer le bruit que le mouvement insurrectionnel va croissant et que l'anarchie tient à être exacte au rendez-vous fixé à 8 heures, dans la matinée du 7, au *camp* de Draguignan, il n'est pas inutile de faire connaître à l'ennemi qu'on est disposé à le bien recevoir et parfaitement en mesure de le *régaler*, pour employer la pittoresque expression des soldats.

Il faut aussi faire connaître aux factieux la proclamation de la loi martiale.

Mais l'entreprise n'est pas sans danger. Les courriers ne partent plus et d'ailleurs, comment les charger d'une pareille mission ?

Au moment où M. Niepce exprime le désir de trouver un ou deux hommes de bonne volonté, un ouvrier, membre de la société Saint-Martin, se lève.

C'est M. Antoine Gazan.

— Qu'on me donne, dit-il, quelques exemplaires de l'arrêté. Je me charge de les afficher aux quatre coins de la commune de Trans.

A l'instant on remet à ce brave jeune homme un certain nombre d'affiches et quelques pains à cacheter. Moins d'une heure après, il est de retour, ayant rempli sa tâche avec la plus scrupuleuse exactitude.

C'est ainsi que dès l'aube du 7, les démocrates de Trans ont pu lire l'arrêté proclamant la loi martiale. Un exemplaire avait été collé sur les volets de leur chambrée par une main invisible, comme le *Mané-Thécel-Pharès* de la démagogie.

7 DÉCEMBRE.

Encore un jour qui se lève pur, mais pour éclairer des visages de plus en plus pâlis par l'insomnie, des rues désertées par la peur et les apprêts d'une guerre fratricide.

On attend 8 heures comme le dernier terme d'une situation sans issue.

La troupe est toujours impassible à son poste.

Que de noble indignation accumulée, que d'irrésistibles frémissements d'impatience héroïque sous cette apparente impassibilité !

Les vedettes redoublent de vigilance.

Un silence terrible règne sur l'esplanade et partout aux abords de la ville.

La marche du temps semble ralentie et la voix des heures muette dans la tour de l'horloge.

Les sentinelles, postées derrière les barricades, tiennent leurs armes braquées dans le vide, le doigt sur la détente.

Les rares curieux, qui se hasardent à jeter un furtif regard, allongeant la tête à l'angle des rues, s'effacent à l'instant et disparaissent à pas de loup.

Cependant l'anarchie a campé à Vidauban.

Elle est en marche.

Elle doit arriver infailliblement à l'heure dite.

On ne peut en douter.

Quelle matinée ! quel siècle !

Huit heures sonnent lentement.

La respiration de toute une ville semble suspendue à chaque vibration décroissante de cette voix d'airain, qui retentit dans un silence de mort.

La dernière vibration expire.....

Rien n'apparaît au bout de l'avenue !

Neuf heures !

On apprend l'entrée des bandes révolutionnaires aux Arcs, la séquestration du maire, le dévoûment de ses adjoints.

L'anarchie avance donc toujours.

Dix heures, onze heures !
Rien ! toujours rien !
Midi enfin !
Deux estafettes descendent au triple galop l'avenue du côté de Trans.

Un cri universel s'élève, explosion d'indignation de la part des soldats, clameur d'angoisse pour toute une ville.

Les voilà ! les voilà !

Les défenseurs de la préfecture se précipitent sur leurs armes dont le cliquetis se mêle au retentissement de la voix brève des chefs.

M. de Romand sort de l'hôtel et vient se placer près la grille, à côté des soldats.

M. Bigorie, procureur de la République, MM. Mougins de Roquefort et Niepce, ses substituts, sont déjà à leur poste, à la hauteur de la caserne, à côté du commandant Mongin, prêts à faire les sommations légales et tenant à la main leurs écharpes.

M. Bigorie fait placer un de ses substituts derrière lui, afin d'être à l'instant remplacé, s'il tombe des premiers.

M. Blanc, juge de paix, est, depuis le matin, aux avant-postes.

Certes, l'insurrection avait bien tort de se faire attendre, car l'autorité, la magistrature, l'armée et les volontaires de Draguignan ne pouvaient lui montrer plus de politesse.

L'insurrection eut le mauvais goût de faire défaut.

On apprend bientôt à l'hôtel de la préfecture que la petite armée socialiste s'est repliée sur Lorgues.

Ce mouvement oblique de l'insurrection a donné lieu à bien des commentaires.

On assure que l'ordre de battre en retraite a été expédié de Draguignan par le comité-directeur.

Il est certain que ce comité, voyant les contingents insurrectionnels de Grasse et de la montagne manquer au rendez-vous, d'autre part l'attitude de la force armée, des volontaires du chef-lieu et des autorités locales, l'habileté des chefs militaires, les barricades et l'ensemble des mesures prises, il est certain que le comité a dû en aviser la petite armée socialiste et conseiller le mouvement vers Lorgues et Salernes, dans l'espoir de recruter des renforts et de donner le temps aux insurgés de la montagne et de Grasse d'accourir.

Mais cet avis du comité-directeur a été d'autant plus favorablement accueilli par le général des factieux, que, lors de son départ de Brignoles, il pressentait déjà la fuite vers les montagnes, comme une des chances les plus probables de son aventureuse expédition.

Or, un général, n'apparaissant à la tête de ses troupes que pour commander un mouvement de retraite, n'ayant pas une objection et la moindre résistance à opposer à un avis ou à un ordre, qui est évidemment la ruine de tout un plan de campagne, un pareil général ne peut être considéré comme ayant pris son rôle au sérieux.

Quoiqu'il en soit, il est encore fort heureux pour les insurgés, que leur chef ait reculé devant la folle entreprise de marcher sur Draguignan, car il y aurait eu évidemment un engagement terrible.

Les mesures, prises par le commandant Mongin et ses dignes auxiliaires le major Zaccone et le capitaine de gendarmerie Houlez, étaient si bien concertées, que l'issue de cet engagement ne laissait prise à aucun doute.

Le plan de défense du chef-lieu ne pouvait être rendu public au moment du danger. Le divulguer, c'était évidemment lui ôter toute efficacité, d'autant plus qu'il fallait suppléer à l'insuffisance des forces par l'habileté.

Il en est résulté de fausses appréciations, des critiques et des commentaires, exagérés par la peur et qu'il est de notre devoir de rectifier, non seulement parce que nous devons nous maintenir en dehors de tout soupçon de partialité, mais encore et surtout, parce qu'il est bon que l'anarchie sache, qu'on était parfaitement en état de lui résister et de l'écraser, même dans une ville ouverte et avec des ressources insuffisantes.

A l'occasion de notre première publication, purement épisodique et partielle, sur les événements de décembre, on a cru que nous partagions ces préventions, résultant d'une appréciation incomplète du plan de défense du chef-lieu.

Les uns nous ont chaudement appuyé, quelques autres nous ont assez vivement attaqué.

C'est le sort de tout chroniqueur contemporain des faits qu'il raconte.

Mais son devoir est de chercher la vérité, en dehors de toutes les influences, s'affranchissant à la fois des préventions injustes comme des encouragements irréfléchis. C'est en nous dépouillant ainsi de toute arrière pensée, que nous avons recueilli les renseignements suivants, relatifs au plan de défense du chef-lieu, renseignements qui nous ont été fournis par des hommes compétents et impartiaux, étrangers à toutes les préventions.

D'après les ordres des chefs, interceptés à Cuers, l'insurrection devait arriver vers les onze heures du matin, le 7, au *camp* de Draguignan.

Ces chefs comptaient sur 5 ou 6,000 combattants. Si l'arrondissement de Grasse avait fourni ses contingents, on aurait pu compter au moins sur le double. Si le nord et le centre avaient eu le temps d'accourir, on peut se faire une idée des masses insurrectionnelles, auxquelles la poignée de braves soldats du chef-lieu aurait eu à tenir tête.

Pour le moment ils étaient tout au plus 3 ou 4,000.

Les commandants militaires du chef-lieu avaient prévu, et l'on a su positivement depuis, que les chefs des bandes anarchiques devaient, en arrivant sous les murs de Draguignan, diviser leur petit corps d'armée en deux colonnes.

La première, suivant la direction des collines qui dominent la ville au nord-est, aurait cherché à y pénétrer, en tournant les murs du cimetière, sur un emplacement assez accidenté et resserré, par les rues de Trans et de l'Observance, tandis que la seconde colonne, prenant une direction opposée, aurait décrit une courbe pour s'avancer du côté du pont de Lorgues, se déployant sur un large terrain découvert, aboutissant aux allées d'Azémar et à l'hôtel de la préfecture.

Il est évident que ce plan mettait les commandants dans la nécessité de diviser aussi leurs forces, et d'aller au devant de l'insurrection, au moins du côté du cimetière, qui offrait d'ailleurs à la stratégie des ressources inappréciables.

De ce côté, tous les abords de la ville avaient été étudiés avec soin par les officiers. Pas un accident de terrain, pas une bicoque, pas un sentier, pas un fourré d'arbres, pas le plus petit mur n'avaient échappé à leurs investigations. Tous les points stratégiques étaient établis et reconnus; des détachements d'hommes d'élite étaient choisis pour être postés en embuscade; tous avaient leur poste assigné d'avance, de manière à prendre les agresseurs entre deux feux, dès leur appparition.

Au moment où, se déployant au pied des collines à l'entour du cimetière, l'ennemi cherchait à éviter le choc de nos braves soldats ostensiblement placés sur la route, il était assailli à l'improviste par un feu de flanc terrible.

Immédiatement après ce premier feu, ainsi dirigé contre les insurgés, la cavalerie, subitement démasquée, chargeait vigoureusement et se repliait aussitôt, pour laisser l'infanterie s'élancer à la baïonnette sur cette horde stupéfaite, foudroyée coup sur coup par une triple attaque; tandis qu'une dernière embuscade était postée de façon à cribler de balles et à écraser les débris de la petite armée, qui aurait cherché à se sauver du côté de la ville.

En vérité, en présence d'aussi énergiques précautions, nous comprenons difficilement les appréhensions et les critiques rétrospectives des honnêtes gens du chef-lieu.

L'entrain des soldats était admirable, l'intelligence des officiers reconnue, et quant aux connaissances stratégiques, le commandant Mongin et le major Zaccone pouvaient agir comme ils avaient enseigné, c'est-à-dire, *ex professo*.

Quelle résistance leur auraient opposé un journaliste, un chirurgien de marine, à la tête de bandes indisciplinées mal armées, dépourvues de munitions, harassées de fatigues, dont la moitié au moins ne marchait que par contrainte?

La petite armée socialiste n'eût pas tenu un seul instant contre nos troupes, pourvues de tout, connaissant parfaitement le terrain, admirablement commandées, pleines d'une indicible ardeur.

L'énorme disproportion du nombre ne pouvait être un obstacle à la prompte défaite des assaillants pris au dépourvu. On sait combien le nombre est peu de chose devant la tactique, la stratégie et l'avantage d'un terrain favorable, bien étudié et bien connu.

Nos habiles commandants, nos braves soldats à Aups n'ont pas eu besoin de tant de précautions, bien qu'ils eussent contre eux une position militaire très forte et un nombre presque double d'ennemis.

La colonne d'insurgés, attaquant le chef-lieu par le point dont nous venons de parler, aurait donc été rapidement et complètement taillée en pièces, avant qu'un seul de ces conscrits émeutiers eût rechargé son arme et songé à pénétrer dans la ville.

Nous n'avons pas besoin de démontrer comment la colonne, s'avançant du côté de Lorgues, aurait été refoulée et mise en fuite.

Les préparatifs de défense, exécutés avec tant d'intelligence autour de l'hôtel de la préfecture, mettaient la ville complètement à couvert de ce côté, personne ne le conteste.

Les assaillants s'avançaient sur un terrain parfaitement uni et découvert.

De ce côté, si la dispersion n'était immédiate, le carnage devenait horrible dans les rangs des révoltés, car les soldats, couverts par les barricades et postés dans les premières maisons, ne couraient aucun danger, tandis que leurs coups portaient au loin dans tous les sens.

L'anarchie comptait, il est vrai, sur de nombreux auxiliaires dans l'intérieur du chef-lieu. Ces auxiliaires avaient sans doute aussi leur plan : les défenseurs de la préfecture pouvaient se trouver pris entre deux feux.

Cette éventualité était prévue.

Pour étouffer à l'intérieur toute prise d'armes collective, des groupes de soldats, abondamment pourvus de munitions, devaient stationner, d'après un mot d'ordre donné, sur les places, dans les carrefours, et postés de manière à pouvoir fusiller immédiatement tout individu sortant armé sur la voie publique.

On n'avait donc rien à redouter de l'intérieur de la ville.

L'engagement n'était possible qu'en dehors des murs, et nous avons vu quel en devait être le résultat.

Mais comme un chef habile doit tout prévoir, même une défaite, les commandants militaires avaient dû prendre et avaient pris en effet des mesures, pour ménager à leurs troupes une retraite et un point de résistance dernière.

C'est dans ce but que l'hôtel de la préfecture avait été converti en forteresse imprenable, ses abords protégés et défendus par des barricades, admirablement disposées et construites avec le plus grand soin.

Retranchés derrière ces fortifications improvisées, nos troupes et nos volontaires, pourvus abondamment de provisions de bouche et de munitions de guerre, pouvaient facilement attendre, pendant plus de 48 heures, l'arrivée de la colonne expéditionnaire venant de Toulon.

Il est vrai que, dans le cas où cette éventualité peu probable vînt à se réaliser, la ville courait la chance d'être occupée par les bandes insurrectionnelles, mais avant de s'exposer à une chance pareille, l'autorité comptait épuiser toutes les ressources et toutes les combinaisons possibles pour couvrir la ville.

Cependant, dès que l'on connut d'une manière certaine au chef-lieu le mouvement oblique des bandes insurrectionnelles vers Lorgues, les dernières alarmes de la population de Draguignan se calmèrent insensiblement, d'autant mieux qu'on ne tarda pas à recevoir aussi des nouvelles du bataillon du 50e, commandé par le colonel Trauers, et son arrivée au Luc.

L'autorité judiciaire put alors procéder tout à son aise aux arrestations et investigations nécessaires : il fut permis aux troupes de prendre enfin quelque repos.

Seulement, la société Saint-Martin n'abandonna point encore son poste, et veilla sous les armes.

8 DÉCEMBRE.

Toujours le même dans son éclat, notre soleil provençal éclaire en se levant l'appareil militaire accoutumé aux abords de la préfecture, mais il semble briller à tous les yeux d'une clarté plus vive, car la confiance et l'espoir commencent à renaître dans tous les cœurs.

Les courriers n'étant plus interceptés, on connaît la pacification de Paris et de la plupart des départements.

Les Basses-Alpes et le Var, les plus éloignés du centre, sont les derniers en proie au fléau de la guerre civile.

Cependant les mouvements des colonnes mobiles, parties de Toulon et de Marseille à la poursuite des insurgés du Var et des Basses-Alpes, sont annoncés et ne peuvent laisser subsister que peu de doute sur l'issue de la lutte.

Toutes les préoccupations tendent à se concentrer sur les 80 ôtages ou prisonniers entraînés par les bandes anarchiques.

C'est encore bien assez pour tenir en éveil les imaginations troublées et les cœurs généreux, car plusieurs familles du chef-lieu tiennent par des liens de parenté ou d'affection aux malheureuses victimes de l'insurrection.

Le jeune comte Édouard de Colbert sent croître son impatience, à mesure que les insurgés s'éloignent.

Au moindre mouvement, à la plus légère apparence, on le voit s'élancer à cheval, armé de pied en cap et, poussant en avant, s'indigner à la pensée qu'il ne peut connaître la situation de son père et de ses compagnons d'infortune.

Sur ces entrefaites, un gendarme amène un paysan enchaîné.

C'est un vieillard, vêtu d'une méchante blouse bleue, aux traits ridés par le travail et l'âge, pâlis sous le hâle par un indicible effroi.

Il marche d'un pas lourd, la tête penchée sur la poitrine, n'osant lever ses yeux effarés et paraissant plongé dans un état voisin de l'idiotisme.

M. Bigorie lui fait subir un interrogatoire sommaire. Il répond avec embarras et maladresse.

Un sabre d'infanterie est caché sous sa blouse. Il avoue avoir reçu l'ordre de se diriger vers Salernes.

On se dispose à le conduire en prison.

La foule se presse à l'entour du prisonnier. Le capitaine de gendarmerie survient.

— Il faut un exemple, s'écrie-t-on autour de lui.

En vertu de la loi martiale le prisonnier doit être fusillé.

On s'empare du pauvre malheureux; hébété par la frayeur, on le place au pied du vieux mur de ville qui longe l'esplanade, et quelques voix réclament son exécution immédiate.

En ce moment se trouvait près de là, dans la cour de l'hôtel de la préfecture, un jeune magistrat, M. Niepce, dont nous avons plus d'une fois signalé l'intelligence et la présence d'esprit.

A la vue de ce malheureux, qu'on va fusiller, ce jeune magistrat s'émeut et songe aux prisonniers, dont la vie est au pouvoir des insurgés.

Il s'élance vers M. de Romand et s'écrie :

— Grâce, M. le préfet, n'oublions pas les ôtages de l'insurrection !

— Merci pour votre bonne pensée, répond M. de Romand à M. Niepce, en lui serrant la main.

Puis, se tournant avec vivacité vers le capitaine de gendarmerie, il ajoute :

— Que l'on conduise cet homme en prison, il ne peut être fusillé.

Peu de temps après, ce malheureux a été mis en liberté, ayant été reconnu non coupable.

Quel enseignement contre les emportements aveugles des guerres civiles, qui laissent après eux tant d'inimitiés implacables !

Si la France est épuisée par les divisions des partis, n'est-ce point à ces éternelles représailles que nous le devons !

Quand donc pourrons-nous inaugurer l'ère de la réconciliation et de la paix ?

Que des idées, que des systèmes puissent agiter les hommes, des êtres intelligents, on le conçoit, mais que des rancunes féroces, des malentendus pétris de sang et de haine s'accumulent et s'éternisent entre eux, c'est ce que nous ne pouvons comprendre.

Cependant on attendait au chef-lieu l'arrivée du nouveau préfet, M. Pastoureau, et du détachement du 50ᵐᵉ, commandé par le brave colonel Trauers : on se perdait en conjectures sur la route que la colonne libératrice avait dû prendre.

C'est alors que le jeune comte de Colbert, dont la généreuse impatience allait croissant, s'offre pour aller porter une dépêche au colonel Trauers.

Bravant toutes les observations, ignorant le nombre, la situation, les dispositions des insurgés, il part seul dans la direction de Lorgues.

Surpris à l'improviste par une bande nombreuse, non loin de Flayosc, le calme de son attitude, son costume rustique le préservent d'abord.

Le sang-froid de ses réponses, son air cavalier et sans façon donnent le change. Les insurgés croient avoir à faire à un complice. On veut le retenir. Il avait trop réussi.

Il s'excuse et parle d'un ordre à transmettre de la part d'un chef de l'insurrection.

On le laisse aller. Il affecte de s'éloigner sans trop de précipitation.

La méfiance reprend alors le dessus. On tire sur lui de tous les côtés. Il enfonce les éperons dans le ventre de son cheval et s'éloigne comme un trait, échappant par miracle à la poursuite des insurgés.

Il arrive ainsi aux avant-postes de la troupe de ligne.

Son costume et la précipitation de sa course trompent de nouveau les soldats ; une nouvelle décharge l'accueille ; il y échappe par un nouveau miracle.

Sans perdre un instant le sang-froid nécessaire au milieu de ces terribles malentendus, il montre sa dépêche au bout de son sabre. Les soldats comprennent bientôt leur fatale erreur et le conduisent auprès du colonel, en lui prodiguant les témoignages de la plus vive admiration.

Enfin, M. Pastoureau et les troupes qui venaient de balayer la route de Toulon au chef-lieu arrivent, exténuées de fatigue mais pleines de résolution ; elles sont casernées au théâtre et dans le palais de justice.

Vers la limite nord des arrondissements de Draguignan et de Grasse, une petite commune de deux mille âmes, Seillans, parfaitement secondée, le 10 dans la matinée, par une autre commune, Callian, tient en respect les bandes qui commençaient à s'agiter dans le canton de Fayence.

Dès le samedi, 6 décembre, les autorités de la première de ces deux communes sont averties que les démagogues de Fayence se disposent à venir révolutionner le pays.

Chef-lieu du canton, la commune de Fayence est connue par l'exaltation démagogique de la presque universalité de ses habitants. Toutefois, quelques bons citoyens, rachetant par l'énergie du caractère l'embarras de leur isolement, parviennent à contenir la population soulevée.

MM. Geoffroy, percepteur, Grognier, directeur des postes, Mireur, Allongue, juge de paix, et Arnoux font bonne contenance, s'efforçant, soit par la persuasion, soit par la fermeté de leur attitude, d'arrêter les factieux.

M. le directeur des postes refuse de livrer les dépêches à la foule ameutée, lui fait entendre à plusieurs reprises et avec succès la voix de la raison, s'arme pour escorter les plis de l'autorité locale à l'adresse de M. le préfet, et part un des premiers pour Seillans

MM. Geoffroy et Mireur se répandent parmi les groupes, bravant les menaces et cherchant à ramener, même par des plaisanteries, leurs compatriotes égarés.

M. Allongue, juge de paix, gardé à vue par un poste d'insurgés stationnant devant la porte de sa demeure, se dérobe à la surveillance dont il est l'objet, monte à cheval et parcourt les diverses communes de son canton, donnant à tous les maires le mot d'ordre de la résistance.

Le 7, dans la matinée, une vedette signale, à Seillans, l'approche des insurgés de Fayence.

Au signal donné par la cloche et le tambour, MM. Gués, maire, et Giraud, adjoint, se précipitent à la tête de nombreux volontaires aux deux entrées du village, à la rencontre des vaillants champions de l'anarchie qui s'enfuient à l'instant même.

Du 8 au 10, ces braves gens veillent, car ils savent que les démagogues doivent se porter sur Seillans par Montferrat et Bargemon.

Des postes sont établis sur les routes et aux abords de Seillans, les habitants des campagnes accourent. Un jeune prêtre, M. Sauteron, les encourage et les excite à la défense de leurs foyers et de leurs saintes croyances, par sa parole et son exemple.

Le tocsin sonne de nouveau dans la nuit du 10. — Un émissaire, envoyé de Callian par le maire de cette commune, M. Mazard, ancien militaire, officier de la légion-d'honneur, dont les infirmités ne peuvent enchaîner le courage, entend la cloche d'alarme; dès son retour, la population presque entière de Callian est debout. Les hommes d'ordre se réunissent en masse. Des armes et des munitions sont distribuées. Aussitôt, maire, adjoint, commission municipale, prêtres, habitants de toutes les classes partent pour voler au secours de Seillans, en passant par le chef-lieu de canton qui est traversé tambour battant.

M. le curé de Callian marche au premier rang, muni de tout ce qui est nécessaire à l'administration des sacrements, encourageant ses fidèles paroissiens que sa présence électrise.

Consolant spectacle, et qui prouve combien peut devenir grande et belle l'humble mission des pasteurs de nos plus modestes communes rurales, quand le cœur, qui ennoblit tout, élève le prêtre au niveau des apôtres de la primitive Eglise.

Les braves volontaires de Seillans et de Callian opèrent sans obstacle leur jonction, fraternisent, donnent la chasse aux démagogues et leur font un certain nombre de prisonniers qu'ils emmènent à Draguignan.

9 DÉCEMBRE.

Le chef-lieu commence à respirer, mais l'insurrection, loin d'être apaisée, semble grandir encore. Elle recrute de nombreux contingents et peut reprendre une attitude menaçante, en s'appuyant sur l'insurrection des Basses-Alpes. Or, les dernières nouvelles, venant de ce côté, sont assez alarmantes.

Dans la matinée, un gendarme étranger traverse l'esplanade, sortant de l'hôtel de la préfecture. Il vient d'annoncer à M. le préfet, que l'anarchie triomphe dans le département voisin, que les autorités sont en fuite, que de graves excès ont été commis.

Cette situation des Basses-Alpes peut, jusqu'à un certain point, relever les espérances des factieux dans le Var.

Il est permis de craindre, que la partie nord de notre département, sur toute la frontière des Basses-Alpes, qui n'a pas encore remué, ne vienne à s'ébranler et à joindre ses contingents insurrectionnels à ceux de nos voisins, tandis que toutes les forces anarchiques du midi, du centre et de l'ouest, se concentrent entre Salernes et Aups.

Le colonel de Sercey peut être arrêté dans l'arrondissement de Brignoles par les bandes qui n'ont pas suivi Camille Duteil au Luc, mais dont les chefs sont trop compromis pour qu'il soit permis d'espérer une pacification immédiate.

Le bataillon du 50e, qui vient d'arriver, harassé par des marches forcées, est complètement hors d'état de continuer immédiatement ses poursuites.

Heureusement les nouvelles de Paris sont toujours plus rassurantes et plus décisives; il ne faut rien moins que le fatal aveuglement des masses et l'astucieux égoïsme des chefs de la sédition, pour prolonger une situation désespérée.

Cette incroyable obstination des chefs ne peut avoir d'autre résultat que de protéger la fuite des plus compromis, en affamant et ruinant les populations envahies.

Cependant, tandis que le bataillon du 50e prend quelque repos, le nouveau préfet, M. Pastoureau, de concert avec le colonel Trauers, organise un plan de poursuite, ayant pour but de prendre les masses anarchiques entre deux feux.

M. Dard, le plus jeune des conseillers de préfecture, est expédié pendant la nuit à Brignoles, afin de faire concourir au plan projeté le colonel de Sercey, venant de Marseille et marchant sur les Basses-Alpes.

M. Dard, plein d'ardeur, de sang-froid et de résolution, accomplit sa mission avec succès, mais non sans danger, car, au moment d'entrer à Brignoles, il rencontre sur sa route un nombreux détachement d'insurgés, dont il parvient à tromper la vigilance.

Il est merveilleusement secondé, dans cette aventureuse entreprise, par deux volontaires, qui ont fait leurs preuves, MM. Jean-Baptiste Escalon, maçon, et Louis Blanc, ancien maréchal-des-logis de cavalerie. Ce dernier, d'après divers rapports de personnes non suspectes, nous est signalé comme un des volontaires les plus dignes d'éloges.

Dès le 5, il se met à la disposition de l'autorité, qui lui confie un poste des plus importants et des plus délicats. Il est placé, comme surveillant, à la petite porte de la grille de l'hôtel préfectoral, afin de ne laisser entrer que les hommes sûrs. Il veille jour et nuit à son poste, tant que la situation l'exige.

Dans la matinée du 7, après avoir activement travaillé aux barricades, au moment de l'anxiété la plus terrible, il s'offre à courir à cheval en avant pour reconnaître l'ennemi.

Les jours suivants, il est partout où sa présence peut être utile, procurant des vêtements et des vivres aux militaires, ayant à peine dormi quelques heures pendant une semaine entière.

Il y aurait là de quoi s'étonner de ne pas voir le signe des braves briller sur sa poitrine couverte d'honorables cicatrices, si l'on ne songeait qu'il y a aussi d'autres dévoûments ignorés, qui se contentent de la satisfaction du devoir accompli.

La soirée de cette journée est signalée par un incident qui aurait pu se changer en désastre et ne fut que burlesque.

L'autorité avait fait transporter dans la journée les poudres de l'Etat de la poudrière à la caserne, dans la partie supérieure du bâtiment sous les toits.

A peine cette opération est terminée, qu'un jeune magistrat, dont nous avons déjà parlé, stationnant sur l'esplanade entre la caserne et le théâtre, aperçoit une fumée assez épaisse, sortant de la toiture de ce dernier édifice.

Ce magistrat, M. Niepce, connaissant tous les dangers d'un pareil incendie, suivi de quelques soldats, se précipite dans l'intérieur du théâtre et court vers les combles, tandis que la portière, ne sachant à quel motif attribuer cette irruption soudaine, suit en vociférant ces coureurs intrépides, qu'elle prend pour des voleurs ou des insurgés.

Ceux-ci arrivent devant la porte du grenier qu'ils trouvent fermée.

Les soldats hésitent. M. Niepce, songeant aux poudres récemment transportées dans les combles de la caserne, saisit à l'instant un fusil; et le voilà donnant l'exemple de l'effraction aux soldats qui l'imitent. La porte du grenier vole en éclats!

Mais la portière, dont l'imagination est surexcitée par la situation, s'élance valeureusement sur le magistrat en criant : Au voleur ! au secours !

Heureusement le feu, qui avait déjà entamé une poutre de la toiture, est bientôt éteint ; l'on parvient à prévenir dès sa naissance un incendie pouvant déterminer l'explosion des poudres de l'Etat, inconvénient beaucoup plus grave que l'explosion de colère..... même d'une portière de théâtre !

Après le départ de M. de Romand, on sait que la colonne expéditionnaire du colonel Trauers partit pour Aups, dans la matinée du 10.

Suivant le rapport du colonel, le nouveau préfet M. Pastoureau montra non seulement le sang-froid nécessaire au premier magistrat du département, dans les circonstances critiques où il prenait la direction des affaires, mais encore l'énergie infatigable, la patience et le courage d'un militaire éprouvé.

Il est inutile de revenir ici sur les détails de cette brillante et rapide expédition, dont le compte-rendu a déjà trouvé sa place dans l'épisode de la délivrance des ôtages, à la fin de nos *Trois jours au pouvoir des insurgés*.

Malgré la juste confiance qu'inspirait la colonne expéditionnaire partie du chef-lieu dans la matinée du 10, la situation si précaire des 80 ôtages de l'insurrection, les nombreux renforts qui affluaient du centre et du nord-ouest, les dernières nouvelles des Basses-Alpes, l'approche du dénoûment, tout concourait à maintenir une grande partie de la population du chef-lieu dans un état de terrible anxiété.

Aussi, faut-il renoncer à décrire l'explosion d'enthousiasme et de joie qui accueillit, dans la soirée, la nouvelle de la victoire d'Aups, apportée en toute hâte par des gendarmes délivrés.

Pendant toute la journée du 11, une foule innombrable ne cesse de stationner sur l'esplanade, attendant, avec la plus vive impatience, le retour de la colonne expéditionnaire.

La nuit est close, quand une sorte de frémissement parcourt la foule immense, toujours compacte et agitée depuis le matin.

Aussitôt mille voix répètent :

— Les voilà ! les voilà !

Ce cri, si lugubre naguère, retentit accompagné de hourras de joie et d'intraduisibles accents d'enthousiasme.

Mais, au premier bruit des tambours, un silence imposant succède au délire de ces manifestations.

C'est au milieu de ce calme solennel, que la foule, tenue à distance et ne sachant plus comment exprimer les sentiments qui l'agitent, voit défiler sous ses yeux, au milieu des ombres de la nuit et à la lueur de ternes reverbères, l'infanterie traînant après elle 80 insurgés prisonniers, qui passent, l'œil hagard et la tête penchée sur la poitrine, enchaînés deux à deux, brisés par la fatigue et le désespoir, car ils s'attendent, pour la plupart, à n'avoir plus qu'une étape à faire vers la mort.

La vue de ces malheureux navre le cœur même de ceux que l'insurrection a le plus cruellement frappés la veille, et pour ramener dans les âmes la conviction d'une répression nécessaire, il ne faut rien moins que l'aspect des voitures de blessés qui les suivent. La foule contemple avec attendrissement le capitaine, dont l'avant-bras est brisé par une balle, le lieutenant atteint à la cuisse et les autres victimes.

La gendarmerie et les soldats du train ferment la marche. La troupe rentre immédiatement dans les casernes ; les portes de la prison se referment sur les insurgés.

Les casernes étant insuffisantes, le palais de justice avait été converti en dortoir pour une partie de la troupe.

On ne saurait se faire une idée du spectacle intéressant et curieux que présentaient, au dire d'un témoin oculaire, les salles, les palliers et les corridors du palais de justice encombré de matelas sur lesquels, à demi couchés, accroupis de mille façons et drôlatiquement coiffés, nos braves soldats se livraient à tout l'entrain de cette incroyable gaîté française, qui ne les abandonne jamais.

L'un d'eux, couché à la porte même du parquet et dont chaque passant foulait le matelas, attira l'attention de la personne de qui nous tenons ces détails.

C'était un jeune homme d'une figure distinguée, âgé de 24 ans tout au plus et dont l'accent trahissait l'origine septentrionale.

— Vous êtes bien mal couché, lui dit l'interlocuteur en question, s'asseyant sur son lit.

— Comment, monsieur, mal couché ! Voyez donc ce luxe : de la paille, un matelas, une couverture, un toit sur ma tête ; mais c'est un coucher de prince, quand depuis huit jours on n'a eu pour édredon que les cailloux des rues.

— Mais vous êtes fatigué et vous avez eu bien des émotions à Aups.

— C'est vrai ! le métier est rude. Que voulez-vous ? on fait son devoir.

Et puis, après avoir bu pendant trois ans le vin de ces gaillards-là, il fallait bien le leur payer.

A dater de la dispersion des bandes insurrectionnelles à Aups, le calme fut complètement rétabli dans le Var.

La cour d'appel d'Aix, à la première nouvelle des événements, avait cru devoir les évoquer; mais, le département ayant été mis en état de siége, l'autorité militaire demeura exclusivement chargée de l'instruction. Elle délégua M. le conseiller Euzières à l'effet de diriger et coordonner cette vaste information dans les divers arrondissements. Ce magistrat, pendant un mois et demi, se transporta sans cesse dans les divers chefs-lieux, pour donner une impulsion et une direction uniformes à une procédure sans précédents dans le Var.

Le nombre des détenus grossissant démesurément (des communes s'étaient soulevées en masse) le tribunal adjoignit trois juges au juge d'instruction titulaire. Ces magistrats procédèrent avec le zèle le plus louable à l'immense information confiée à leurs soins.

Plus tard, une commission militaire, présidée par le major Zaccone et composée de deux capitaines, commença le jugement de cette affaire comme chambre du conseil. Sa tâche était presque remplie, quand la circulaire du 29 janvier lui enleva ses pouvoirs, pour en conférer de souverains à une haute commission départementale, formée de M. le préfet, du général et du procureur de la République.

Cette mesure, qui excita quelques mécontentements. mit fin aussi à l'information judiciaire, et tous les dossiers furent transportés à la préfecture.

Investie de pouvoirs extraordinaires, la haute commission départementale a terminé ses travaux; elle a su concilier les droits de l'humanité avec l'intérêt bien entendu de la paix publique.

Enfin, un conseiller d'état, M. Quentin Bauchard a été envoyé, au mois d'avril, pour réviser une dernière fois les dossiers de cette immense affaire.

On connaît les résultats de cette mission, terminée en quelques jours.

293 condamnés à la transportation en Algérie sur 783 ont été graciés.

209 individus expulsés hors du territoire français sur 335 ont été affranchis de l'exil.

Enfin, 505 internements ont été levés sur 513.

Il est triste, il est douloureux d'avoir à constater, que plusieurs graciés ont, depuis leur retour, appelé de nouveau sur eux l'attention de l'autorité et les rigueurs de la justice.

LORGUES.

Le samedi, 6 décembre, vers le soir, au moment où le chef-lieu était sous le poids des plus vives appréhensions, ignorant également ce qui se passait à l'hôtel de la préfecture et dans les conciliabules de l'insurrection, je m'acheminais, seul et à pied, comme d'habitude, mon journal étant sous presse, vers mon habitation isolée, entre Draguignan et Lorgues, à 9 kilomètres du chef-lieu.

Impatient de revoir ma nombreuse petite famille, je n'éprouvais aucune crainte, ne pouvant croire à la folie d'une insurrection générale, en présence de la situation de Paris et de la France.

En passant devant l'hôtel de la préfecture, j'aperçois les troupes stationnant à ses abords; je suis accosté par M. le maire Théus et M. B..... de Lorgues.

Ces messieurs me demandent où je vais ainsi, sans autre arme qu'un bâton.

Ils paraissent un peu surpris, quand je leur réponds que je me rends comme d'habitude à Florièyes.

Leur surprise ne produit sur moi aucune impression, je prends congé d'eux, sans demander même des nouvelles, car je vois le soleil baisser à l'horizon et je tiens à ne pas me faire attendre pour le repas du soir.

Dans ces dispositions d'inconcevable quiétude, je poursuis ma route et je trouve tout dans l'état ordinaire. Les ouvriers, employés aux rectifications en cours d'exécution sur divers points, travaillent tranquillement. L'absence de toute rencontre est un fait assez habituel sur ce chemin; elle ne me cause aucune surprise et m'entretient plutôt dans la persuasion que toutes ces agitations de la foule ne peuvent aboutir à un mouvement sérieux.

Arrivé au sommet du *Content*, d'où j'aperçois, au fond de ma petite vallée, ma blanche maison, je la salue de loin par un joyeux battement de cœur.

Je presse le pas en descendant la colline, que le soleil couchant dore de ses derniers rayons, mais cette précipitation n'est que l'empressement du bonheur attendu.

J'arrive enfin. Mes enfants accourent, rivalisant de vitesse. Les plus jeunes sont naturellement les derniers à voler dans mes bras, mais non les moins bien accueillis. Leur mère les suit, bravant les fatigues de sa position, et assez inquiète, bien qu'elle ignore, à cause de l'isolement de notre demeure, la gravité de la situation. Interrogé avec sollicitude par elle, je réponds avec un sourire d'une telle sérénité, que le regard si pénétrant de la mère et de l'épouse se rassérène.

Le rustique repas de famille, que ma course, l'air vif de ma vallée et le contentement domestique me font trouver délicieux, achève de me raffermir dans mon déplorable optimisme.

Ce contentement de la famille est si contagieux, qu'après le repas nous improvisons, comme cela nous arrivait parfois, un petit bal d'enfants. La mère se met au piano qui frémit sous ses doigts amaigris, en notes sémillantes.

Aussitôt petits garçons et petites filles s'enlacent et bondissent dans un désordre charmant, avec ce naïf et radieux entraînement de l'innocence et du jeune âge, qui défie tous les plaisirs menteurs de ce monde. Ces têtes mignonnes, dont les cheveux flottent à l'aventure, ces fronts rougissants, ces petits pieds si alertes, ces rires éclatants, ces franches et naïves clameurs de joie emplissent la maison et nos cœurs d'un bonheur surabondant et ineffable.

La pauvre mère, enivrée de ce bonheur, oublie à chaque instant son rôle et détourne la tête, négligeant la mesure, pour contempler ce tableau avec ce sourire du regard, céleste rayonnement de l'âme qui n'a plus rien à demander à Dieu.

Oh! poignante ironie des félicités humaines, même les plus pures! nous

nous endormons ainsi, au sein de ce bonheur si plein, si inaltérable et si sûr qu'il nous semble au-dessus de toutes les atteintes.

Hélas! c'est lorsque la coupe de la vie s'emplit jusqu'aux bords, que la providence la brise, comme pour nous faire mieux sentir que le cœur de l'homme n'est pas fait pour être désaltéré ici-bas.

Misère et grandeur immortelle des joies de l'âme humaine! le vrai bonheur apparaît sur la terre, mais, pareil à l'éclair instantané, qui doit seulement nous faire entrevoir l'aurore de son jour véritable au-delà de la tombe.

Si cela n'était pas ainsi, qui pourrait se résoudre à mourir et surtout à voir mourir !

Admirable providence, dont la prévoyante et divine bonté se retrouve au fond de nos plus cruelles douleurs et de nos plus amères larmes, tout comme après nos plus rapides bonheurs et nos plus fugitifs sourires !

Le lever matinal, qui suit cette inconcevable soirée, et dont le souvenir me suivra jusqu'à ma dernière heure, ce lever matinal est aussi pur, aussi heureux que le coucher de la veille.

O joies de la famille ! vos saintes jouissances ne sont pas celles qui énervent l'âme, et si, même après les coups imprévus qui vous brisent, votre souvenir est encore comme un parfum qui fortifie, de quelle force et de quelle confiance vous pénétrez le cœur, quand on ne croit pas encore vous perdre !

Tous debout, dès le premier rayon, nous nous entassons joyeusement dans un char découvert et nous partons pour Lorgues, empressés de nous rendre à la messe accoutumée du dimanche.

Tout départ est une fête pour l'enfance.

Au moment de ce départ, on nous apprend qu'une trentaine d'hommes armés ont été aperçus dans les environs, au point du jour, se dirigeant en toute hâte sur Flayosc.

—Bon ! voilà trente gaillards bien avisés, dis-je en riant ; Louis-Napoléon n'a qu'à se bien tenir à Paris, si Flayosc proclame sa déchéance !

Nous arrivons. Après la messe, grande rumeur autour de l'église. Une troupe de volontaires lorguiens passe. Nous remarquons parmi eux notre ami M. E. de Combaud, en costume essentiellement rustique et presque vendéen.

—Où vont-ils?

—A la poursuite des trente fuyards de la nuit.

—Ils peuvent courir, car ces fuyards sont loin.

Des groupes se forment devant l'église. On rit, on plaisante. C'est incroyable et pourtant cela est. On n'oublie pas, on n'invente pas ces choses-là.

A quoi tiennent les plus irréparables malheurs !

Nous devions reprendre le chemin de la campagne, immédiatement après la messe.

Nous restons, à cause des cérémonies du jubilé. J'avais préparé, la veille, une lettre destinée à ma famille de Brignoles. Il n'y était nullement question de l'agitation des pays environnants.

Tout était d'un si grand calme autour de nous. Sauf quelques exceptions, dont nous aimions même à douter avant décembre, les habitants de Lorgues, comme nous l'avons dit ailleurs, ne semblaient former qu'une grande famille, tant les conditions et les opinions diverses étaient unies dans un sentiment commun de fraternité locale, aussi profond que sincère.

Adossée à de riches côteaux couverts d'oliviers touffus, exclusivement vouée aux travaux agricoles, qui occupent tous les bras et donnent satisfaction aux simples besoins, aux goûts modestes et aux habitudes économes de tous ses habitants, la petite ville de Lorgues, favorisée par un doux climat et placée dans une sorte d'isolement pacifique, jouissait d'un calme patriarcal.

Les quelques familles notables du pays, vivant dans leurs habitations rurales, entretenaient avec les travailleurs du sol des relations d'estime traditionelle et d'affectueuses habitudes, trop rares de nos jours.

Afin de rassurer ma famille de Brignoles, bien que porté à considérer les troubles du Luc et de La Garde comme de simples agitations locales, j'ajoute à ma lettre un *post-scriptum* empreint de la confiance et de l'optimisme que m'inspirent les excellentes dispositions de la population de Lorgues.

Immédiatement après mon dîner, je porte cette lettre à la poste. Je traverse le cours encombré d'une foule calme et heureuse. A peine ma lettre est-elle jetée dans la boîte, que le toscin et le tambour retentissent.

Je crois à une alerte pareille à celle du matin.

Je vois courir quelques personnes ; je les interroge. C'est un attroupement armé qu'on signale, mais dont on ignore l'importance.

M. E. de Combaud passe à mes côtés, au moment où je vais rentrer chez moi.

Mes enfants et leur mère sont là sur le seuil de la porte.

Une pâleur mortelle est répandue sur leurs traits.

Une exaltation qui tient du vertige s'empare de moi.

—Avez-vous une arme à me donner, dis-je à M. de Combaud ?

—Oui, venez, me dit-il !

Je cours chez lui, m'empare d'un fusil de chasse et me précipite à l'instant vers la mairie, puis de là vers l'entrée de la ville, emporté par une impulsion irrésistible et pour ainsi dire machinale.

A l'entrée de la ville, où nous reconnaissons que la bande signalée couvre le chemin de la plaine, le petit détachement dont je fais partie se replie sur la mairie, d'où je ne sors que prisonnier, sans avoir eu le temps d'embrasser mes enfants et leur mère, qui succombe, quelques semaines après, aux angoisses endurées pendant ma captivité !.......................
....

Je ne reviendrai point sur les scènes de l'invasion de Lorgues, décrites ailleurs.

Hâtons-nous de passer rapidement sur ces souvenirs qui pèsent sur tant de cœurs, qui ont fait couler tant de larmes, élargi tant d'irréparables vides et soulevé néanmoins tant d'absurdes inimitiés contre la ville de Lorgues, inoffensive victime du plus flagrant et du plus odieux attentat.

La petite armée socialiste arrive et inonde les places et les rues de la ville. Quelques habitants, sans munitions, sont bloqués dans l'hôtel de ville et parlementent avec les envahisseurs. Ceux-ci promettent de s'éloigner si on leur distribue des vivres. Des vivres sont apportés à l'instant même. Les exigences de l'insurrection croissent avec le nombre de ses contingents, tandis que le nombre des défenseurs de l'hôtel de ville diminue en raison de ces exigences.

Vers le soir enfin, le contingent des Arcs accourt tambour battant ; une flamme rouge est arborée sur les toits de la mairie, probablement par un espion ou un traître. Cette flamme flotte sur la façade et vient toucher la hampe du drapeau tricolore, toujours attaché au balcon et entouré des derniers volontaires fidèles à leur poste.

Les envahisseurs entonnent la *Marseillaise* et braquent leurs fusils sur le balcon, aux cris de *Vive la République !*

Les volontaires de Lorgues protestent par leur silence.

L'hôtel de ville est envahi et seize habitants sont faits prisonniers, au mépris de la foi jurée.

Il serait trop long de décrire ici tous les incidents de cette soirée. De pareilles relations sont toujours incomplètes et souvent peu exactes. D'ailleurs il suffit de signaler quelques traits caractéristiques.

Au moment de l'arrestation des 16 ôtages, leurs compagnons parviennent à s'évader au milieu du tumulte et des menaces.

Notre cousin, M. G. de la Baume, est serré de près par un forcené qui lui applique deux pistolets sur les tempes, tandis qu'un autre assaillant lui passe autour du cou la lame d'une faux et qu'un troisième dirige sur sa poitrine la pointe d'une baïonnette. Heureusement pour lui, M. Oscar Ganzin passait, heurtant la foule des envahisseurs. Ceux-ci abandonnent alors M. G. de la Baume pour s'emparer de M. Oscar Ganzin.

Deux d'entre eux, ennemis irréconciliables depuis vingt ans, poursuivis ensemble dans l'escalier d'une maison située sur une ruelle de l'hôtel de ville, gagnent les toits sans être aperçus. Dans sa course précipitée, l'un d'eux glisse sur le plan incliné de la toiture en tuile et roule vers la gouttière. Il va être lancé dans l'espace, lorsqu'il se sent vivement retenu par son ancien adversaire, oubliant sa vieille haine.

Les deux ennemis réconciliés s'embrassent avec effusion, et nous laissons à l'imagination de nos lecteurs le plaisir d'achever ce tableau, à la fois touchant et comique.

Un paysan qui sort de l'hôtel de ville son fusil au bras, ne veut pas s'en dessaisir. Une lutte s'engage. Le fusil tombe. Pendant que l'insurgé, son agresseur, se penche pour saisir l'arme, le paysan, rusé matois, le renverse d'un croc en jambe et s'esquive à toute vitesse. Dix fusils sont braqués sur le fuyard, quand un des insurgés mieux avisé s'écrie :

— Oh! tarouns, es uno vesto ; tiren pas neuastro poudro eis mouno.

— Imbéciles, c'est une veste ; ne tirons pas notre poudre aux moineaux.

Un ancien soldat de la garde royale ne veut pas se rendre et jette son fusil avec rage à ses pieds.

Les insurgés, intimidés et stupéfaits, le laissent sortir et ne l'arrêtent point. Ce vieux brave éprouve une telle exaspération, qu'il tombe malade et meurt peu de temps après des suites de son exaspération. Que de lentes agonies! que de souffrances ignorées! que d'irréparables malheurs ont suivi cette invasion fratricide (1) !

Cependant, tandis que les ôtages sont retenus, au mépris de la foi jurée, et fouillés dans le café Brisse, les insurgés se répandent dans les cafés, cabarets et tavernes de la ville, ainsi que dans un grand nombre de maisons particulières.

Les confiseurs ne sont pas oubliés.

---

(1) On doit comprendre notre embarras et notre insuffisance, dans ces questions si délicates, où tant d'intérêts particuliers sont en jeu, pour signaler convenablement à la reconnaissance publique les traits de dévoûment et de courage, si nombreux et si multipliés, mais souvent si difficiles à constater au milieu de ces scènes de désordre.

Le magasin de M. Sarlin est envahi. M. Sarlin fait observer à l'un des assaillants, qui demande des pâtisseries, que le boulanger leur convient mieux que le pâtissier.

— Le pain n'est pas assez délicat pour les démocrates, lui est-il répondu, en même temps un tiroir d'échaudés est emporté par l'insurgé gastronome.

Si nous citons ce fait, c'est qu'il vient à l'appui d'une remarque faite généralement ; lors de la débandade de l'insurrection à Aups, à côté des mouchoirs ensanglantés laissés par les fuyards blessés, les soldats ramassaient des débris de papillottes et d'autres vestiges de la gourmandise des modernes truands.

200 fusils de munition, quelques fusils de chasse, de l'argent et divers autres objets disparurent dans le sac de l'hôtel de ville.

L'église, fermée dès l'approche des bandes, est menacée ; l'impartialité nous fait un devoir de déclarer que Camille Duteil, malgré son peu d'ascendant sur ses troupes, est néanmoins assez bien inspiré et assez heureux pour faire respecter le lieu saint.

Il est juste d'ajouter aussi, que la proximité de Draguignan intimide les pillards, et ne leur laisse pas le temps de se livrer à tous les désordres, que plusieurs d'entre eux désiraient sans doute.

Un homme, armé d'une hache, frappe avec son arme à la porte de la maison de Laval, en disant :

— En voilà une qu'il faut marquer.

Un démocrate du pays, animé de sentiments plus modérés que ses complices, a le courage de flétrir cette action abominable, en cherchant à éloigner ce misérable.

— Il n'y a là que des femmes, dit-il.

Un silence de mort pèse sur la ville. Des gens avinés hurlent çà et là dans les tavernes la carmagnole et la chanson infâme du *Cougourdier*, dont voici un échantillon intraduisible :

« *Meis amis, lou mïou plan*
Es d'ensarta leis blancs.
Afin qué n'escapé plus gés,
Leis ensertaren aou canouné.
Per qu'agoun pas dé réjétouns,
Foou coupa jusqu'ei sagatoun. »

Mes amis, le meilleur plan
C'est de greffer les blancs.
Afin qu'il n'en réchappe pas un,

Nous les grefferons en *couronne*.
Et pour qu'ils ne repoussent plus,
Nous couperons les derniers *rejetons* des *racines*.

Les amis et les parents des victimes, rodant sur les places et dans les rues par groupes rares, entendent les hideux refrains des traînards, peu pressés de rejoindre le corps principal en marche vers Salernes.

Ces rares promeneurs s'interrogent à voix basse, en échangeant de rapides poignées de main.

— Que sont devenus MM. ***?
— Nous ne savons.
— On dit qu'on a vu M. de C... dans une petite campagne des environs.
— On n'a plus de nouvelles de mon beau-frère.
— De mon père.
— De mon cousin.
— Sont-ils prisonniers?
— Sont-ils morts?
— Où sont les insurgés?

On ne sait pas même quel chemin ceux-ci ont pris en abandonnant la ville.

C'est alors que partit, allant à la découverte, le domestique de M. de Combaud qui finit par retrouver son maître.

Il n'est pas le seul à se dévouer ainsi. D'honnêtes travailleurs au service de MM. de Gasquet et Jacques Gasquet bravent tous les dangers pour sauver ces prisonniers.

Cependant les traînards finissent par rejoindre la colonne en marche vers Salernes.

Les estafettes continuaient à se croiser rapidement sur les routes. L'arrivée du 50e au Luc avait été ainsi annoncée à Camille Duteil, au moment du sac de l'hôtel de ville, et c'est à cette circonstance que la ville de Lorgues a dû son salut.

Avant le départ des traînards, M. d'Agnel-Bourbon, membre du conseil général, qui avait échappé au danger d'être saisi, probablement parce qu'il avait été remarqué procédant à la distribution des vivres, M. d'Agnel-Bourbon a l'idée de se rendre à l'hôtel de ville, afin de connaître le sort des habitants de Lorgues qui ont disparu.

Il ignorait encore, d'après ce qu'il nous a dit lui-même, que la mairie fût au pouvoir des insurgés.

Quel est son étonnement en se trouvant au milieu d'eux! Il se croit désigné d'avance à leurs fureurs.

Il se rassure pourtant et, traversant la salle principale, il s'avance vers celle du secrétariat.

Au milieu d'une foule de gens à figures sinistres un chef est debout, auprès d'une table où vacille une lampe fumeuse.

Ce chef, aux allures théâtrales, agite un sabre nu et gesticule avec véhémence, retenant les plus impatients de sa troupe, entourant une table où sont étalées quelques poignées d'écus.

— Que personne ne touche à cet argent, s'écrie le chef avec exaltation ! le premier qui oserait y porter la main, je l'étends raide mort à mes pieds. Nous ne voulons point souiller notre victoire et compromettre l'honneur de la démocratie.

Ces protestations superbes ne paraissent pas être bien comprises par la foule qui se presse autour du chef.

En ce moment de perplexité le regard de celui-ci, espadonnant toujours et déclamant avec une vivacité croissante, tombe sur M. d'Agnel-Bourbon, considérant cette scène froidement et non sans quelque surprise.

Une idée subite paraît illuminer le front de l'orateur : sans perdre de vue les pauvres écus, il fait signe à M. d'Agnel-Bourbon d'approcher, en lui disant :

— Citoyen, vous arrivez fort à propos pour être témoin du désintéressement des démocrates. Voici de l'argent que nous sommes bien aises de laisser en dépôt entre vos mains, afin qu'il soit restitué par vous à la commune.

M. d'Agnel-Bourbon, heureux d'en être quitte à si bon marché, s'empresse d'adhérer à cette proposition inattendue, et s'apprête à prendre l'argent sans vérification préalable.

— Comptez, comptez toujours, ajoute l'homme au sabre en continuant à espadonner avec fierté.

Compte fait, il ne manquait pas un centime à la somme, s'élevant au chiffre de 555 fr. et destinée à l'éclairage de la ville.

M. d'Agnel, nanti de son argent, s'éloigne tranquillement et rentre chez lui sans encombre.

Malheureusement toute médaille a son revers, car, tandis que l'argent municipal était ainsi respecté avec solennité, on reconnaissait, après le départ de ces généreux vainqueurs, qu'il manquait une somme de 1,042 fr. dans le tiroir d'un sergent de ville, sans compter une bagatelle de 25 fr. appartenant au secrétaire de la mairie, les armes, l'équipement des musiciens de la ville, etc., etc.

La nuit s'écoula sans sommeil pour la plupart des habitants. Les honnêtes gens comptaient leurs amis et leurs proches absents, ignorant toujours leur sort, s'attendant à voir revenir d'un moment à l'autre les bandes insurrectionnelles, et ne sachant à quoi attribuer l'immobilité du chef-lieu en présence de pareils désordres. M. G. de la Baume et plusieurs d'entre nos amis campèrent toute la nuit aux abords de la ville, pour épier l'ennemi. Les démocrates, en petit nombre dans la commune, mais rachetant cette infériorité numérique par l'exaltation des idées, recrutaient partout des prosélytes. On assure que, bon gré malgré, ils avaient réussi à réunir un contingent de 200 hommes, tant dans la ville qu'aux alentours : ils se disposaient à les faire partir pour Salernes et à constituer une mairie provisoire, lorsqu'ils furent arrêtés fort à propos dans leurs projets par un des leurs.

Pendant la matinée du lundi, M. Hippolyte Girard, sergent de ville, qui avait perdu la veille, dans le sac de la mairie, une forte somme d'argent et ce qu'il avait de précieux, tels que fleurets et tout son attirail de maître d'armes, M. Girard est sommé, devant le café Brisse, par les chefs démocrates, de publier à son de trompe l'ordre intimé à tous les habitants d'avoir à déposer leurs armes à l'hôtel-de-ville, sous peine d'être fusillés.

Seul contre une soixantaine de démagogues ameutés, M. Girard refuse de faire une pareille publication.

— Je ne connais que mon devoir, dit-il, et je n'obéis qu'à ceux qui m'ont nommé.

— Quand nous serons les maîtres, répondent en le menaçant les démagogues, nous aurons bientôt raison de vous et de vos pareils.

— Pourquoi pas tout de suite, lâches que vous êtes, s'écrie le sergent de ville indigné !

Les démagogues n'insistent plus. Ils veulent remplacer la publication à son de trompe par des affiches ; mais, tandis qu'ils sont occupés à les rédiger, besogne assez longue pour ces administrateurs novices, arrive le bataillon libérateur du 50me commandé par le brave colonel Trauers, accompagnant son administrateur plus expéditif que les démagogues de Lorgues, le nouveau préfet du Var, M. Pastoureau.

A son arrivée, le préfet apprend que deux émissaires des insurgés viennent de quitter la ville. Deux gendarmes à cheval les poursuivent et s'en emparent.

Le drapeau tricolore est arboré au balcon de l'hôtel de ville.

M. Roux, homme énergique (1), est nommé maire de la ville, et M. de Commandaire, mis à la tête de la garde nationale.

La nouvelle administration est proclamée et le département déclaré en état de siège.

La population s'empresse autour des soldats, les officiers prennent à la hâte et debout, dans la salle de la mairie, quelques aliments. La colonne expéditionnaire quitte Lorgues peu de temps après et se dirige vers Flayosc qu'on lui désigne comme le poste le plus rapproché de l'insurrection.

Après le départ de la force armée, un conseil de notables est assemblé.

La garde nationale est convoquée, mais elle est sans armes. 150 hommes, armés tant bien que mal de sabres et de lances, sont préposés à la garde de l'hôtel-de-ville.

Dans la soirée arrive M. Oscar Ganzin, ôtage délivré par l'entremise d'un démocrate, ami de sa famille. Il est nanti d'un billet demandant à la ville de Lorgues 2,000 rations, destinées à la troupe du chef Arambide campé sur les hauteurs de Tourtour, entre Draguignan et Aups.

Ces 2,000 rations sont demandées en échange de la vie des ôtages.

Mais se soumettre à une pareille exigence, c'est pactiser avec l'insurrection, ce qui est fort grave, dès l'instant que la mise en état de siège du département est proclamée.

M. Roux n'était pas homme à souscrire à de pareilles conditions.

Inébranlable dans un système de fermeté dont il ne s'est pas départi un seul instant pendant ces jours de crise, il refuse péremptoirement les 2,000 rations demandées.

Les parents et amis des ôtages épuisent toutes les ressources imaginables pour venir au secours des pauvres victimes, dont M. Oscar Ganzin peint la situation sous les plus tristes couleurs.

Des démarches sont faites auprès des démocrates du pays, afin de les engager à intervenir en faveur de leurs concitoyens auprès des chefs de l'insurrection.

Une demande par écrit est rédigée dans ce but. Les démocrates de Lorgues refusent de la signer, prétendant qu'elle est formulée en termes injurieux pour leurs amis et compromettants pour eux-mêmes. La rédac-

---

(1) Doyen des conseillers municipaux, M. Roux, lorsque le conseil municipal de Lorgues délibérait en face de l'invasion socialiste, M. Roux fut seul d'avis de refuser l'entrée de la ville aux insurgés. Quand les envahisseurs se disposaient à faire irruption dans la mairie, seul, debout sur le seuil de la porte d'entrée qu'il persistait à vouloir tenir fermée, il vit passer sans s'émouvoir le flot des assaillants.

tion du billet est modifiée de manière à écarter tout prétexte de refus. Les démocrates de Lorgues persistent dans leur abstention.

Des bruits populaires sont venus aggraver la portée de cette conduite.

Après le départ des bandes pour Salernes, on voit sortir un individu de la cheminée du café Brisse, prison provisoire des ôtages de l'insurrection.

C'est M. Rastoin, du Luc, employé des droits-réunis, que ses opinions républicaines n'ont pu sauver d'une proscription aussi arbitraire qu'inintelligente.

Il a profité de la confusion, inévitable en pareille occurrence, pour se glisser dans le tuyau de la cheminée. La précipitation du départ favorise cette supercherie. Les insurgés, en quittant Lorgues, ne s'aperçoivent pas de son absence.

On a prétendu que de sa cachette, ce prisonnier avait assisté, invisible, à une séance du comité démocratique de Lorgues, dans lequel il avait été statué sur le sort des ôtages de cette commune.

Ce bruit, accueilli d'abord comme positif, et rendu vraisemblable par les assertions des chefs aux prisonniers eux-mêmes, a été démenti depuis. Nous le reproduisons sans en garantir l'authenticité.

Vers le milieu de la journée de mardi, le bruit se répand que les bandes insurrectionnelles se dirigent de nouveau sur Lorgues. Une panique générale s'empare de la population, qui déserte la ville pour se réfugier dans les campagnes.

Un ancien hussard, M. Jean Pol, qui avait guidé la colonne expéditionnaire de Lorgues à Flayosc, consent à partir de nouveau pour se rendre à Draguignan. L'infatigable émissaire revient bientôt. Il est convenu qu'à la première alerte le préfet sera averti et dirigera un détachement du 50e pour venir surprendre l'ennemi. Un poste de 40 hommes est installé à la mairie, un avant-poste placé sur les hauteurs du côté de Salgues. Des espions démocrates s'étant glissés, dit-on, dans les rangs des volontaires, sèment le découragement parmi eux. Vers le milieu de la nuit on entend retentir des cris d'alarme. Toute la population est réveillée en sursaut, ce n'est heureusement qu'une fausse alerte.

Le mercredi, à dix heures du matin, M. Eugène de Combaud arrive de Draguignan, annonçant le départ pour Aups de la colonne expéditionnaire et de M. le préfet. Dès le lundi, au point du jour, notre ami, impatient d'avoir des nouvelles de son père, était parti pour le chef-lieu où il avait pu serrer la main au jeune comte de Colbert.

En apprenant la nouvelle du départ des soldats pour Aups, une foule de curieux se précipite vers les hauteurs qui dominent Lorgues du côté du nord.

Vers les onze heures, le bruit de la fusillade se fait entendre au loin, dans la direction de Salernes et d'Aups.

Un silence, non moins terrible que le retentissement de ces détonations lointaines, leur succède, et tient la foule palpitante sous le coup d'une indescriptible émotion.

Le ciel est pur, l'air doux et printanier ; les montagnes au pied desquelles se passe un drame sanglant aux scènes horribles, où se joue le dernier espoir de tant de familles, les montagnes montrent leurs sommets rayonnants dans une atmosphère paisible. La sérénité et le calme de cette lumineuse atmosphère, en permettant aux regards impatients de saisir avec netteté les détails et les accidents du paysage, et à des oreilles attentives de recueillir les moindres bruits, cette sérénité et ce calme semblent rapprocher les distances. Mais pourtant, ô désespérante pensée ! la distance est assez rapprochée pour que la foule soit instantanément avertie de l'immense péril, mais non de l'immense résultat !

Au milieu de cette cruelle incertitude et de tant de populations éparses dans les champs, cette implacable sérénité, ce calme inaccoutumé, cette ironique splendeur du ciel semblent déjà un châtiment populaire, une sorte d'amère leçon de la Providence, fatiguée de nos misérables querelles de parti, de nos haines et de nos divisions, premières causes de cette lutte fratricide dans laquelle se débat la vie de la société.

La Providence, qui sait intervenir à son heure, déploie le bleu manteau de son firmament sur ce champ de bataille lointain, comme elle étend un tapis de fleurs sur une tombe, parce que pour elle la douleur, les tourments et la mort sont les épreuves de l'âme et les transfigurations de la vie.

Mais ces foules hâletantes, ces familles décimées, de quelles trépidations ne sont-elles pas agitées devant ce drame lointain au dénoûment inconnu ?

Partisans d'insurrections fratricides et de théories insensées, voyez dans les camps opposés, par les champs, par les bois, sur les hauteurs, dans les vallées, ici la population de toute une ville, là-bas plus loin ces troupes de femmes échevelées dont les maris ont déserté les sillons paternels pour courir à la sacrilège bataille, voyez ces traits bouleversés par l'insomnie, les angoisses, toutes ces tortures morales, toutes ces fatigues physiques ! Que de morts prochaines dans ces regards éteints, sur ces fronts pâlis, sur ces lèvres blêmes, au fond de ces poitrines qui n'osent respirer ! Hélas ! combien de mères doivent maudire à cette heure leur funeste fécondité !

Que de veuves, d'orphelins, de proscrits, de familles ruinées, de villages entiers dépeuplés et misérables, une fusillade d'un quart d'heure peut faire dans toute une province, dans tout un empire !

Et cela pour de vaines, pour d'abominables déclamations, pour de cyniques et d'infernales doctrines, dont on a repu, depuis soixante ans, l'absurde crédulité d'un peuple indignement abusé par quelques ambitieux sans talent et sans courage.

Cependant, sur les hauteurs de *Saint-Ferréol*, du *Pin* et de la montée de *Salgues*, devant le retentissement de cette courte fusillade, suivi d'un silence de mort, les cœurs des plus intrépides tremblent, les femmes pleurent en agitant convulsivement leurs mains étendues vers le ciel, au milieu de sanglots et de cris déchirants.

Sans doute, les braves du 50e, que les habitants de Lorgues ont pu voir frémir d'indignation, leur inspirent une grande confiance, mais l'exaspération des bandes anarchiques, dont ils n'ont que trop subi les outrages et l'insigne mauvaise foi, légitime les plus sinistres pressentiments.

Au milieu de cette terreur générale, de nobles cœurs retrouvent encore assez de force pour lutter contre une pareille incertitude.

M. E. de Combaud et quelques-uns de ses amis (1) parcourent les groupes, ranimant ces âmes défaillantes.

—Ils sont morts, nos prisonniers, s'écrient les femmes en larmes.

—Bon espoir et bon courage, disent les jeunes gens, la bataille n'a pas été longue, donc nos soldats sont vainqueurs.

On interroge quelques anciens militaires.

Ceux-là ne doutent point du triomphe de l'armée.

Mais, comme il arrive toujours dans les rassemblements où les femmes sont en grand nombre, l'incertitude et la peur, que leurs démonstrations d'effroi entretiennent, paralysent la masse.

---

(1) Nous regrettons vivement de ne pouvoir citer ici les noms de tous les gens de cœur qui ont fait leur devoir; mais quelques-uns, parmi les plus dignes d'être signalés, peuvent être involontairement oubliés, d'autres peuvent désirer, par modestie ou tout autre motif, rester dans l'ombre.

Pour éviter ces inconvénients, nous nous bornons à enregistrer les noms qui nous ont été signalés par une autorité compétente, M. de Commandaire. Ces noms, les voici, tels qu'ils nous sont indiqués dans une lettre du chef de la garde nationale pendant les troubles.

MM. Gariel, ancien marchand quincaillier, Hippolyte Girard, Martel, tailleur d'habits, et son oncle, Porte, Daullaud, plusieurs ouvriers.

Un certain nombre de cultivateurs, la plupart anciens militaires, entr'autres M. Vian.

M. de Commandaire nous signale encore, en première ligne, MM. Raynier, greffier de la justice de paix, et Feraud, négociant.

—Les soldats n'ont pu encore les atteindre, dit l'un.

—Peut-être sont-ils victorieux, dit l'autre, mais les insurgés auront toujours eu le temps de massacrer leurs prisonniers.

Cependant quelques-uns, refoulant au fond du cœur leurs angoisses, montrent une confiance qu'ils s'efforcent de communiquer à la foule.

—Dans tous les cas, ne restons pas là comme des femmes, organisons-nous, disent-ils, armons-nous, et marchons, soit pour nous défendre, soit pour faire des prisonniers, ou tout au moins, allons en avant pour connaître l'issue du combat.

Ces paroles réveillent de leur torpeur les moins démoralisés. Les uns descendent vers la ville pour se prêter à l'organisation des détachements de volontaires, destinés par l'autorité à fouiller les bois environnants ; d'autres, plus impatients, s'élancent en avant pour courir à la recherche des nouvelles.

M. E. de Combaud, après avoir fondu une douzaine de balles, s'arme d'un vieux sabre de cavalerie, de son fusil de chasse, monte à cheval et part.

Il est suivi de Pons et de deux camarades du fidèle domestique, tous à cheval.

Ils s'avancent ainsi jusqu'à la ferme-école de *Salgues*, rencontrant sur la route plusieurs groupes de curieux.

A Salgues, on leur dit qu'un défilé, appelé le Vallon de Ruou, est intercepté par une troupe d'hommes en armes. Suivant les uns, ce sont des insurgés ; d'après l'opinion des autres, ce sont les soldats.

Tous étaient probablement dans l'erreur ; l'effroi populaire est si inventif !

Un élève de la ferme école est envoyé en reconnaissance, avec ordre d'avancer vers Salernes, aussi loin qu'il pourra.

Mais M. E. de Comband ne peut contenir son impatience. Il part de nouveau, laissant là ses armes, tout au moins inutiles.

En effet, sous l'empire de l'état de siège et par suite du système de la fusillade immédiate appliqué à tout homme trouvé les armes à la main, il est aussi dangereux de rencontrer des amis que des ennemis, des soldats que des insurgés !

Terrible résultat de ces aveugles boucheries humaines, dernières conséquences des passions révolutionnaires ! Stupides périls, au milieu desquels le fils peut périr de la main d'un père, où la mort se complaît dans les raffinements les plus ironiques.

M. E. de Combaud (1) arrive ainsi à la route du chef-lieu à Barjols, encombrée par un rassemblement de jeunes femmes, ouvrières ou paysannes, la plupart vaguant depuis plusieurs jours à travers champs, et courant après leurs maris ou leurs frères, dans l'espoir de les ramener dans leurs foyers.

L'une d'elles (la malheureuse comptait dans les rangs de l'insurrection 7 ou 8 personnes de sa famille) remet une lettre à M. de Combaud.

Cette lettre annonçait la nouvelle de la déroute des bandes commandées par Arambide et postées en observation sur les hauteurs de Tourtour. Elle laissait pressentir la victoire d'Aups.

—Mais les prisonniers! se demande avec anxiété le jeune ami du comte de Colbert, qui voudrait comme lui voler à la défense de son père, les prisonniers ont-ils échappé aux dangers du premier engagement?

Ne pouvant plus résister aux tourments d'une anxiété aussi vive, le noble jeune homme enfonce l'éperon dans le ventre de son cheval et s'élance dans la direction de Salernes. Empressement inutile! Tout est fini pour les prisonniers! Ils sont morts ou délivrés.

C'est ce que le fidèle domestique, Pons, fait comprendre à son jeune maître, en arrêtant son cheval par la bride.

—Songez que vous êtes sans armes, lui dit-il.

—Tu as raison, mon brave, va les chercher, répond notre ami.

Resté seul au milieu d'une foule de curieux et de femmes, M. E. de Combaud, ne pouvant demeurer inactif, s'avance au petit pas dans la direction d'un hameau voisin. Il aperçoit un rassemblement armé de soixante hommes environ, marchant en bon ordre, à une distance de trois ou quatre cents mètres. La foule qui l'entoure se disperse dans les bois en criant :

—Ce sont les insurgés!

Le cheval effaré prend sa course vers le hameau, emportant l'imprudent cavalier, auquel une jeune paysanne offre un asile.

Le jeune homme refuse cette offre gracieuse ; il est sans armes et il tient plus que jamais à les retrouver à Salgues, situé dans les environs.

Laissant son cheval au hameau, il gagne à pieds, à travers une plaine stérile et découverte, la ferme école, où il est question de faire bonne contenance devant l'ennemi.

---

(1) C'est à l'insu de notre ami que nous reproduisons ces détails. Courant sur les routes de Rome et de Paris, pendant que nous écrivons ce récit, M. E. de Combaud nous pardonnera notre indiscrétion. Il nous fallait un fil-conducteur au milieu de tous ces incidents, et nous avons usé du privilège de l'amitié.

Cependant un détachement de cette troupe d'hommes armés arrive avec des allures peu menaçantes.

Le cheval abandonné au hameau est tenu en laisse au milieu d'eux, conduit par une main bien connue, celle d'un ami de M. de Combaud, Jean Fortoul, dont nos compatriotes connaissent le vieux renom de bravoure (1).

Les prétendus insurgés n'étaient autres que de braves volontaires de Lorgues, battant les bois et faisant la patrouille.

L'erreur, du reste, était permise, puisqu'un insurgé s'y était laissé prendre lui-même; croyant avoir affaire à des frères et amis, il s'était avancé au milieu du rassemblement armé et avait été fait ainsi prisonnier.

Vers le soir, toute cette foule rentre à Lorgues, où venait d'arriver M. Jacques Gasquet, l'un des ôtages, laissé par ses gardiens à Salernes, à cause d'une plaie qui ne lui permettait pas de suivre la colonne.

M. Jacques Gasquet rapporte de Salernes la nouvelle de la déroute d'Aups, mais il ignore les détails.

Sur ces entrefaites, deux démocrates du pays, de retour d'une excursion aux environs de cette dernière ville, assurent avoir entendu dire que tous les ôtages ont été égorgés.

Comme toutes les fausses nouvelles, ce bruit se répand avec une rapidité électrique dans toute la ville consternée.

L'indignation est à son comble. Non seulement les parents, les amis et les serviteurs des familles que cette nouvelle plonge dans le deuil et dans le désespoir, mais tous les hommes en état de porter une arme quelconque s'émeuvent et s'offrent à venger un pareil massacre.

Trait de mœurs digne de remarque, les démocrates les plus compromis ne sont pas les derniers à suivre l'entraînement général.

Tout le monde est debout, prêt à marcher, à fouiller les bois, à saisir les insurgés fuyards.

Des patrouilles s'organisent, se multiplient et sont dirigées sur les points qui paraissent offrir un asile plus commode et plus sûr. Le commandant de la garde nationale montre une activité juvénile, une infatigable ardeur, et trouve dans le nouveau maire, M. Roux, un auxiliaire plein de zèle et d'énergie.

---

(1) Nous avons raconté, il y a déjà quelques années, les nombreux traits de dévoûment qui lui ont valu une distinction honorifique des plus flatteuses et des mieux méritées.

Un détachement, commandé par M. Gras, Honoré-Sauveur (1), conseiller municipal, et le jeune M. de Combaud, part pour le pont d'Argens, point le plus important à occuper, car les fuyards de La Garde et du Luc doivent naturellement prendre cette direction pour regagner leurs foyers.

Aussi, pendant la nuit, ce détachement, composé de 25 hommes, a bientôt fait pareil nombre de prisonniers. Des renforts lui arrivent; les arrestations continuent partout; quelques coups de feu sont tirés, par suite de méprises et de fausses alertes, mais personne n'est blessé.

Un jeune poète populaire, notre ami M. Louis Burle ; l'auteur des *Moissonneurs*, des *Semailles* et de tant d'autres poésies pleines d'originalité et de fraîcheur, démocrate converti, accourait de Toulon pour voler au secours des ôtages de Lorgues, comptant sur son ascendant auprès de ses anciens coréligionnaires en politique engagés dans la lutte, et bien décidé, dans tous les cas, à recourir aux plus énergiques moyens.

Au moment de passer le pont, ignorant la situation des choses, il est successivement arrêté par les insurgés en fuite, comme leur adversaire, et sur le pont, par le détachement des volontaires de Lorgues, comme insurgé fuyard.

Il parvient cependant à se dégager de ce double obstacle, épuisé par la fatigue et l'insomnie, mais marchant toujours droit en avant, jusqu'à ce qu'il apprenne la délivrance des ôtages, parmi lesquels il compte ses meilleurs amis.

En apprenant cette nouvelle, à sa joie, toute vive qu'elle est, se mêle un violent et comique dépit, car il n'a pu arriver assez tôt pour sauver lui-même les ôtages et donner une verte leçon à ses anciens coréligionnaires politiques.

La plupart des prisonniers, arrêtés pendant cette nuit, portaient les marques évidentes de leur participation au combat d'Aups.

Les divers détachements de Lorgues, traquant les fuyards dans les bois et sur les bords de la rivière d'Argens, en ont saisi près de 200, tant la nouvelle du massacre des ôtages avait excité l'indignation universelle.

Nous sommes heureux de pouvoir ajouter, que pas un seul des insurgés

---

(1) Quand ce récit parut en feuilleton, une conformité de nom nous fit confondre l'honorable M. Gras, conseiller municipal, avec son homonyme, M. le directeur des postes, dont la conduite a été, d'ailleurs, au-dessus de tout éloge. Si sa modestie ne nous contraignait au silence, nous pourrions signaler à nos lecteurs plus d'un trait de bravoure de cet ancien militaire qui a conquis sa bonne part de gloire sur un théâtre plus large que celui de nos troubles, — les champs de bataille de l'Empire.

saisis pendant la nuit, au moment de cette effervescence populaire, causée par la fausse nouvelle du massacre des prisonniers, n'a vu ses jours un seul instant menacés.

On ne saurait assez louer les habitants de Lorgues d'avoir su maîtriser leur indignation, en apprenant la fausse nouvelle du massacre des ôtages.

Aussi, qu'il nous soit permis de déplorer et de dissiper, s'il est possible, l'aveuglement de quelques malheureux des pays voisins, s'obstinant à rendre cette ville responsable de toutes les conséquences de nos troubles, et à lui imputer des forfaits imaginaires.

On est allé jusqu'à prétendre, que les détachements de volontaires Lorguiens, postés au pont d'Argens pour saisir les insurgés cherchant à regagner leurs foyers après la déroute d'Aups, avaient précipité quelques-uns de leurs prisonniers dans la rivière, et que des traces de sang apparaissaient encore sur les parapets du pont.

Or, veut-on savoir ce que sont ces traces de sang, dont l'esprit de parti voudrait s'emparer pour autoriser d'odieuses représailles?

Ce sont des gouttes de goudron, répandues en transportant les matières employées aux réparations du canal voisin.

Qu'on juge par ce fait du discernement des masses, lorsqu'elles sont aveuglées par l'acharnement d'une haine systématique, lorsque, loin de comprendre les plus terribles leçons, elles osent accepter, sans examen, des suppositions absurdes et de nature à légitimer, le cas échéant, de nouveaux excès.

Inopinément envahie par les agitateurs des communes voisines, la ville de Lorgues voulait seulement faire respecter sa neutralité. Ayant poussé la condescendance jusqu'à nourrir ses agresseurs, elle en est récompensée par les plus cruels outrages.

Son hôtel-de-ville est pillé, plusieurs de ses habitants sont emmenés comme ôtages, sa population tout entière voit se dérouler les scènes les plus désolantes. La terreur de cette invasion est telle que, longtemps après, elle fait encore des vides funèbres dans un grand nombre de familles.

Et lorsque, dans l'ardeur de la lutte, la sécurité publique réclame quelques mesures de légitime précaution, lorsque des arrestations inévitables ont lieu, dans un moment où tous les cœurs généreux saignent à la pensée d'un massacre horrible, dont la fausse nouvelle est perfidement répandue, non seulement on ne sait pas comprendre l'héroïsme d'une population maîtresse d'elle-même et repoussant une vengeance trop facile, mais encore on la calomnie, on la flétrit, on la voue à l'exécration publique par des inventions aussi absurdes qu'odieuses.

Ah! si nous ne pouvons tous nous montrer encore tels que nous devons être, c'est-à-dire, chrétiens et Français, au moins soyons hommes, et fermons nos cœurs à des entraînements passionnés, que la chaleur de la lutte peut expliquer sans les excuser, mais que l'apaisement des troubles laisserait sans explication comme sans excuse.

Le jeudi seulement dans la matinée, les détachements ayant passé la nuit à faire des prisonniers apprennent, en rentrant dans la ville, que les ôtages de l'insurrection n'ont pas été massacrés.

La joie est d'autant plus vive, qu'on est instruit en même temps de la prochaine arrivée de la colonne libératrice.

Le bataillon du 50e, ayant à sa tête le colonel accompagné de M. le préfet ramenant les ôtages délivrés à leurs familles impatientes, arrive à Lorgues le 11, au milieu du jour, par cette même route des *Maures* qu'a suivie furtivement, pendant la nuit du 7, la bande d'insurgés fuyards ayant arraché ces mêmes ôtages à leurs familles folles de douleur.

Quel contraste!

Un splendide soleil, reluisant joyeusement sur les armes brillantes et les éclatants uniformes des soldats libérateurs, a remplacé le pâle clair de lune qui indiquait à peine leur ténébreux chemin aux factieux en fuite.

Maintenant, au grand jour, tous les visages rayonnent, même ceux que la fatigue et la douleur ont décoloré. Ces traces de douleur et de fatigue donnent même au rayonnement de joie de ces physionomies, altérées par de récentes et profondes angoisses, quelque chose de plus saisissant et de plus expressif.

Des voitures ont été mises à la disposition des ôtages; mais, à mesure que la colonne avance et que les compatriotes des victimes accourent, les voitures s'arrêtent et se vident successivement.

Ce sont alors des étreintes répétées et sans fin, des exclamations sans suite. C'est toute une ville de cinq mille habitants, qui s'éparpille dans les champs, sur la route. Femmes, enfants, vieillards plus ou moins impotents, bourgeois, ouvriers, cultivateurs, gens à pied, à cheval, en voiture, sur des charrettes, dans toutes sortes de véhicules plus ou moins confortables, s'accostent, se récrient, échangent des poignées de main, des hourras d'enthousiasme et de bonheur.

Nos amis pressent dans leurs bras soldats et gendarmes, dans un élan de reconnaissance qui tient du délire.

Puis, voyant l'impossibilité de les étreindre tous, ils s'avancent chapeau bas et les yeux pleins de larmes au milieu d'eux, pressant à droite et à gauche les mains de nos intrépides libérateurs.

Le jeune comte de Colbert et notre compatriote Devaux, qui ont partagé les fatigues et les dangers de l'armée, ne sont pas les derniers à recevoir leur part de ces hommages populaires. Mais leur plus douce récompense n'est-elle pas de voir marcher à côté d'eux les ôtages délivrés?

De bons vieux cultivateurs, revêtus de leurs habits de fête d'autrefois, immobiles et debout sur le bord du chemin, inclinent leurs têtes chauves et joignent avec attendrissement leurs mains brunes et ridées par le travail, en regardant passer le cortége des militaires blessés.

M. G. de la Baume et M. E. de Combaud arrivent des premiers à notre rencontre.

M. de Combaud presse son fils sur sa poitrine avec une joie contenue, en lui disant :

— Tu retrouves en moi quelque chose de plus qu'un père — un chrétien dont la foi a été retrempée dans le malheur.

Bientôt un cortége nombreux de travailleurs, que sa charité soutient pendant le chômage de l'hiver, vient joindre aux transports de son fils les touchants témoignages d'une simple et naïve joie.

La colonne, ainsi arrêtée à chaque pas, arrive enfin à l'entrée de la ville, sur une petite éminence où s'élève la croix de la mission, en face du Cours, à l'endroit même où, le dimanche au soir, les prisonniers de l'insurrection s'attendaient à être fusillés.

En ce moment et en ce lieu, qui semble faire mieux sentir le prix du dévoûment de nos libérateurs, part de la foule réunie sur ce point culminant et va, se reproduisant et se prolongeant comme un courant électrique, sur le Cours et dans toute la ville, cet immense cri poussé par une population en proie au délire de la reconnaissance :

— Vive le 50e !

Le retentissement des tambours se mêle aux clameurs sans cesse renaissantes de la foule qui se fait écraser, en quelque sorte, par la gendarmerie à cheval; ce sont partout des mouchoirs, des écharpes qu'on agite.

La colonne fait ainsi avec lenteur son entrée dans la ville et s'avance sur le Cours, garni dans toute sa longueur de deux rangs de chaises et de tables, dressées pour les gendarmes et les soldats.

Les ôtages perdent bientôt de vue l'ensemble de cette fête improvisée, car leurs familles sont là.

J'aperçois mes enfants et leur mère, accourant du milieu de la foule qui s'écarte pour leur livrer passage.

Il me semble les voir encore, surtout leur mère dont la pâleur fait place à une rougeur subite. Un frisson me saisit, et mes douleurs passées sont un instant oubliées......

A côté de ma famille je rencontre la mère et les sœurs de notre cher Andéol de Laval, qui cherchent en vain des regards et du cœur l'héroïque jeune homme.

Malgré mes assurances réitérées sur le peu de gravité des blessures de notre ami, cette famille désolée ne peut contenir, au milieu des transports d'une joie si universelle, l'expression d'une douleur que le contraste rend plus touchante et plus vive.

Il semble que la Providence, me réservant des épreuves plus cruelles que celles dont je viens à peine d'être affranchi, veut m'avertir, en plaçant ainsi devant moi un spectacle de larmes.

Comme toutes les personnes impressionnables, la sœur aînée de notre ami, mademoiselle Alphonsine de Laval croit que je veux lui cacher la mort de son frère ; elle sanglote, pâlit et perd l'usage de ses sens.

Nous la transportons à la hâte dans une maison voisine ; elle ne revient à la vie que pour retomber dans de nouvelles perplexités. Aussi, peu de temps après j'appris sans étonnement son départ pour Aups, où elle allait s'assurer par elle-même de l'état de son frère et lui prodiguer ses soins.

Cependant, après quelques heures de manifestations et de transports sympathiques, après une visite faite chez M. d'Agnel-Bourbon, membre du conseil général, à M. le préfet Pastoureau, au colonel Trauers et aux officiers du 50°, par les dames appartenant aux familles décimées par l'insurrection, l'ordre du départ est donné à la troupe.

Les manifestations recommencent plus ardentes et plus vives que jamais, les soldats, émus, s'arrachent avec peine à ces témoignages de sympathie. Ils partent enfin, accompagnés des bénédictions de nos familles et surtout des mères qui les suivent longtemps des yeux, pleurant et souriant à la fois.

Au milieu de ces inexprimables émotions passait inaperçu, pour le plus grand nombre, le cortège des insurgés prisonniers.

Hélas ! pourquoi faut-il que notre plume ait encore à retracer une scène terrible, et à clore le récit d'une si belle journée par un sanglant épisode ?

O guerres civiles ! que vos conséquences sont désolantes, et combien la part que vous faites aux joies les plus légitimes est dérisoire et cruelle !

Il le faut pourtant et nous l'écrirons cette page funèbre, car nous avons assez souffert pour avoir acquis le droit de parler avec sincérité de tous les malheurs et de tous les deuils.

Toutefois, nous empruntons les détails de cette scène à la relation d'un ami, entraîné malgré lui par la foule devant ce terrible spectacle, car, pour notre part, nous l'avouons sans détour, il nous eût été impossible d'y assister.

Déjà, en sortant de Salernes, le récit de deux exécutions avait glacé notre cœur et paralysé, en quelque sorte, les joyeux élans de notre retour inespéré.

Habitués à voir dans nos geôliers vagabonds plutôt des insensés que des ennemis, l'idée d'assister à leur supplice nous répugnait d'autant plus qu'ils avaient eu, pendant plusieurs jours d'égarements et de transports de tout genre, notre existence entre leurs mains, et qu'ils l'avaient respectée.

Même à Aups, dans les premiers moments de notre délivrance, à la vue des cordes qui servaient à retenir enchaînés deux à deux par le cou les premiers insurgés saisis sur le champ de bataille, nous n'avions pu nous défendre d'une impression pénible.

Cédant à une impulsion irrésistible, et nous approchant de M. Edouard de Colbert qui se trouvait là, il nous fut impossible de retenir un cri involontaire et de nature à paraître un peu étrange à ceux qui ne comprennent pas la vivacité de certaines impressions, après les grandes secousses morales :

—Pourquoi les enchaîner, disions-nous en ce moment à M. de Colbert, puisqu'ils ne nous ont pas enchaînés nous-mêmes !.....

Nous laisserons donc raconter par un témoin oculaire la déplorable scène qui nous reste à enregistrer :

« A quelques cents pas de la colonne s'éloignant de Lorgues, quatre malheureux insurgés prisonniers s'avancent d'un pas lourd, tiraillés par la corde qui les tient enchaînés deux à deux, l'œil terne et les traits décomposés par l'épouvante de l'heure suprême.

« Un détachement, commandé par un gendarme à pied, les escorte.

« Ce gendarme porte un fusil de chasse en bandoulière, son œil droit est caché par un bandeau noir. Au milieu d'outrages et d'insultes sans nombre, cet œil lui a été arraché à l'aide d'un clou, au moment où il était fait prisonnier par les insurgés.

« Il a cru reconnaître les auteurs de ces attentats. Ce sont ces malheureux qui marchent enchaînés sous sa garde. La justice militaire les lui abandonne ; ils vont être fusillés.

« Je ne vois aucun prêtre auprès de ces malheureux, mais bientôt j'aperçois un vicaire de la paroisse, le digne abbé Vian, accourant guidé par cet instinct de la charité, qui fait braver au prêtre catholique les plus terribles spectacles.

« Je m'approche du capitaine de gendarmerie, en lui montrant le digne vicaire.

« Le capitaine fait un geste d'assentiment.

« Mais, en ce moment, une brusque ondulation de la foule me fait perdre de vue le prêtre et les condamnés.

« On entend à une certaine distance les vagues rumeurs de toute une ville en proie à une joie tumultueuse et bruyante : la foule qui suit le lugubre cortège est comme oppressée sous le poids d'une indéfinissable émotion.

« Après avoir dépassé les murs du cimetière, les quatre condamnés, toujours enchaînés, sont séparés de la foule et disparaissent bientôt derrière un massif d'oliviers touffus.

« Au même instant un coup de feu retentit !

« Puis un second.

« Puis un troisième.

« Sept coups de feu retentissent ainsi.

« La foule se précipite.....

« A quelques pas du chemin, dans un champ d'oliviers, à côté d'une petite masure, dans une mare de sang, gisent, la face contre terre, quatre cadavres, toujours enchaînés après la mort comme pendant l'agonie !!!

« Le vicaire de la paroisse dont nous avions réclamé le ministère et un père jésuite priaient.....

« Le plus jeune de ces quatre malheureux, âgé de vingt ans à peine, a péri victime d'une méprise !..... »

....

Non, nous ne pouvions pas voiler de notre silence ce lugubre épisode.

Nous ne le pouvions pas, car ces malentendus sanglants, tant qu'ils demeurent inexpliqués, attisent la vengeance, éternisent la haine.

Nous ne le pouvions pas, car tous les partis s'inclinent devant la seule égalité incontestée — celle de la mort.

Nous ne le pouvions pas, car nous avons assez souffert pour comprendre toutes les douleurs.

Nous ne le pouvions pas, car de nos irréparables malheurs doit jaillir pour tous l'enseignement de la réparation religieuse et morale.

Il était innocent! et c'est vous qui l'avez saisi, disent-ils, c'est toute une population qui l'a tué! que son sang retombe donc sur vous, sur votre ville, sur toutes les populations qui ne marcheront pas avec nous pour venger cette mort.

Détestable enchaînement des dissensions civiles, abominable aveuglement des passions populaires, quand briserons-nous vos entraves, quand arrêterons-nous votre furie?

Insensés! faudra-t-il donc toujours camper et s'entr'égorger sur des ruines, jusqu'à ce que nous soyions tous ensevelis sous les mêmes débris?

Il était innocent! et c'est vous tous qui l'avez saisi!

Eh! de quoi étaient-ils donc coupables les 80 ôtages que vous avez saisis vous-mêmes? de quoi était-elle donc coupable cette ville, cette population tout entière qui vous a nourris, que vous avez terrifiée? de quoi étaient-ils coupables ces vieillards, ces enfants, ces mères, ces victimes de tout rang, de toute opinion, de tout sexe, tombées sous les coups prolongés de ces lentes agonies de l'épouvante?

Ah! nous en avons vu mourir une de ces victimes innocentes, nous aussi. Et sa tombe n'est pas loin du champ où s'est passé le drame lugubre du 11 décembre.

Son agonie a duré quarante jours et quarante nuits. C'était une mère, la providence toujours souriante de sa jeune famille, la grâce de sa maison, la consolation des malheureux, l'orgueil de ses proches, un exemple d'activité, d'abnégation et de sacrifice.

Jamais un mendiant ne s'arrêtait inutilement devant sa porte hospitalière. Elle ne lui demandait pas d'où il venait, ce qu'il avait fait, où il allait. Elle devinait ses besoins, les prévenait et déguisait l'aumône sous une parole qui venait du cœur, sous un sourire qui venait de l'âme.

Eh bien! cette mère, cette victime innocente, s'il en fut, de nos détestables orages politiques, pendant les quarante jours et les quarante nuits de son agonie, connaissant bien le mal dont elle mourait et voyant huit pauvres petites créatures, orphelines et bien innocentes aussi, qui tendaient vers elle leurs bras, comme pour la retenir en ce monde, cette mère est morte, non, elle s'est endormie pour se réveiller ailleurs, s'oubliant elle-même pour songer aux autres, sans laisser échapper une plainte, un murmure, les lèvres attachées sur le signe sacré de l'immolation divine, qu'elle nous a légué en ce moment suprême.

Au nom de ce signe sacré, au nom de tant de victimes mortes comme cette jeune mère (1), au nom de ce Christ que vous ne pouvez pas vous défendre de reconnaître, même en l'outrageant, en le blasphémant et en méconnaissant sa loi, au nom de celui qui a dit : Aimez-vous les uns les autres,—hommes de haine et de sang, déposez vos haines et vos projets sanguinaires, sachez au moins oublier des malheurs qui sont votre ouvrage, pardonnez à qui vous pardonne, et si de pareils enseignements vous trouvent insensibles, sachez du moins que le Dieu qui a dit : Aimez-vous les uns les autres,— que ce Dieu a dit aussi : — Qui se sert de l'épée, périra par l'épée !

---

(1) Nous apprenons, en écrivant ces lignes, que la jeune veuve de notre infortuné compagnon de captivité, M. Panescorce, mort à la suite d'une blessure faite par un lingot, projectile à l'usage des insurgés, nous apprenons que cette jeune veuve vient d'être emportée par une fièvre cérébrale.

COTIGNAC ET BARJOLS.

Le mouvement oblique de la petite armée socialiste vers les montagnes du côté d'Aups et l'établissement de son quartier général à Salernes, en la rapprochant des Basses-Alpes en feu, ranimait l'agitation du centre et, par conséquent, du canton de Barjols, l'un des plus démoralisés du Var.

Séparées par deux hautes collines, le grand et le petit Bessillon, dont les sommets isolés s'élèvent au sud-ouest des vallées de Salernes et d'Aups, les deux communes de Cotignac et de Barjols n'étaient pas moins séparées aussi par les tendances opposées de leurs populations respectives.

Autant Cotignac, où les hommes d'ordre étaient en majorité, offrait le consolant spectacle de la paix et de la concorde, autant la commune de Barjols, profondément remuée par la propagande anarchique, présentait l'affligeant tableau d'une population livrée à l'esprit dissolvant des haines politiques, envenimées par des rivalités locales.

Heureusement, à Barjols, les conséquences que pouvait avoir le mouvement insurrectionnel de décembre furent, jusqu'à un certain point, amorties par le maire de cette ville, représentant le canton au conseil général. Les antécédents démocratiques de ce magistrat étaient bien connus, mais, en homme habile, il sut conserver une attitude passive et contenir, avec succès et à la satisfaction même des hommes d'ordre, pendant ces jours néfastes, les entraînements de la multitude.

M. Achard a été cependant, plus tard, l'objet de vives attaques.

L'autorité ayant jugé à propos de le maintenir à son poste, on comprendra notre réserve à son égard, d'autant mieux qu'il n'est pas toujours facile de démêler, même à une faible distance, l'exacte vérité, au milieu de versions contradictoires, quand il s'agit d'appréciations personnelles aussi délicates.

Que M. Achard soit complètement dévoué au pouvoir établi, ou qu'il puisse garder au fond de son cœur quelques sympathies difficiles à concilier avec ce dévoûment, ce n'est point évidemment ce que nous avons à examiner.

Nous serons plus à l'aise pour apprécier le noble caractère de M. le juge de paix du canton.

L'intervention de M. Sivan, homme de vraie conciliation, c'est-à-dire sachant unir à la fois la modération à l'énergie, la prudence au courage, l'ascendant d'une vie irréprochable à la fermeté du caractère, le zèle enfin à l'intelligence, l'intervention de M. Sivan a été réellement providentielle dans la répression des excès de toute nature que l'insurrection de 600 habitants pouvait entraîner à Barjols, en décembre dernier.

Au moment de la plus grande effervescence, un groupe de furieux veut s'opposer au départ de quelques personnes honorables du pays.

La diligence de Marseille est entourée par cet attroupement, menaçant et armé. On somme les voyageurs de descendre. Parmi eux se trouve une dame en état de grossesse. L'intervention du juge de paix et de quelques autres habitants honorables la débarrasse enfin des menaces dont elle est l'objet.

Partout l'infatigable magistrat arrête et contient les perturbateurs par sa courageuse attitude et sa parole pleine à la fois de mesure et d'énergie.

Il doit cet ascendant aux habitudes d'isolement qu'il a su contracter dès son entrée en fonctions à Barjols. Étranger aux démonstrations et aux entraînements des partis, tous le respectent.

Renfermé dans le cercle étroit de la famille, il ne voit le public que devant son tribunal et il est toujours écouté, car la calomnie ne trouve pas même un prétexte à saisir pour s'en armer contre lui.

Sévère mais sage exemple à proposer aux magistrats du même ordre qui, placés près des populations divisées par des haines locales, ont besoin d'élever la justice au-dessus de toutes les passions.

L'intervention de cet honorable magistrat fut aussi bien utile au maréchal-des-logis, emporté par son courage militaire à braver la foule réclamant le désarmement de la gendarmerie.

— J'ai servi pendant 28 ans mon pays avec honneur, s'écrie avec indignation ce généreux militaire, et ce n'est point à la fin de ma carrière qu'on pourra m'arracher un seul acte de faiblesse ou de lâcheté. On ne pourra désarmer que mon cadavre. Telles sont les dispositions de mes compagnons et les miennes.

Cette réponse arrête les conspirateurs qui se contentent de placer un piquet devant la caserne.

Terminons par un trait caractéristique.

Un capitaine de 1813, soldat de Wagram et d'Austerlitz, s'est vu arracher son fusil, vieille relique de gloire.

A la seule pensée que son arme peut devenir fatale à ses frères d'armes, il est saisi d'un désespoir tel que sa raison s'égare.

Son fusil et son chien étaient ses derniers amis.

Son fusil, son fusil surtout qui avait tant de fois abattu les ennemis de la France, qui l'avait suivi dans toutes ses étapes à travers l'Europe, sauvé au milieu de tant de périls, accompagné si longtemps, sans jamais peser sur son épaule, et qui, maintenant, muet pour tout autre, au coin de son humble foyer, semblait lui parler de tous les pays parcourus, de tous les dangers évités, de toutes les merveilles accomplies, de toutes les gloires conquises, son fusil est peut-être en ce moment entre les mains d'un vagabond, conscrit de l'émeute, souillé de poussière ou de fange, en attendant qu'il soit couvert du sang d'un compagnon d'armes de son vieux maître.

Le malheureux capitaine va redemandant partout le dernier témoin d'un passé qui est tout pour lui. Il le pleure comme le soutien de ses vieux jours. Il le regrette comme le dernier gage d'un souvenir d'honneur. Il le fait rechercher partout comme un enfant égaré.

Le pauvre capitaine a renoncé autrefois à tout pour défendre sa patrie. Son fusil et son chien, c'est sa famille à lui.

Les jours s'écoulent. La patrie est sauvée, la France respire encore, le neveu de son empereur est acclamé, même par les vaincus.

Mais le fusil du brave capitaine ne se retrouve pas, et les caresses de son chien n'ont plus d'attrait pour l'inconsolable militaire.

Il divague, il erre à travers champs, cherchant toujours, ne trouvant rien. Il se croit déshonoré et déshérité même de son passé glorieux. Il ne dort plus, il ne mange plus, il erre, il cherche sans jamais se lasser.

Le samedi, 13 décembre, trois jours après la pacification du Var, il part ainsi et disparaît, se dirigeant vers une propriété qu'il possède à la Verdière.

Le soir, on ne le voit point revenir à sa demeure.

Le lendemain, on court dans les environs; les recherches sont vaines.

Enfin, le dimanche, un berger, parcourant les bois, entend à une certaine distance les aboiements d'un chien.

Il s'approche et trouve le capitaine, dont la tête est fracassée d'un coup de pistolet, étendu sans vie sur le sol.

Le chien, qui ne l'a pas quitté, ne permet à personne de toucher le cadavre.

On ne peut le retirer qu'à l'aide d'un filet, et le soir il est inhumé à la Verdière. Le chien accompagne son maître à sa dernière demeure et l'on ne peut le chasser de la fosse fraîchement remuée.

A Cotignac, le dimanche, 7 décembre, vers les midi et demi, à la même heure où la ville de Lorgues était envahie par les bandes de la vallée d'Argens sous le commandement de C. Duteil, les bandes de Barjols se présentent.

A la nouvelle de leur approche, le maire de Cotignac, M. Roux, pharmacien, adresse aux habitants un appel qui est rendu public à son de trompe par le sergent de ville. Les honnêtes gens sont requis de se rendre à l'instant en armes sur la place de la mairie.

La place est bientôt couverte de spectateurs, mais à Cotignac comme à Lorgues, à cause sans doute de l'imprévu de la situation, quelques volontaires seulement se groupent autour de l'autorité.

Cette poignée de braves est commandée par le digne capitaine Templier, officier en retraite. On remarque parmi eux quelques têtes blanchies par l'âge, MM. Goin, ancien maire, et Garnier, notaire.

Cette compagnie charge ses armes et descend sur le Cours, où l'avant-garde des insurgés stationne dans un cabaret.

Dans un premier mouvement d'indignation, la sentinelle qui garde la porte est désarmée par les volontaires.

Les camarades de l'insurgé se pressent aux fenêtres, agitant leurs fusils d'un air menaçant.

Une sanglante collision est sur le point d'éclater.

Elle eût été d'autant plus fatale, que la commune de Cotignac n'était pas complètement vide de conspirateurs. Elle comptait, dit-on, 300 affiliés aux sociétés secrètes, parmi lesquels 150 ont pris part au mouvement.

Cette poignée de braves gens allait donc se trouver prise entre deux feux, sans compter le gros de la colonne des insurgés barjolais, qui venait renforcer l'avant-garde.

Heureusement un chef de Barjols juge à propos de parlementer par la fenêtre du cabaret.

Il tient un papier à la main, mais, aussi mauvais orateur que faible soldat, il a de la peine à déchiffrer son grimoire.

— Au nom du peuple souverain.....

Le maire et le capitaine Templier lui coupent la parole.

— Nous connaissons vos projets, s'écrie ce dernier d'une voix forte. Nous ne souffrirons jamais que des étrangers viennent nous faire la loi. Si vous avez besoin de manger et de boire, dépêchez-vous et partez.

Ce ferme langage intimide les envahisseurs.

L'arrivée du gros de la troupe, forte de 250 à 300 hommes, ne change rien à la situation.

Affamés, ahuris, abrutis, ces hommes errants se précipitent avec voracité sur les vivres.

Les honnêtes gens s'efforcent de leur faire entendre la voix de la raison. Ils se refusent obstinément à comprendre la folie de leurs tentatives.

Comme partout, ils répétaient avec assurance que le président était prisonnier à Vincennes et la France entière soulevée.

A ces assertions une personne répond à un chef, en montrant un exemplaire de l'*Union du Var* de la veille, annonçant l'arrivée à Toulon de M. Pastoureau, et les énergiques mesures prises par lui.

A cette vue, le chef pâlit visiblement, mais il s'écrie avec emportement :
— Le sort en est jeté ; il faut que nous marchions.

D'ailleurs, à Cotignac aussi bien qu'à Lorgues, les chefs avaient déjà perdu tout ascendant sur leurs troupes.

Ces Don Quichotte de la démagogie errante partirent peu de temps après.

Le lendemain, nouveau passage et nouveau défilé d'insurgés avinés se rendant à Salernes ; ils s'indignent de la timidité de leurs complices de Cotignac, qui courent après leurs chefs sans les trouver. Ils s'étonnent de ne pas voir l'hôtel-de-ville occupé par une commission révolutionnaire.

Après leur départ, les démagogues du pays osent enfin se montrer. — Vingt-cinq membres des sociétés secrètes occupent militairement l'hôtel-de-ville ; mais leur audace ne va pas jusqu'à ravir au maire les insignes de son autorité. Ils sont indécis sur l'issue du mouvement et veulent se ménager sans doute les ressources des circonstances atténuantes.

Dès lors des estafettes se succèdent sans relâche, allant et venant de

Cotignac à Salernes et de Salernes à Cotignac, dans la soirée du lundi, la nuit suivante et pendant la journée du mardi.

Les émissaires de C. Duteil s'efforcent en vain de ranimer le zèle des démagogues de Cotignac, grandement refroidis par la connaissance qu'ils ont des nouvelles de Paris assez rassurantes pour les honnêtes gens.

Ceux-ci, de leur côté, ne négligent rien pour retenir ces apprentis révolutionnaires fort embarrassés.

C. Duteil, furieux de ce retard et de l'absence du contingent qu'il attend, redouble ses menaces.

Dès le lundi il avait expédié en toute hâte de Salernes à Barjols une estafette, porteur d'un ordre signé *Laverni*, son aide de camp, ex-instituteur à Saint-Zacharie.

Cet ordre enjoignait aux insurgés barjolais de dépêcher un fort détachement pour tirer une vengeance éclatante de la réception faite aux envahisseurs de Cotignac, de faire des ôtages comme au Luc, à La Garde-Freinet, aux Arcs et à Lorgues, et de contraindre les démocrates retardataires à partir, après avoir frappé tous les habitants de contributions en nature et en argent.

Non seulement les Barjolais refusent le détachement de 200 hommes, demandé par C. Duteil, pour mettre à la raison les braves habitants de Cotignac, mais encore ils réclament le renvoi des insurgés barjolais, arrivés déjà au quartier général de Salernes.

Mais l'émissaire, portant cette sage réponse, est à peine parti, qu'un émissaire arrive de Brignoles à Barjols ordonnant, de la part du chef de l'arrondissement, une levée en masse et la mise à exécution des mesures les plus révolutionnaires, c'est-à-dire, l'arrestation des notables, etc.

Cet ordre est accueilli avec indignation au sein de la commission de Barjols.

Un seul membre de cette commission ose appuyer l'ordre venu de Brignoles, en disant avec une énergie intraduisible :

—*Foou qué curen !*

—Il faut que nous enlevions jusqu'à la lie, c'est-à-dire, que nous ne laissions pas un seul homme honnête.

Cependant les démocrates de Cotignac, hésitant entre les sages remontrances de leurs compatriotes mieux éclairés et les menaces de C. Duteil, fuyaient, tremblants, et se cachaient, également épouvantés de la colère de leur général en chef, de l'issue des évènements et des poursuites de la justice.

Les chefs, si vantards avant la prise d'armes et si prodigues de promesses et de valeureuses protestations peu de jours auparavant, étaient les premiers à reculer. Ils étaient invisibles.

Les moins effrayés se décident pourtant à partir le mardi.

Ils reviennent, vers le soir, plus effrayés que jamais, sans tambour ni trompette, semant l'alarme et la terreur.

L'Agamemnon des Grecs de Salernes est en proie à des transport d'une fureur impossible à décrire. La pusillanimité des chefs démocrates et l'impassibilité des honnêtes gens, ainsi que le refus de la part des insurgés de Barjols de marcher sur Cotignac, l'exaspèrent. Il est bien capable, dans sa colère, de venir assiéger Cotignac et renouveler les prodiges homériques de la guerre de Troie.

Les chefs démocrates de Cotignac continuent à briller par leur absence.

La bande revenue de Salernes et venant redemander aux échos d'alentour leurs introuvables Achilles, se résigne, en attendant mieux, à passer la nuit, au coin d'un bon feu, le verre en main, discutant et correspondant sans relâche avec leurs frères de Sillans et l'impatient C. Duteil.

Enfin, à force de boire et de trinquer, l'illustre Achille des démocrates de Cotignac est trouvé pendant la nuit du mardi au mercredi, et le départ général a lieu.

Il était temps en effet pour tous ces héros aux pieds légers de courir sinon à la victoire, du moins à la fameuse journée des semelles qui suivit l'affaire d'Aups.

Avant d'apprendre cet heureux dénoûment, les braves habitants de Cotignac eurent encore quelques alertes. Ils furent avertis, dans la matinée de mercredi, qu'une phalange insurrectionnelle allait fondre sur leur ville, piller, incendier et emmener en ôtage la plupart d'entre eux. En effet, on vit arriver une estafette, qui se mit en devoir de faire proclamer à son de trompe : —que tout habitant de Cotignac vînt déposer ses armes à la mairie, sous peine.....

Le maire et le juge de de paix ne laissèrent pas au crieur public le temps d'achever sa proclamation.

Honneur à ces intrépides magistrats! Puisse leur exemple prouver aux honnêtes gens, si enclins à laisser faire, ce que peut l'énergie unie au sentiment du devoir.

C'est ainsi que la population de Cotignac a traversé nos troubles de décembre, sauvegardant sa dignité communale et la sécurité de tous. Une pareille population ne pouvait oublier *Notre-Dame-des-Grâces*, patronne vénérée depuis tant de siècles et veillant du haut de son pittoresque ermitage sur sa famille bien-aimée.

Elle ne pouvait oublier la Vierge, qui voyait accourir à son traditionnel *pardon* le grand roi et des milliers de pèlerins, dont l'affluence apportait au sein des familles autant de joie morale et de prospérité matérielle, que les visiteurs socialistes traînaient après eux de terreur et de misère.

Aussi une fête vraiment fraternelle réunissait, quelques semaines après nos jours de deuil, les heureux habitants de cette digne commune, autour de l'antique chapelle; et là, tous, travailleurs des champs, ouvriers et bourgeois, goûtaient ensemble le bonheur de n'avoir à déplorer aucun malheur, parce qu'ils n'avaient cédé à aucune faiblesse, à aucune mauvaise passion.

Hier encore, nous visitions un peu rapidement, mais avec bonheur, la pittoresque petite ville de Cotignac, blottie au soleil sous un hémicycle inabordable de fantastiques et noirs rochers percés de grottes sans nombre, peuplés de pigeons familiers et de ruches sauvages.

Rien n'égale l'aspect gracieux et sévère de l'étroite vallée, dominée par cet amphithéâtre bizarre, surmontée par deux vieilles tours carrées et entourée d'invraisemblables prairies.

— Voyez, me disait mon ami M. G. qui a noblement fait son devoir au moment du péril, voyez ce mur plaqué contre les anfractuosités de ce tuf qui protége la ville. Il recouvre une grotte profonde, où nous aurions pu, munis de quelques provisions, résister longtemps aux barbares.

Voyez ce chemin de ronde qui se replie et traverse le roc; il aboutit à la grotte par une ouverture basse, où un homme peut à peine se glisser en rampant. Pour nous isoler davantage, nous n'avions qu'à détourner les eaux de la rivière, qui fécondent les plateaux supérieurs, et les diriger vers les bords de cet abîme infranchissable.

Il est quelque chose de plus honorable et de plus sûr, pensai-je en moi-même, ce sont les habitudes laborieuses des nombreux ouvriers de cette prospère commune, c'est l'esprit d'ordre et de bon accord qui règne entre tous ses habitants, c'est surtout leur pieuse confiance dans *Notre-Dame-des-Grâces*, dont la chapelle s'élève comme sur un rempart de verdure, défendant les frais abords de l'étroite et délicieuse vallée au sein de laquelle se presse une population active et heureuse.

QUELQUES VILLAGES.

Le caractère dominant de l'insurrection de décembre 1851, dans le Var, c'est l'ineptie.

Il nous serait facile d'indiquer, en passant en revue les départements engagés dans cette absurde prise d'armes, qu'ils n'étaient pas les plus avancés en civilisation. Ainsi, les *Bouches-du-Rhône*, le *Rhône*, la *Gironde*, la *Seine-Inférieure*, le *Nord* et tous les départements voisins, la *Loire* et toute cette belle vallée, en tout 50 départements où l'industrie domine, dont les chefs-lieux sont importants, où la circulation, pour ainsi dire, intellectuelle et morale est plus active, 50 départements intelligents demeurent complètement étrangers à ce mouvement insensé.

Sur les 30 ou 35 restants, il faut encore en distraire plus de 20 ayant éprouvé seulement quelques troubles peu graves et bientôt réprimés. Moins haut placés que les précédents dans la hiérarchie intellectuelle de la France, comme par exemple, la *Marne*, le *Loiret*, la *Côte-d'Or*, la *Haute-Garonne*, etc., ils sont pourtant mieux notés sur la carte de la civilisation que les 12 départements ayant eu à déplorer de véritables malheurs, tels surtout que l'*Hérault*, la *Nièvre*, l'*Allier*, le *Var* et les *Basses-Alpes*.

Si l'on passe ensuite de cet examen général à l'examen particulier des localités qui ont pris une part plus active à la prise d'armes socialiste dans le Var, on remarque toujours la même progression descendante. Ainsi, les deux plus grands centres, Toulon et Grasse, résistent à toutes les excitations.

Le chef-lieu même, malgré la réputation démagogique d'une bonne partie de sa population, le chef-lieu, à peine contenu par une insuffisante garnison et secondé par le centre tout en feu, le chef-lieu reste à peu près mpassible. — Les deux avocats, véritables chefs, désapprouvent la prise d'armes à tel point, qu'ils perdent leur ascendant si longtemps exercé sans partage et sont remplacés par des énergumènes inintelligents.

A Brignoles les chefs hésitent aussi, et il faut qu'un journaliste de Marseille, ayant brûlé ses vaisseaux et ne pouvant reculer, accoure les entraîner par intimidation. Encore ne veut-on pas le suivre tout d'abord, et sur 600 insurgés, le chef-lieu d'arrondissement en fournit à peine 100, tandis qu'un hameau, les *Censiers*, marche sans hésiter comme un seul homme.

Saint-Maximin n'est révolutionné que par l'intervention des villages environnants.

Les autres principaux chefs-lieux de canton, tels que Cotignac, Lorgues, Aups, Saint-Tropez, presque tous, à l'exception de Barjols et de Salernes, comprennent que cette insurrection est non seulement un crime, mais quelque chose de plus irrémissible au point de vue politique — une sottise, une absurdité, une mystification.

A Barjols encore, comme nous l'avons vu, le maire démocrate, M. Achard, qui est doué d'un certain flair politique, emploie son influence et son autorité à contenir le mouvement, et les plus exaltés de ce chef-lieu, si profondément travaillé par l'esprit de sédition, finissent par résister aux ordres du général en chef.

Il ne reste donc en définitive que les villages.

Et parmi ces villages, quels sont les plus compromis ? Laissons de côté *Cuers* et le *Luc*, dont l'exaltation démagogique tient à des causes exceptionnelles qui sont, pour la première de ces deux communes, la dépravation, et pour la seconde, sa position centrale, il nous reste la Garde-Freinet, pays riche, mais perdu dans les bois.

Les *Mayons*, hameau érigé depuis peu en commune et situé aussi au milieu des forêts, se distingue entre toutes les localités insurgées du Var par le fait le plus caractéristique, l'arrestation et la séquestration d'un prêtre.

En vérité, Voltaire déroge et 93 dégénère.

Dans l'arrondissement de Toulon, quels sont les deux points les plus suspects ?

Collobrières et Pierrefeu, deux camps de bûcherons au milieu des rochers et des forêts, pays de loups et de sangliers.

Dans le canton de Barjols, quelle est la commune qui rivalise de voltairianisme démagogique avec les Mayons ? — c'est Brue-Auriac, commune qui n'est guère plus célèbre que sa rivale.

Les insurgés de Brue, après avoir emprisonné l'adjoint en l'absence du maire, procèdent à la séquestration de M. le curé, et on lui interdit la célébration du divin sacrifice.

Un esprit fort de l'endroit s'écrie, ainsi que cela résulte d'une enquête judiciaire :

— Nous ne voulons plus de robes noires ni de ceux qui les fréquentent, il faut que M. le curé marche avec nous à la tête de la colonne.

O vieux patriarche de Ferney, grand seigneur incrédule du xviiie siècle, travesti en bourgeois sceptique dans le xixe, comme te voilà fait, ô roi de la Raison ! Ton sceptre si brillant, le triple aiguillon de l'esprit, de l'ironie et de l'impiété n'est plus qu'une fourche bonne à remuer la litière de l'anarchie sociale. Tes courtisans titrés et dorés d'autrefois, les voilà maintenant tels que le bagne et les plus infects cabarets de villages sans nom les ont fait grotesquement parader devant nous. Tes Pompadour et tes Dubarry sont des Goton et des Maritornes, dont les valets de ferme ne veulent plus ! Toi qui voulais démolir la foi sous l'arme du ridicule, le ridicule, avant la fin du siècle, t'aura démoli.

Ces spirituels voltairiens de Brue-Auriac se distinguent par d'autres gracieusetés. Ainsi, par exemple, ils inclinent le drapeau tricolore dont ils ont roulé fort ingénieusement le blanc et le bleu de manière à ne montrer que le rouge, moyen prudent et économique de fabriquer un drapeau particulier, et ils présentent ainsi ce lambeau étriqué de guenille rouge à l'adoration de leurs soldats improvisés ; il faut toucher cette guenille respectueusement des lèvres, en défilant devant elle.

Des bâtons, des fourches et des sabres, suspendus sur la tête de ces conscrits de la révolte, la plupart recrutés par la peur, sont là pour inspirer une ferveur comique aux fidèles, peu familiarisés avec les douceurs de ce culte nouveau.

Au surplus, on voit se reproduire à peu près partout les mêmes scènes, la même trivialité, les mêmes menaces grossières, la même insignifiance.

Dans une commune du canton de Saint-Maximin, les démagogues ne peuvent faire accepter la mairie à aucun des leurs. Pas un d'entre eux, sachant apposer une griffe quelconque au bas d'un arrêté, n'est disposé à courir les chances d'une dictature compromettante ; tous en déclinent la responsabilité. Nos héros sont fort embarrassés de leur victoire. Il leur faut un maire à tout prix, afin de pouvoir mettre leurs attentats collectifs à couvert sous un sceau.

Le temps presse. Recourir à l'emploi du vote, c'est bien long, bien compliqué et peu révolutionnaire.

Soudain l'un d'eux est éclairé par une inspiration caractéristique.

Il s'empare de l'écharpe municipale, objet d'envie en des temps plus heureux, objet d'effroi en ce moment ; puis, courant à une fenêtre de la mairie, il la jette au milieu du rassemblement tumultueux et impatient, en s'écriant :

—Celui sur qui elle tombera, sera maire!...

Que vous en semble?

Le suffrage universel n'est-il pas dépassé et avantageusement remplacé par ce mode d'élection aussi simple qu'expéditif?

Le hasard grand électeur, c'est le beau idéal de la république démocratique et sociale.

C'est bien là l'aveugle et radicale égalité du Destin, dans son absolutisme le plus complet.

La loterie appliquée au gouvernement, c'est tout un nouveau système, c'est toute une révélation du dernier terme des théories radicales et socialistes.

Il s'agit bien de choisir le plus digne, le plus probe, le plus capable.
—Tirons au sort et chacun son tour.—C'est plus juste et plus tôt fait.

Combien nous regrettons de ne pouvoir apprendre à la postérité le nom de l'inventeur de ce système, Proudhon de la chaumière, théoricien le plus logique de son parti.

Le hasard n'est-il pas le dernier roi, le dernier dieu de ceux qui ne reconnaissent aucun pouvoir légitime ni sur la terre, ni là haut?

Nouvelle observation digne de fixer l'attention.

Les repaires pour la fabrication de poudre clandestine étaient choisis avec soin.

Il en existait un aux alentours de la petite commune de Bras, située sur la limite des cantons de Barjols et de Saint-Maximin, à peu de distance du département des Bouches-du-Rhône.

Ce choix n'avait pas été fait sans raison, car ce village de Bras étant généralement considéré comme fort paisible et dévoué à la cause de l'ordre, les conspirateurs espéraient que leurs menées seraient mieux à couvert; d'ailleurs la position de Bras avait aussi ses avantages.

Ce village fut bientôt perverti. Là comme ailleurs, la débauche était le grand moyen de propagande démagogique.

Un lieu de réunion est établi dans un cabaret tenu par un individu dont la femme, de mœurs plus que suspectes, a bientôt attiré une clientèle de jeunes débauchés. Ce sont les apôtres de la république rouge. Des affiliations à la société secrète ont lieu dans ce bouge. Parmi ces apôtres de la débauche et de la démagogie figure un cultivateur lettré, infatué de son petit savoir, et un vagabond, perdu de dettes et repris de justice.

Toutefois, on remarque dans le règlement de la société secrète, siégeant dans ce tripot, un singulier article, qui paraît d'abord jurer avec les habitudes de ce lieu infâme, mais dont il est facile de comprendre la véritable portée. Voici cet article :

« Après le décès d'un sociétaire, la société sera obligée de faire dire une messe EN L'HONNEUR du décédé. »

Cet hommage sacrilége et menteur aux pratiques du culte catholique n'était donc point, comme on le voit, un acte de foi, mais une simple jonglerie de l'orgueil ou de la prudence.

Ces voltairiens du hameau se gardaient bien de songer au *repos de l'âme* de leurs associés, non, ils songeaient seulement à entourer d'une certaine pompe leurs dépouilles mortelles, pour obéir à un simple mouvement de vanité, ou pour mieux cacher, sans doute, sous des dehors religieux, leurs ténébreuses machinations, et se compter dans le cimetière, digne arène de ces champions de la mort.

Comme Voltaire, Tartuffe déroge et dégénère, car voilà le protestantisme bourgeois de nos libéraux et de nos grands comédiens politiques qui se prélasse et trône dans les plus infimes tripots de la démagogie villageoise.

Un jour du mois de novembre 1851, la société de Bras fait dire une messe en *l'honneur* d'un associé trépassé, nommé Brunel. 80 affiliés suivent le convoi de cet *honorable* sociétaire.

On lui a même fait *l'honneur*, pendant sa courte et mystérieuse maladie, de placer auprès de lui des sociétaires choisis, qui l'entourent de soins et d'égards.

Ces attentions sont d'autant plus touchantes, que *Brunel* dit *Barbantane* n'est qu'un pauvre diable. Mais, on le sait, pour les vertueux adeptes de la démagogie, ce n'est point la fortune, c'est la vertu qu'il faut considérer, quand on veut honorer la mémoire des morts.

C'est donc fort bien fait de veiller au chevet du pauvre *Brunel*, et de suivre son convoi, afin *d'honorer* en sa personne les vertus démocratiques et sociales.

Mais, après tout, qu'a-t-il donc fait, pendant sa vie, cet illustre pauvre, auquel on accorde tant d'*honneurs* après sa mort, qu'on entoure de tant de précautions et de soins pendant sa courte maladie ?

Le pauvre Brunel menait une vie fort cachée, comme doit faire un bon apôtre. On eût dit un saint ermite de la république rouge.

Qui ne connaît dans le Var les délicieuses retraites de la vallée de *Bagarède*, les bords sauvages et agrestes de l'Argens, aux environs de *Châteauvert*, asiles inconnus où rêvaient les muses, où priaient les anachorètes d'autrefois ?

Là, des rochers à pic surplombent le cours des eaux pures de la rivière profondément encaissée. Le soleil pénètre à peine dans ces retraites solitaires, abruptes, inabordables, situées vers la limite des cantons de Cotignac et de Barjols. Les deux rives se rapprochent comme deux immenses murs perpendiculaires, dont la surface se hérisse de fantastiques saillies et de bizarres enfoncements recouverts de chênes-verts, de lianes, de clématites, de pariétaires, de ronces et de plantes aromatiques, entremêlées dans un fouillis inextricable.

Dans ces enfoncements et sous ces fourrés de verdure se cachent des grottes inaccessibles et pittoresques, dont quelques braconniers émérites peuvent seuls connaître l'ouverture située dans les fentes des roches, la plupart à vingt-cinq ou trente mètres de la surface des eaux, qui tantôt s'écoulent, silencieuses et sombres malgré leur pureté de cristal, et tantôt ruissellent en cascades écumeuses et bondissantes.

Dans un de ces asiles poétiques le saint ermite Brunel venait se livrer à des contemplations démocratiques, à de socialistes extases.

Il avait choisi le *Vallon de Travès* comme le plus propice à ses méditations humanitaires. Son ermitage était établi dans une grotte bien connue dans le pays sous le nom de la *Caouno doou lou* (la caverne du loup). Comme l'habit ne fait pas le moine, il fallait bien croire que cette désignation peu philantropique n'avait rien de dangereux, car Brunel était un si bon démocrate !

Quoiqu'il en soit, Brunel vivait dans ce trou placé près de la crête de l'escarpement, au-dessus d'autres grottes, dans lesquelles il recevait parfois de rares et mystérieux visiteurs, qui venaient sans doute le consulter sur des cas de conscience socialiste.

Ces visiteurs se hissaient péniblement jusqu'à la hauteur des ouvertures. Ils entraient en rampant, apportant et rapportant toujours quelque chose. C'étaient sans doute quelques secours destinés aux frères et amis les plus nécessiteux et les plus fervents.

Un jour que le bienheureux anachorète Brunel rêvait au triomphe de la sainte cause à laquelle il vouait ainsi sa vie obscure, veillant et priant dans l'ombre de la *Caouno doou lou*, voilà qu'une détonation épouvantable ébranle les échos de ces mystérieux réduits, brisant les voûtes des grottes, détachant des pans entiers de stalactites, chassant de leurs ténèbres les chauves-souris éperdues et les orfraies épouvantées.

Le soir, un visiteur fidèle trouva le cadavre du bienheureux Brunel noirci et couvert des débris des roches éboulées.

Cet *honorable* apôtre de la philantropie socialiste avait été, sans nul doute, victime de quelque infâme guet-à-pens réactionnaire.

Un tombereau rapporta le martyr agonisant à Bras.

Un poste d'*honneur* fut commis à sa garde. La société presque au grand complet fit célébrer une messe en *son honneur*, et les *honnêtes* frères et amis suivirent le convoi de ce martyr de l'humanité.

Ce bienheureux martyr de l'humanité, en l'*honneur* de qui la société secrète fesait célébrer une messe, était tout simplement un fabricant de poudre clandestine. Il avait été victime d'une explosion causée par son imprudence.

Ces fabrications de poudre clandestine n'allant pas assez vite au gré de ces impatients Catilina de cabaret, les chefs en procuraient aux affiliés. C'était de la poudre de mine assez grossièrement pilée, objet d'un commerce lucratif pour les receleurs et débitants. En attendant de bouleverser la société, ces honnêtes réformateurs se volaient entre eux.

Le procédé pour la fabrication des balles était simple. Des roseaux servaient aux conspirateurs de moule pour couler le métal en fusion. On obtenait de cette façon de petits lingots ronds, d'une certaine longueur, qu'on pouvait couper à volonté. Avec de pareils projectiles, presque toutes les blessures devaient être mortelles.

C'est ainsi que l'ignorance augmentait les ressources de la férocité, et entretenait l'exaltation dans les plus chétifs hameaux.

Cependant un de ces petits villages, Esparron, ne fournit point son contingent au quartier général d'Aups.

L'administration paternelle du maire, M. de Sinéty, paralysa le zèle des perturbateurs du pays, qui furent remplacés par les frères et amis d'une petite commune voisine, Saint-Martin.

Mais l'attitude de M. de Sinéty, devant ces factieux étrangers, intimida les gens d'Esparron, qui n'abandonnèrent point leurs foyers.

C'est ainsi que nous comprenons l'ascendant de l'autorité : bienfaisance, mansuétude et charité envers les malheureux et les ignorants dans les temps calmes ; énergie, courage et résolution à l'encontre des factieux en face du danger.

Il n'est pas d'ignorance qui résiste à l'exemple qui vient de haut, il n'est pas de démoralisation qui ne cède devant la vertu persévérante et ferme.

SALERNES.

Un parfait accord régnait entre les pauvres et les riches, les patrons et les ouvriers, les bourgeois et les paysans de Salernes.

Le membre du conseil général représentant le canton était, dit-on, démocrate pacifique de convictions sincères.

Un notaire, moins convaincu et plus dangereux, faussait les idées et corrompait les cœurs.

Un mauvais instituteur achevait le trio.

Le maire, industriel influent, avait un fils que l'entraînement de la jeunesse poussait aux idées extrêmes.

Comment la population de Salernes aurait-elle pu résister à l'appât des doctrines anarchiques, avec de pareils précepteurs ?

Il faut bien que les instincts de cette population ne soient pas trop mauvais, puisque, en dépit de ces incitations constantes venues de haut, elle a su, au milieu de ses écarts, ne pas donner l'exemple de scandales aussi grands que ceux observés dans certaines communes, moins complètement vouées aux idées démocratiques.

Le notaire voltairien étant supprimé, le conseiller général mis à la raison et l'instituteur révoqué, la population de Salernes, subissant d'autres influences, aurait pu suivre la bonne voie et n'avoir pas à déplorer les malheurs dont elle gémit aujourd'hui.

Comme ôtage de l'insurrection, nous avons pu constater déjà, au sein de cette population, un fond d'honnêteté d'autant plus remarquable, qu'il se fesait jour au travers d'une couche épaisse de préjugés démagogiques et révolutionnaires.

Aussi, dans le récit des faits insurrectionnels, particuliers à cette commune complètement vouée à l'idée socialiste, nous avons peu de faits personnels à signaler.

Dans la pensée générale de la masse, l'insurrection était une fête, une bravade, une démonstration.

A la nouvelle du coup d'état, dès le 3 décembre, un symptôme d'agitation se manifeste.

Ce premier symptôme qui se renouvelle les deux jours suivants, est caractéristique.

C'est une farandole, c'est-à-dire, la danse provençale par excellence, — la danse de la joie et du *romérage*, alors qu'il y avait encore parmi nos bons paysans, des romérages et de la joie.

Qu'est-ce qu'un romérage ?

Roumavagi (voyage à Rome, pélerinage) : le romérage c'est le *pardon* de Provence, qui, en dégénérant, de fête religieuse est devenu simplement fête champêtre.

Or, la farandole était l'accompagnement obligé de tout romérage. C'était la danse patronale et patriotique du lieu, du saint et de l'ermitage.

Garçons et jeunes filles, varlets et bachelettes se donnaient la main, et cette vivante guirlande s'éparpillait dans la plaine, s'enroulait autour des côteaux, et couronnait les hauteurs consacrées de ses anneaux capricieux, au bruit du galoubet et du tambourin ! Heureux bon vieux temps !

En ce temps-là, alors que la liberté n'était pas un vain mot et la popularité un vain nuage, les chatelaines elles-mêmes ne dédaignaient point des se mêler à la foule dansante et plus d'une menait la farandole avec le consul et l'échevin.

En ce temps-là, tous les paysans faisaient impunément des *lecques* et buvaient à la santé du roi, sans payer des droits d'octroi, d'impôt et de patente, aussi ingénieux et aussi embrouillés qu'aujourd'hui.

Nous ne prétendons point défendre tous les abus de ce temps-là, mais avec tous ses abus, cet âge valait bien le nôtre, car on n'avait point encore inventé ces coupes sombres des forêts humaines, qu'on appelle les révolutions.

Donc, le 3 décembre et les deux jours suivants, tant qu'elle ne subit point la pression du dehors, la population de Salernes ne répond au coup d'état présidentiel que par une farandole.

Il est vrai que le galoubet et le tambourin manquent à la danse et sont remplacés par le chant de la *Marseillaise*.

Quel monstrueux amalgame !

N'aurait-il pas mieux valu danser en chantant ?

> *Si le roi m'avait donné*
> *Paris, sa grand'ville.....*

Lequel de ces deux chants rappelle de moins tristes souvenirs ?

Oh ! si le peuple savait et si le gouvernement pouvait !....,

On entendrait encore le galoubet et le tambourin, et l'on danserait sans accompagnement de *Marseillaise*, de coups de fusils et de bruits de chaînes.

Hélas ! la farandole ne dura que deux jours, parce que Salernes expédia son conseiller général à Draguignan et plus tard des émissaires au Luc.

Un seul gendarme se trouvait à Salernes.

Voyant la farandole et surtout entendant la *Marseillaise*, il se rendit chez le maire.

— Que faut-il faire ? dit-il.

— Vous tenir coi, répondit le magistrat ; ils ne font pas de mal, laissez faire.

Laissez faire ! ce mot a été bien fatal au père et au magistrat, car le père a vu son fils partir pour l'exil, et le magistrat a vu sa commune affamée par l'invasion des bandes insurrectionnelles.

Le conseiller général, s'étant rendu à Draguignan, envoie du chef-lieu un émissaire au président de la société secrète, avec un billet portant l'ordre d'obtenir du juge de paix sa démission et de prendre les armes.

Nous voilà déjà loin de la farandole.

Les cris, les hurlements commencent. — Le chef-lieu a parlé. — Bons paysans, obéissez, où vous êtes fusillés, et vive la liberté des sociétés secrètes ! Pauvres gens ! les voilà courbés sous la tyrannie de la terreur et de l'enfer ! et ils marchent, car ils ont peur.

Le lendemain, samedi 6, le juge de paix, la royauté du canton, donne sa démission, mais on le laisse en liberté. — On procède au désarmement de la gendarmerie ; mais le gendarme reste seul avec son honneur et son uniforme intacts. — On n'arrête personne. L'unanimité est bonne à quelque chose.

Après avoir déposé le juge de paix, c'est bien le moins que l'on songe à proclamer la déchéance du président de la république.

Bonnes gens, en agissant ainsi, c'était la déchéance de leur chère république et non celle du président qu'ils proclamaient.

Et ce qu'il y a de plus instructif, c'est que le fils de M. le maire présidait à tous ces exploits démagogiques.

Particularité non moins curieuse, on fondit des balles, et c'est, dit-on, chez M. le maire qu'on prit le plomb.

Combien de communes en France étaient ainsi administrées depuis 1848? Le plus grand nombre.

C'est à ce point de vue qu'il faut se placer pour apprécier la grandeur du vrai miracle social accompli par la Providence, pour juger le coup d'état du 2 décembre et les mesures prises depuis lors par le pouvoir.

Le conseiller général étant allé puiser ses inspirations au chef-lieu, au sein du comité directeur, revient le samedi soir à Salernes, et son retour est marqué par des actes de prudence dénotant clairement l'hésitation des chefs.

En effet, par les ordres du comité directeur, ou du moins de son représentant à Salernes, les postes placés à tous les abords du village se dispersent, les proclamations, invitant les habitants à marcher sur le chef-lieu, disparaissent des murs.

Mais cette intelligente et sage impulsion n'entraîne pas l'assentiment général des jeunes meneurs du pays. — A Salernes comme partout ailleurs, le parti démagogique est divisé. Les uns veulent attendre, les autres toujours marcher, et comme partout, ce sont toujours les plus jeunes, les plus exaltés, les plus fous qui l'emportent.

Dans la nuit du samedi 6 au dimanche 7, une réunion composée des plus ardents démocrates a lieu ; deux délégués sont choisis pour aller se concerter avec les insurgés du Luc.

Ici, nous retrouvons le type curieux que nous avons déjà rencontré à Draguignan :

Le perruquier !

C'est un perruquier, en effet, qui est désigné le premier, dans ce sanhédrin nocturne de la jacquerie, pour ranimer le mouvement arrêté par le comité directeur plus intelligent.

Nous conseillons aux perruquiers honnêtes et modérés, il en existe encore, et maintenant plus que jamais, de passer à l'état de coiffeur, car les perruques sont décidément révolutionnaires, et réciproquement.

Que l'on puisse dire enfin :

Les révolutions et les perruques s'en vont!

Quoiqu'il en soit, le perruquier de Salernes part, accompagné du fils de M. le maire, pour le Luc, dans la matinée du 7.

Ils rencontrent la colonne du général Camille Duteil aux abords de Vidauban, la suivent aux Arcs et engagent les chefs de l'insurrection générale du Var à se replier sur Salernes, dans le fameux conseil de guerre où il est décidé qu'on abandonnera le projet de marcher sur le chef-lieu.

Ils reviennent sur Lorgues avec les masses insurgées du centre du département, les précèdent et se hâtent de prendre les mesures nécessaires pour les recevoir.

Dans ce but, ils font avertir les habitants par le crieur public, qu'ils auront à loger, dans la soirée, 3,000 démocrates ; ils expédient des véhicules à Lorgues pour emmener les traînards des bandes de C. Duteil.

Avant l'arrivée des insurgés, toutes les issues sont gardées avec soin ; vers les onze heures du soir, la petite armée révolutionnaire entre à Salernes, aux acclamations de la multitude, suivie des 80 prisonniers ou ôtages.

Ces prisonniers entassés à l'hôtel-de-ville sont, par l'entremise de M. Basset, répartis dans les deux hôtels du pays.

L'enthousiasme de la population, fraternisant avec les insurgés, produit un tel désordre que celui qui écrit ces lignes peut sortir librement de l'hôtel-de-ville au milieu de la foule, sans être observé. Arrivé sur le seuil de la porte, il dit son nom, qui court bientôt de bouche en bouche.

Il ne songe pourtant point à s'évader, car il comprend, à l'expression de joie avec laquelle son nom est accentué, combien on tient à le garder.

Personne n'est fait prisonnier par les insurgés à Salernes.

De toutes parts accourent de nouveaux renforts. Le tambour retentit constamment et de nouvelles bandes défilent sans cesse dans les rues.

La femme, dramatiquement vêtue de rouge et de bleu, représentant, tant bien que mal, l'ancienne déesse Raison, cumulant ce titre avec les fonctions de porte-drapeau des cantinières, se rend chez M. le curé pour inspecter sa cave.

M. le curé répond qu'on a déjà tout pris chez lui.

La déesse Raison persiste dans ses exigences et ne veut pas s'en tenir aux assertions du respectable pasteur.

Celui-ci fait ouvrir ses armoires pour convaincre cette insensée, qui fouille partout sans rien trouver et sort assez désappointée.

Des insurgés étrangers à la localité envahissent le presbytère et demandent des armes.

—Des armes ! s'écrie le curé, justement surpris, en montrant son bréviaire.

—Tout peut servir d'armes aux démocrates, répondent les insurgés, et ils sortent en s'emparant de quelques ustensiles de cuisine.

Bientôt le curé est dénoncé aux chefs comme suspect et coupable d'un grand crime.

En effet, M. le curé, ayant eu des relations avec M. de Colbert et le sachant prisonnier, avait cru devoir lui faire ses offres de service. Il n'en fallait pas davantage pour désigner le respectable pasteur à la haine des barbares.

Heureusement pour lui, les meneurs de Salernes s'interposent, et le projet d'arrestation est abandonné.

Deux autres personnes honorables du pays ont à courir quelques dangers.

Dans la matinée du lundi, l'un des deux notaires du pays, le collègue de celui qui avait perverti la population, se rend chez un de ses amis, M. Ferru, aujourd'hui maire de Salernes, pour lui proposer d'aller se réfugier à Draguignan.

Il est saisi, conduit au poste de l'hôtel-de-ville, gardé comme ôtage, pendant une heure ou deux, et bientôt relâché sur les instances des chefs du pays.

M. Ferru est à son tour l'objet de menaces plus graves ; des étrangers s'emparent de lui, le conduisent au champ de foire et l'entourent, armant leurs fusils et manifestant l'intention d'attenter à ses jours.

M. Ferru jette un regard autour de lui ; il n'aperçoit que des figures inconnues.

—Pourquoi voulez-vous me tuer, leur dit-il ?

—Parce que tu nous trahis en correspondant avec les prisonniers.

Au même instant M. Paul Cotte, fils du maire, arrive et leur ravit leur proie.

—Qui vous a donné l'ordre de fusiller ? s'écrie-t-il.

Ces bandits ne savent que répondre. M. Ferru est reconduit sain et sauf à la mairie, où il est rendu à la liberté, sur les instances de MM. Cotte et Basset.

Ces deux chefs épuisent tous les moyens en leur pouvoir pour sauver les 80 prisonniers, sur le sort desquels il est statué, dit-on, pendant la journée du lundi.

On ajoute que, le soir, une rixe s'élève, pendant le repas, entre les principaux meneurs attablés.

On discutait sur la situation, les mesures à prendre et la confiance que l'on pouvait avoir dans le général en chef.

Celui-ci avait ses partisans et ses envieux et, à l'heure du danger, les récriminations contre lui ne manquaient pas.

—Ah! si nous avions eu pour chef P... de Draguignan, disait l'un, nous serions maintenant les maîtres—ou tout au moins nous ne serions pas compromis comme nous le sommes.

—P..... est un traître, criait l'autre, c'est lui qui a fait avorter l'ensemble du mouvement, en retenant les communes au nord et à l'est de Draguignan.

—Tu mens,—c'est ton D......qui est un lâche!

Les convives se lèvent, divisés en deux partis rivaux, s'armant de leurs poignards, des couteaux de table, des bouteilles vides, dont le contenu a déjà exalté les têtes.

Après le vin, le sang va couler; mais bientôt la réflexion vient et l'imminence du danger rend le calme à ces écervelés.

Cette scène se passait à peu de distance de l'hôtel Basset, où les ôtages reposaient tranquillement, après avoir recommandé leur âme à Dieu.

Le lendemain, les chefs apprennent, par les courriers qu'ils arrêtent, la pacification de Paris. La démoralisation s'empare de la plupart d'entre eux, mais ils s'efforcent de cacher à leurs troupes ce qui se passe.

Leur trouble les trahit pourtant.

Bien que la population ignore la situation générale du pays, son enthousiasme fait place à de tristes préoccupations, car les vivres manquent et le désordre règne dans les conseils de l'anarchie.

Les habitants du pays font observer au général de l'armée révolutionnaire, qu'ils ne peuvent subir plus longtemps l'occupation de ces trois mille étrangers, dont le nombre va toujours croissant.

Des requisitions de vivres, adressées aux habitants de Lorgues, n'ont pas été accordées.—L'exaspération de la multitude augmente contre les ôtages, dont la vie est exposée aux chances de la moindre manifestation.

La plus grande fermentation règne dans le pays.

C. Duteil comprend enfin la nécessité de faire évacuer Salernes. Une partie des bandes est dirigée sur Villecroze, l'autre sur Tourtour et le gros de la petite armée socialiste sur Aups.—Les insurgés de Salernes partent les premiers pour cette destination; l'arrière-garde, escortant les ôtages et composée des plus déterminés et des mieux armés, part ensuite dans l'après-midi avec le général en chef.

Il ne reste plus dans Salernes qu'un très-petit nombre d'habitants et les femmes des insurgés du pays.

AUPS.

6 DÉCEMBRE

Nous avons déjà eu l'occasion d'observer qu'un des principaux caractères de l'insurrection de décembre 1851 dans le Var, c'était l'ineptie.

Comme les cantons du Luc et de Barjols, celui d'Aups nous en fournit la preuve.

Non loin de la limite qui sépare les départements du *Var* et des *Basses-Alpes*, est situé, dans l'isolement le plus complet, dans un site absurde, au milieu des bois, un petit village jouissant, dans tout l'arrondissement de Draguignan, de la même réputation d'intelligence qui caractérise les *Martigues* dans le département des Bouches-du-Rhône.

Eh bien! c'est de ce village, qui a nom *Baudinard*, qu'est parti le signal de l'insurrection dans le canton d'Aups.

Ceci est toute une histoire qui mérite d'être racontée :

Un débat existait entre M. le duc de Sabran et quelques communes, touchant des bois, sur lesquels les habitants de ces localités avaient usurpé certains droits pendant l'émigration.

Un procès s'ensuivit, et, pour le malheur de ces communes, l'avocat consulté par elles se trouva être le chef bien connu du socialisme dans le Var.

L'avocat socialiste n'eut pas de peine à persuader aux crédules habitants de ces campagnes, que le gain de leur procès était subordonné au triomphe de la cause socialiste.

Le procédé était naïf, mais d'un effet immanquable.

Les habitants de *Baudinard*, sans rechercher le moins du monde ce que signifiait le mot *socialisme*, se proclamèrent à l'instant et tout d'une voix socialistes quand même et jusqu'à la mort.

Les chambrées, se rattachant à l'affiliation des sociétés secrètes, s'ouvrirent, et tous entrèrent.

La porte ne resta impitoyablement fermée que pour un seul habitant — le garde de M. le duc de Sabran.

En vain l'infortuné épuisa-t-il toutes les ressources de son esprit conciliant, pour obtenir l'étrange *faveur* d'être admis dans l'*honorable* association, un pareil *honneur* ne pouvait lui être accordé; il resta à la porte comme un paria.

Aussi ne faut-il pas s'étonner de voir Baudinard donner le signal de l'insurrection dans le canton d'Aups, changer sa municipalité, établir un corps de garde, arrêter les courriers et descendre en masse sur le chef-lieu de canton. Pas un seul habitant de Beaudinard ne manquait à l'appel, car ceux qui auraient fait défaut à l'insurrection ne devaient pas avoir leur part de la forêt.

Au contraire, dans la commune d'Aiguines, peuplée en grande partie d'ouvriers, nous voyons que quinze habitants tout au plus descendirent de leurs montagnes, ne cédant qu'à regret aux pressantes sollicitations, à l'intimidation des estafettes. Encore ces quinze insurgés étaient-ils sans armes,

Les autres communes du canton avaient été inféodées à la cause socialiste par les prédications des meneurs bas-alpins de Riez, Moustiers, etc.

C'est ainsi que le canton d'Aups avait été préparé à bien recevoir ses hôtes insurrectionnels en décembre 1851.

La population d'Aups, on le sait, était généralement animée de bons sentiments; toutefois, depuis un an, les sociétés secrètes s'y étaient établies sous le voile d'institutions de bienfaisance.

Un épicier était le chef de l'association locale.

Un individu d'un caractère ardent, âgé de 27 ans, d'une physionomie assez remarquable, au teint coloré, bien constitué, très agile et fort adroit, ayant eu plus d'un démêlé avec la justice, était le commis-voyageur chargé de recruter des partisans à la cause de la démoralisation populaire.

Cet individu, connu par le sobriquet de *Manchot*, devait cette dénomination à un accident qui lui avait fait perdre un bras à la chasse. Cet accident ne l'empêchait nullement d'être un gladiateur sans glaive, c'est-à-dire un maître de boxe très distingué. Il savait tirer parti de tout, même et surtout de son moignon.

Doué d'une force herculéenne, il sentait qu'il était supérieur au vulgaire de l'émeute en quelque chose. Il aurait réclamé volontiers, dans le système niveleur du socialisme, une exception en faveur de la dernière des aristocraties populaires, de l'aristocratie du poignet, nouvelle féodalité digne de nos rustiques barbares.

Ce commis-voyageur de la démocratie *chassait pour la rouge* dans les environs, à Tourtour, Villecroze, Ampus, Moissac, Bauduen, recrutant partout dans les campagnes, dans les lieux reculés, dans les *bastidons*, aux *roches de Sainte-Magdelaine*, à la *Charmante*, dont le nom jurait étrangement avec les scènes qui s'y passaient.

Le samedi 6 décembre, les communes de Baudinard, Bauduen, Artignosc, Moissac, les Salles, Regusse, Montmeyan envoient leurs contingents à Aups.

Ces divers détachements s'arrêtent aux abords de la ville, à la croix de Saint-Honorat.

Bien que la plupart de ces réformateurs rustiques soient sans armes, leurs allures sont déjà peu humanitaires.

Quelques émissaires de ces premières bandes entrent dans la ville d'Aups.

Des provisions de pain, de vin et de viande sont bientôt apportées au pied de la croix.

On mange, on boit, on chante et on danse avec cynisme devant le signe de la régénération humaine par la loi de l'expiation et du sacrifice.

Une obscène ronde emporte les danseurs avinés qui s'enrouent à répéter ce refrain :

— *S'ès pa en qu'ui, séra déman.*

— Si ce n'est pas aujourd'hui, ce sera demain.

Un énergumène de Beaudinard, emporté par le crétinisme du mal, demande une hache pour abattre la croix.

L'absence de l'instrument demandé arrête seule l'exécution de ce sacrilège attentat.

Vers les 9 heures du soir, un émissaire du canton de Salernes arrive, apportant un contre-ordre.

Il est fort mal accueilli.

Un chef venu de Draguignan à Aups parle de le faire fusiller.

Il avait déjà été question d'en faire autant de tous ceux qui ne s'étaient pas trouvés à ce rendez-vous si fraternel au pied de la croix.

Les habitants de Baudinard protestent et refusent de rétrograder, tant ils sont impatients d'avoir leur part de la forêt de M. le duc de Sabran.

Le désordre éclate dans le camp, mais la peur de se compromettre l'emporte, le tumulte s'apaise, on reconnaît qu'il faut attendre encore.

Les contingents des diverses communes reçoivent l'ordre de regagner leurs foyers, sauf à se tenir prêts au premier signal : le rassemblement, fort de 4 à 500 hommes, se disperse.

7 DÉCEMBRE.

Les chambrées s'agitent, une sourde fermentation se propage, la démagogie s'inquiète du contre-ordre de la veille.

Le Manchot part pour Salernes.

Les membres des sociétés secrètes d'Aups s'assemblent et délibèrent sur la question de savoir s'il est opportun de s'emparer de la mairie et d'arrêter les courriers.

Dans la matinée, les plus déterminés pillent le magasin d'un armurier et s'emparent des fusils; bientôt après on les lui rend, pour les reprendre plus tard.

Le courrier de Draguignan est arrêté sur la route de Villecroze par sept hommes armés que commande le Manchot.

Celui-ci se présente le premier et fait jurer au conducteur de taire le nom des assaillants.

Les dépêches de l'autorité sont saisies, la correspondance particulière et les journaux respectés.

De retour à Aups, le Manchot livre son butin à l'épicier président de la société secrète, qui, après avoir lu les dépêches, les jette dans un poêle.

8 DÉCEMBRE.

Le lundi était jour de foire à Aups. La démagogie n'avait pas besoin de ce prétexte pour réunir ses contingents.

Bientôt le rassemblement insurrectionnel, formé par les bandes des diverses communes qui s'étaient réunies, le 6, à la croix de Saint-Honorat, se présente de nouveau à son poste de préférence.

Afin de donner plus d'apparat à l'envahissement du chef-lieu, le dramatique Manchot fait rebrousser chemin à ce rassemblement et donne l'ordre à tous les détachements d'entrer dans la ville par l'avenue du côté de l'esplanade, attendu que les insurgés de Salernes arrivent de ce côté.

A la tête des bandes du canton de Salernes marchent deux chefs expédiés par le comité du chef-lieu départemental.

Nous retrouvons d'abord une vieille connaissance et un type curieux, nous voulons parler du clerc d'avoué qui le premier a poussé le cri : *Aux armes !* sur l'esplanade de Draguignan ; l'autre est tout simplement le propriétaire du café, centre de l'agitation au chef-lieu.

Le clerc d'avoué, fluet comme un roseau et malin comme un singe, fait un singulier contraste à côté de son collègue le cafetier, à la bonne et grosse figure assez peu artistement épanouie.

Vient ensuite la colonne des Arcs, commandée par un ancien aubergiste armé d'un sabre d'emprunt et caracolant d'un air triomphant.

Le maire d'Aups, entouré des membres du conseil municipal, est à l'hôtel-de-ville.

Le clerc d'avoué, le cafetier de Draguignan et quelques démocrates d'Aups montent gravement les degrés de l'hôtel et se présentent avec majesté, au nom du peuple souverain, pour réclamer la démission des autorités locales.

— La Constitution est violée, s'écrie le clerc d'avoué avec une voix d'huissier !

Le maire d'Aups n'était pour rien, à coup sûr, dans la violation de la Constitution, et le clerc d'avoué n'avait d'autre droit à faire valoir que la horde déguenillée qui le suivait, mais que lui fallait-il de plus ?

L'épicier fut proclamé maire de la ville sans autre forme de procès, et une commission municipale en harmonie avec ce premier choix fut installée.

Au reste, ce maire et cette commission valaient mieux que les chefs des bandes qui l'imposaient à la ville d'Aups envahie.

L'administration révolutionnaire, à peine établie, éprouve le besoin d'agir. Elle commence par faire publier à son de trompe l'ordre intimé à chaque habitant d'héberger et nourrir *les militaires.*

Pour un épicier, le maire insurgé prenait déjà des allures un peu trop aristocratiques, en osant honorer de la qualification de militaires les bandes désordonnées qui venaient mettre à contribution et affamer une population inoffensive.

Le cafetier peintre décorateur, commandant de place, ne pouvait, de son côté, rester inactif. Il est frappé d'une idée lumineuse. En dépit du splendide clair de lune et de la sérénité d'un ciel oriental, il fait publier l'ordre d'illuminer la ville pendant la nuit. Ce n'était pas sans doute en signe de réjouissance, mais par simple mesure de précaution. Les conspirateurs ont toujours peur de leur ombre.

Le même commandant de place fait également publier l'ordre intimé à tous les habitants d'apporter les armes et munitions de guerre à la mairie.

Le Manchot, suivi de quatre ou cinq estafiers de choix, procède à des visites chez les récalcitrants.

Cependant le clerc d'avoué, en homme qui sent son procureur d'une lieue, s'est réservé, à juste titre, le côté financier des exploits révolutionnaires.

Sa première visite est pour M. Long, le receveur. Il arrive, escorté de 30 hommes. MM. Emmanuel, Maurice et Louis Jean barrent le passage aux assaillants. Mais M. Long, le receveur, homme résolu et alerte, survient bientôt; dans l'entraînement de son indignation, se faisant jour rapidement au milieu de la cohue des envahisseurs stupéfaits, qui encombrent la rue :

— C'est moi seul que cela regarde, s'écrie-t-il, en repoussant l'intervention même de ses amis!

Puis, s'adressant au clerc d'avoué et le tenant à distance d'un seul regard :

— Je suis prêt à vous recevoir et à vous tenir tête, dit-il.

Le clerc d'avoué, habitué aux succès non disputés, pâlit, hésite; les gens de l'escorte s'entre-regardent. Puis, tous s'éloignent pour se rendre chez M. le percepteur auquel on donne une garde de quelques hommes.

Après ces deux exploits, l'intrépide clerc d'avoué propose, dit-on, aux chefs ses complices de s'emparer des caisses publiques, de transporter l'argent à Salernes et de s'emparer des notables.

La commission révolutionnaire recule devant le cynisme de l'apprenti tabellion.

Les habitants inoffensifs cachent précipitamment ce qu'ils ont de plus précieux et plusieurs regrettent de ne pouvoir se cacher eux-mêmes, tandis que les groupes innombrables d'insurgés avinés remplissent les tavernes et cabarets, parcourent les rues, entrent dans toutes les maisons, criant, chantant, riant, maugréant, demandant à boire et à manger, jamais repus, toujours ripaillant.

Parmi les courriers arrêtés, nous devons signaler celui de Riez saisi le premier à Baudinard. Les insurgés, en fouillant les dépêches, remarquent une lettre entourée d'un filet et d'un cachet noirs. Ces signes funèbres attirent l'attention de ces espions de la mort. Cette lettre est écrite par M. de Gaudemar, de Riez, habitant, pendant la belle saison, une campagne appartenant à sa sœur, aux environs d'Aups. Il annonce en termes fort peu mesurés l'invasion des barbares.

A la lecture de cette lettre, le clerc d'avoué, ne pouvant tolérer l'épithète de *canaille* que l'auteur de la lettre lui applique à lui et aux siens, bondit de fureur et propose aussitôt de procéder à la fusillade immédiate du délinquant.

La commission municipale, désapprouvant de pareilles mesures, n'ose pourtant résister ouvertement ; elle a recours à la ruse et s'efforce de faire comprendre au violent clerc d'avoué que l'entreprise est périlleuse. M. de Gaudemar, fait-on observer, habite une maison de campagne, véritable donjon féodal, perché sur une roche inaccessible. Le seigneur du château est un homme résolu, armé de pied en cap et prêt à vendre chèrement sa vie. Chercher à le forcer dans sa retraite inabordable pendant la nuit est une folie. Il faut remettre l'expédition au lendemain.

Les insurgés comprennent à merveille cette éloquence de la peur ; M. de Gaudemar est averti et s'évade.

Laissons-lui raconter quelques impressions de son Odyssée, semblable à beaucoup d'autres. Nous n'avons qu'à résumer ses notes.

« Le frère du juge de paix arrive vers le milieu de la nuit à ma demeure et vient me donner avis du danger que je cours.

« Je préviens ma sœur, dont je laisse à deviner les angoisses, et je pars, emportant quelque linge dans mon havresac. J'ai bientôt gagné les hauteurs voisines. Je me cache dans un bois et j'y attends le jour.

« Aux premières lueurs du matin, du point culminant où je suis placé, j'aperçois très distinctement le détachement qui envahit ma demeure. Trente insurgés y pénétrent sans obstacle ; de la distance où je suis, j'assiste invisible à la violation de mon domicile et aux perquisitions dont je suis l'objet.

» Les plus grandes précautions sont prises par les assaillants. Une troupe cerne tous les abords, tandis que les plus audacieux fouillent minutieusement la maison, de la cave au grenier.

« Enfin, après une visite des plus longues, ils partent, en proie au plus violent dépit et, pour ne pas s'en aller les mains vides, ils emmènent mon domestique.

« Je m'égare dans les montagnes de telle façon, qu'après une marche de six heures je me retrouve, à 4 heures du soir, dans une petite campagne, à peu de distance de la ville d'Aups.

« Harrassé de fatigue et n'ayant rien mangé depuis mon départ, je demande l'hospitalité à de braves gens, qui consentent à me donner asile. Ma première pensée est d'envoyer un porteur à M. le duc de Blacas.

11

« Je passe la nuit dans cette ferme ; le lendemain, je me rends à Vérignon, où j'apprends que M. de Blacas est en lieu de sûreté.

« Je vais me disposer à réparer mes forces, un peu éprouvées, avec quelques provisions que je tire de mon havresac, lorsque tout-à-coup une bonne femme, qui se tient aux aguets, vient à moi toute effarée, en s'écriant :

« — Sauvez-vous ! sauvez-vous ! les insurgés sont là !

« En effet, blotti derrière une muraille, je redresse un peu la tête et je les vois à 25 pas de distance.

« Ils venaient visiter le château de Vérignon : les dames de Blacas les accueillirent, comme on sait, avec un froid et courageux dédain.

« Je parviens à gagner les montagnes, en me glissant derrière une muraille, et quelques minutes après j'entends très distinctement la fusillade d'Aups.

« Ignorant ce qui se passe, je crois que c'est le commencement du pillage et du massacre des ôtages.

« En proie à la plus vive anxiété, j'écoute, je m'arrête à chaque pas, ne sachant quelle détermination prendre, lorsque je vois se diriger vers moi un individu, marchant à pas précipités, hors d'haleine et n'osant regarder ni devant ni derrière lui.

« Je l'attends en serrant dans ma main mon bâton, ma seule arme.

« Quand cet individu est à peu de distance, je m'approche et lui demande d'où il vient si vite.

« Il me regarde alors, je crois pour la première fois, répond qu'il vient d'Aups et qu'il est fort effrayé. Il ajoute que l'on se bat, que les rues sont jonchées de cadavres.

« Un morceau de pain me restait, je le partage avec ce pauvre diable, et je gagne le chef-lieu, décidé à demander un fusil et à suivre les soldats. En arrivant, j'apprends que l'ordre est rétabli : je reviens en toute hâte à Aups pour rassurer ma sœur. »

Nous reviendrons aussi à Aups, pour reprendre le récit des événements, que cet épisode nous a fait laisser en arrière.

LE MANCHOT.

Les bandes insurrectionnelles en retard arrivent de plusieurs points à la fois. Dans la journée du 9, Aups devient le quartier général de l'insurrection.

De toutes parts, dans les champs, parmi les oliviers à la pâle verdure, on voit flotter les éclatants drapeaux rouges, oripeaux attachés à des roseaux et portés par des femmes, frêles emblèmes de lâcheté et de sang. Le long des chemins et des sentiers reluisent au soleil des piques, des faux, des haches et des fusils qu'agitent les nouveaux arrivants, poussant des cris confus. Quelques-uns portent un pain embroché au bout de leur baïonnette. D'autres sont accompagnés de leurs femmes tenant sous le bras le panier aux provisions.

L'intrépide Brunet et la commission municipale révolutionnaire sont en permanence à l'hôtel de ville. Le clerc d'avoué, véritable mouche du coche, gourmande le modérantisme de la démagogie locale.

Non contents de décréter le désarmement général des habitants, les chefs étrangers, toujours au nom du peuple souverain, ordonnent à tous les citoyens de 18 à 50 ans de se rendre à la mairie pour marcher, sous les ordres du Manchot, sur Draguignan, sous peine d'être fusillés.

Plus de 600 hommes sont ainsi recrutés par intimidation.

Une phalange d'insurgés se range en bataille sur l'esplanade et s'ébranle bientôt au bruit des tambours, se mettant en marche vers le chef-lieu.

Les habitants d'Aups, non enrôlés, espèrent voir partir ainsi tous les contingents de l'insurrection. Ce n'est qu'un détachement envoyé au devant du général en chef Camille Duteil, attendu à Aups avec le reste de son armée révolutionnaire et les ôtages.

Le maire provisoire, président de la société secrète, se prépare à dignement recevoir son supérieur hiérarchique. Cet honnête épicier est gravement debout sur le balcon de l'hôtel-de-ville : l'anxiété attachée à toute grandeur compromettante est déjà visible sur ses traits soucieux. La tête penchée et ses longs bras croisés sur sa poitrine, fatigué déjà de lutter contre les excentricités menaçantes du diabolique clerc d'avoué véritable Asmodée de l'anarchie, le pacifique épicier commence à sentir peut-être que la couronne civique est plus lourde à porter que la simple casquette de loutre. Mazaniello de la moutarde et de la cannelle, il soupire en pensant à la paix du comptoir, et il trouve sans doute qu'il est plus doux de peser dans une balance des cornets de poivre que les destinées incertaines d'une révolution. Mais ses yeux abaissés s'arrêtent sur l'écharpe rouge qui brille à sa ceinture, et son regard se relève aussitôt radieux de fierté.

Des cris et des vivats confus retentissent au loin sur la route de Salernes, mêlés aux roulements du tambour.

Le citoyen maire se redresse de toute sa hauteur sur le balcon de l'hôtel-de-ville, prend la pose la plus héroïque possible et cherche à l'horizon, d'un regard impatient, le fameux général en chef accourant avec son escorte.

L'inévitable spahis arrive à franc-étrier, sur une rosse éreintée, laissant flotter au vent le gland bleu de son fez écarlate. Domestique travesti en paladin, il dédaigne les nuances incertaines. De tout temps les héros ont aimé les couleurs *tranchantes*.

Voici le général en chef, entouré de son état-major et de sa suite.

La suite du général se compose, sans compter le spahis, son héraut d'armes, du Manchot, d'un instituteur son premier secrétaire, et d'un second secrétaire, jeune homme du Luc, à peine âgé de 17 ans.

Comme on le voit, le journaliste perçait encore sous le général, car il avait deux secrétaires et pas un seul aide de camp en titré, à moins que le domestique travesti en spahis ne fût accepté comme tel, ce qu'on pouvait admettre jusqu'à un certain point avec un peu d'imagination.

D'autres chefs suivaient, revêtus de burnous chamarrés de poussière et d'assez vulgaires paletots plus ou moins râpés. Aucune plume ne brillait à leurs feutres déformés; mais, en revanche, le rouge le plus vif et le plus *tranchant* émaillait les haillons de leurs soldats.

On a beaucoup disserté sur la question de savoir si Camille Duteil a fait son entrée à cheval ou en voiture dans sa bonne ville d'Aups. Après avoir approfondi cette grave question, il nous a paru établi que le fameux général s'était montré tour à tour en voiture et à cheval, par cette excellente raison que la voiture n'allait pas mieux que le cheval, et qu'il était fort pressé d'arriver.

Cependant, tandis que les insurgés, au nombre de 5 à 6,000 environ, couvrent l'esplanade et se répandent dans la ville, demandant, l'arme au poing, des logements et des vivres, le général se rend à l'hôtel-de-ville et dicte plusieurs ordres du jour, empreints d'intentions fort humanitaires sans doute, mais qu'il aurait fallu pouvoir faire accepter, ce qui n'était guère possible.

Les chefs s'installent dans les bonnes maisons. Le général Camille Duteil demande l'hospitalité à M. de Gassier, qui a déjà l'avantage d'héberger le chef des Arcs: malgré sa qualité d'ancien aubergiste de village, ce dernier chef se montrait, dit-on, assez exigeant en fait de comfort.

M. de Gassier logeait, en outre, une cinquantaine d'insurgés. Il fallait payer par quelques sacrifices l'honneur de recevoir les premières notabilités de l'insurrection.

L'infatigable Brunet ne quitte point l'hôtel-de-ville, où il improvise l'organisation des approvisionnements. C'était décidément un homme précieux que ce clerc d'avoué. Les ôtages arrivent à l'entrée de la nuit et sont casernés à l'hôtel Crouzet.

Nous avons raconté ailleurs plusieurs épisodes mystérieux de cette nuit. Avant d'esquisser quelques nouveaux traits et quelques scènes de nature à donner une idée de la situation de la ville d'Aups pendant ces heures terribles, nous croyons devoir observer, d'abord, que nous tenons nos renseignements d'une personne sûre, d'un témoin oculaire, et nous tenons à faire nos réserves, ensuite, sur les intentions trop exagérées qu'on pourrait tirer de ce drame, probablement plus apparent que réel.

Vers le milieu de la nuit, le Manchot vient frapper à la porte d'un jeune avocat, M. Escole; le Manchot est armé de pied en cap, ainsi que deux estafiers, ses compagnons.

— Venez avec nous, dit-il au jeune avocat, je vais éveiller à l'instant tous les bourgeois. Les *autres* se plaignent de ne pas les voir avec eux.

Le jeune avocat se rend à l'appel et se laisse conduire à la salle de l'école communale, convertie en corps de garde par les insurgés.

Plus de cent hommes, entassés les uns sur les autres, à peu près comme des saumons de plomb, dorment pêle-mêle sur les carreaux.

Quelques paysans déguenillés entourent le poêle qui flambe au milieu de ce chenil humain.

La chaleur de ce poêle rend plus âcre et plus pénétrante l'odeur fétide qui s'exhale de tous ces corps amoncelés.

Un jeune homme à mine patibulaire, un méchant feutre sur l'oreille, écrit sur une table branlante, à la fumeuse clarté d'une chandelle.

Sur une autre table, à côté du sténographe, sont épars les apprêts sordides d'un repas à improviser: du pain, de la viande sanguinolente et crue, des ustensiles ébréchés de ménage.

Heureusement pour le jeune avocat, on vient bientôt le tirer de ce bouge infect. Il est placé en faction devant la porte d'entrée de l'hôtel-de-ville.

De nouvelles bandes arrivent sans cesse.

Celles de Brue et de Bras se font remarquer par leur attirail essentiellement rustique: des faux, des pioches, des pelles, des fourches et des bâtons.

Deux charrettes portent des femmes qui descendent, en disant dans le rude et grossier patois provençal de la contrée :

— Il faut bien que nous suivions *nos hommes* pour leur faire la soupe.

Quelques vieillards les accompagnent.

C'est toute une émigration de tribus entières. On se croirait dans la Kabylie. C'est la smala des Abd-el-Kader de la chaumière.

On tire des charrettes une assez grande quantité de provisions : pain et viandes salées.

Quelques instants après, la faction du jeune avocat, insurgé malgré lui comme tous les hommes d'ordre du pays, est terminée, et il est rejoint par un ami, ancien maître d'armes.

— Nous sommes au milieu des brigands, lui dit celui-ci. Ils veulent se débarrasser de leurs ôtages. Ils vont peut-être faire bientôt main-basse sur les bourgeois du pays. Je viens par conséquent vous proposer un moyen d'évasion.

— Mais toutes les routes et avenues sont gardées.

— N'importe, nous trouverons bien quelque issue, du côté des prés par exemple.....

On vient avertir les deux interlocuteurs de se rendre à la Mairie.

La grande salle de l'hôtel offre un aspect digne du corps de garde.

Un grabat dégoûtant occupe un des angles de cette pièce à peine éclairée : à la porte stationnent deux paysans factionnaires, chargés de ne laisser pénétrer personne.

A côté d'une table, étalant une nappe tâchée de vin et les débris d'un souper récent, sont debout les membres de la commission municipale révolutionnaire, l'épicier, maire et président de la société secrète du pays, le Manchot, capitaine du bataillon d'Aups, un mécanicien et trois autres chefs.

Ils paraissent tous consternés. Le Manchot lui-même, sans rien perdre de son assurance, semble dominé par une indignation qu'il ne peut contenir. Ses complices sont pâles, quelques-uns laissent apercevoir quelques larmes sous leurs paupières.

Ils s'approchent vivement du jeune homme et de son ami qui entrent dans la salle.

— Nous allons vous découvrir notre position, disent-ils, tâchez d'en profiter... Nous sommes cernés par la troupe de ligne... Les soldats se sont emparés du Luc, de Vidauban, de Flayosc, de Draguignan. Les insurgés étrangers, qui ont envahi notre commune, ont des projets horribles. Il ne s'agit plus de défendre le suffrage universel et la constitution violée, nous sommes tous perdus. Les nombreux ôtages, que ces misérables traînent à leur suite, sont arrivés. *Ils ne peuvent plus aller loin.* Demain les notables du pays vont être saisis. Partez-donc ! sauvez-vous !

— Partir ! et comment ?

— Votre maison a deux issues, dit le Manchot, l'une donne sur la campagne, profitez-en, avertissez vos amis et partez, au nom du ciel, partez !

— Mais le triple rang de sentinelles qui gardent toutes les avenues....

— Vous montrerez ces sauf-conduits, dit le maire, offrant un paquet de petits billets portant sa signature.

— Non ! s'écrie un autre membre de la commission, agir ainsi, c'est nous compromettre inutilement. Que ces *Messieurs* suivent tout simplement le grand chemin, après que les postes auront été relevés et confiés par nous à des hommes de notre choix.

— C'est juste, observe un autre, accompagnons nous-mêmes ces *Messieurs* jusques au dernier poste.

— Et si nous ne voulions pas fuir ! s'écrie avec impétuosité le jeune avocat.

— C'est une folie !

— Vous êtes perdus !

— Que faire ?

— Et si je partais pour Draguignan, si j'allais voir le préfet, réclamer des secours....

— Y pensez-vous ?

— Et les sentinelles!

— Et les bandes innombrables qui parcourent, dans tous les sens, le pays!

— Et la colonne, forte de 5 à 600 hommes, qui, sous les ordres de l'ouvrier Arrambide, occupe les hauteurs de Tourtour !

— Vous n'arriveriez pas à mi-chemin.

— Vous ne franchiriez pas les portes de la ville.

Cependant le jeune volontaire frémit d'impatience. Son cœur bat violemment.

Tout-à-coup le Manchot le saisit par le bras :

— Venez, dit-il, je serai votre sauf-conduit, moi !

Et ils sortent ensemble.

Ils n'ont pas encore joint la première sentinelle, qu'ils sont ramenés dans la salle du conseil auprès des membres de la commission, toujours incertains.

— Nous serons considérés comme des traîtres, dit l'un d'eux, si nous expédions un émissaire vers les commandants de la troupe de ligne.

— Si les insurgés du dehors sont capables de tout, nous, hommes d'honneur, pourquoi ne pas nous entendre et leur résister ?

— Avant qu'un seul cheveu tombe de la tête des ôtages, on piétinera sur nos cadavres.

Le Manchot persiste à vouloir expédier un émissaire à l'autorité et à laisser partir le jeune avocat.

Un autre membre lui conseille de fuir.

Un autre se tourne vers le Manchot :

— Mais êtes-vous bien sûr que les étrangers soient assez misérables pour vouloir piller, assassiner ?

— Si j'en suis sûr ! s'écrie celui-ci, la physionomie en feu, la voix éclatante, le geste impétueux.... Ils l'ont répété en plein café. Les ôtages les gênent, ils ne peuvent plus traîner à leur suite cette canaille, disent-ils. Ils les assassineront, vous dis-je !

— Mais est-ce bien possible ? réplique l'incrédule.

— Puisque vous en doutez, dit le Manchot, venez avec moi ; nous attirerons les chefs dans un lieu écarté sous un prétexte quelconque. Je leur ferai bien répéter ce qu'ils ont dit et ce qu'ils pensent, et alors......

Le Manchot, la face illuminée d'un éclair sinistre, fit un intraduisible geste.

— Si vous avez besoin d'un aide, observe l'un de ses complices, je suis là.

— Je n'ai besoin de personne, reprit le Manchot en agitant son moignon avec orgueil !

— Tenez, poursuivit-il avec une exaltation croissante, invitons tous les chefs à un repas et je vous jure de les clouer tous sur place !....

Un frémissement d'horreur saisit les assistants.

— Calme-toi, dit le maire, et raisonnons.

La discussion reprend une tournure moins personnelle, mais non moins dramatique. Enfin, après des hésitations sans nombre, le Manchot se range à l'opinion de ceux qui veulent rester dans la ville et s'entendre pour résister aux assassins.

— Jurons tous, dit-il, de nous rendre sur le Cours en armes, au premier signal que je donnerai en sonnant de la trompette ! avertissez vos amis. Je vais me concerter avec les chefs de Salernes, qui partagent nos sentiments. Les communes de Moissac et de Régusse se joindront à nous ; nous marcherons ensemble contre les brigands et les assassins, nous les exterminerons, ou nous mourrons en défendant nos concitoyens et notre pays !

Et tous jurèrent.

Le Manchot disait-il vrai ou cherchait-il à exagérer la perversité de ses complices, pour se poser en sauveur ? Nous nous abstenons de prononcer, car notre opinion pourrait être mal appréciée, à cause de la situation qui nous était faite dans ce drame où nous figurions comme enjeu. Toujours est-il que la scène a eu lieu comme nous l'avons retracée, d'après le rapport circonstancié d'un témoin oculaire.

M. Escole rentra chez lui à six heures du matin : de concert avec son père et son frère, il se mit en devoir de déterrer ses armes, qu'il avait dérobées aux investigations des insurgés, et se prépara pour la lutte projetée.

Cependant des scènes d'un autre genre se passent ailleurs.

Voici, pour donner une idée de la marche croissante de l'affreux désordre de ces dernières heures, une simple note écrite par M. le curé d'Aups et que nous transcrivons littéralement :

« *Mardi, 9 décembre, 7 heures 1|2 du matin.*

« Avis que mon dernier jour est venu et que je dois être fusillé.

« *Même jour, 3 heures du soir.*

« Sept hommes armés entrent chez moi ; ils m'annoncent qu'ils viennent s'établir dans ma maison, demandent à manger immédiatement, m'assurent qu'il ne me sera fait aucun mal. Cependant je suis gardé à vue et ne puis aller au couvent.

« *7 heures.* Huit autres insurgés viennent me demander à loger chez moi. Les premiers les congédient.

« *8 heures.* Dix se présentent de nouveau. Sur la réponse qu'il y en a déjà 15, ils vont chercher un gîte ailleurs. Un factionnaire est placé à la porte du presbytère.

« *8 heures 1|2.* Douze autres viennent demander à souper. Un quart d'heure après, douze viennent encore, deux seulement consentent à chercher un autre gîte ; treize demeurent et absorbent mes provisions d'hiver.

« *10 heures.* Vingt-cinq insurgés se présentent et demandent à manger. Je n'ai plus rien. Je leur donne de l'argent afin qu'ils puissent se procurer du pain et de la viande ailleurs.

« *10 heures 1|2.* Vingt demandent de nouveau des vivres. Nouvelle somme d'argent prise par eux.

« *11 heures.* Soixante-et-dix arrivent en désordre, l'œil hagard, la menace à la bouche, ils demandent à être logés et nourris. Ma bourse est vide et le presbytère regorge : pendant qu'ils sont là, vingt se présentent encore, ayant à leur tête un chef qui me place un pistolet armé sur la poitrine, me sommant de m'exécuter à l'instant même sur un billet qu'il me présente.

« Il m'est enjoint par ce billet d'avoir à fournir 100 kil. de pain, 50 kil. de viande et du vin à proportion. Je réponds que je ne puis suffire à ces exigences exorbitantes. Il insiste, demandant toujours ce que je n'ai pas. Un des assistants m'engage alors à faire quelques sacrifices, parce qu'on est, dit-il, *disposé à envahir le couvent; les religieuses et les pensionnaires seront livrées aux derniers outrages...*

« Cette idée me fait frémir.

« Je réponds qu'on cherche des vivres et que j'aviserai aux moyens de de tout payer.

« Menacé d'être fusillé cette nuit ou le lendemain, que pouvait être cette promesse?

« *Mercredi matin*. Une escorte d'insurgés m'accompagne à l'église. Je suis prêt à mourir. La troupe arrive. »

Quelques mois après les événements, ce digne pasteur, si cruellement éprouvé, bien qu'il fût la providence des pauvres et le zélé dispensateur des aumônes considérables de la famille de Blacas, l'honorable M. Martel a été emporté, dans toute la force de l'âge, par une courte maladie, laissant après lui d'unanimes et profonds regrets. Les impressions subies par lui pendant ces cruels instants n'ont pas peu contribué, dit-on, à cette fin prématurée.

Cinquante insurgés ont été casernés à l'hospice par l'ordre des chefs. 15 lits sont dressés dans la salle de classe. A peine l'ordre est-il donné qu'il arrive un contre-ordre. Les insurgés s'installent dans les cuisines. D'énormes marmites, regorgeant de viandes et de légumes, encombrent la cheminée. On vient annoncer aux pauvres sœurs qu'elles auront 100 nouveaux hôtes à loger et à nourrir. La supérieure est malade. Les religieuses ne savent que devenir, d'autant mieux que les allures de leurs hôtes deviennent de plus en plus inconvenantes. Des factionnaires stationnent aux portes et ne laissent passer que les femmes allant aux provisions.

Après le repas et les libations, les quolibets grossiers et les propos gaillards circulent. Ces truands ont remarqué plus particulièrement une jeune sœur.

— Nous en ferons une cantinière, dit le loustic de la troupe.

— Elle n'en sera peut-être pas fâchée, dit l'autre.

Un misérable, plus impudent encore, ose la poursuivre et porter les mains sur elle...

Heureusement ses compagnes arrivent à l'instant et l'arrachent des mains de ce misérable.

Elles passent ainsi la nuit, ces angéliques créatures, trouvant encore le temps de prier, tout en allant sans cesse du lit de leurs malades à la table de leurs indignes hôtes.

Ceux-ci ne font qu'ajourner leurs projets, car s'ils n'osent pas ouvertement outrager celles qui les servent, c'est qu'ils ont besoin de leurs services. Ils s'entre-regardent en échangeant de sardoniques sourires et d'obscènes chuchottements.

Ce qui paraît assez accrédité, c'est que pendant cette nuit les insurgés ont eu l'horrible pensée de mettre le couvent des Ursulines à la disposition des bandes. Le clerc d'avoué Brunet écrit à ce sujet à la supérieure une lettre impertinente qui heureusement ne parvient pas à son adresse. M. le curé et quelques honorables habitants se dévouent et consentent à loger les 100 individus qu'on voulait contraindre les pauvres religieuses à recevoir dans leur pieux abri.

Dans cette même soirée, une lettre anonyme parvient à la commission provisoire. On demande la tête du juge de paix. Le Manchot a le temps de prévenir la future victime et de lui faire gagner un asile sûr.

Les insurgés, ayant contraint un serrurier à leur ouvrir les portes de la vaste maison de M. de Calvi, établissent dans cette paisible demeure leur arsenal. Une vingtaine d'artificiers travaillent sans relâche à fabriquer des cartouches et à fondre des balles.

C'est là que les soldats du 50me ont trouvé quinze quintaux de poudre et deux paniers de balles, que l'on n'avait pas pris la peine d'arrondir.

Au dehors le tambour bat toujours.

La nuit s'écoule au milieu de ce chaos sans nom, dont nous avons esquissé à peine quelques traits, mais dont on peut se rendre raison en songeant que la petite ville d'Aups était au pouvoir de 6,000 étrangers, exaspérés par plusieurs jours de privations et de marches forcées, ne reconnaissant, pour la plupart, aucun frein moral, comptant sur l'impunité, les uns rêvant le crime, d'autres familiarisés avec lui.

Cependant Camille Duteil et les principaux chefs, d'après les relations concordantes de leurs hôtes, dormirent, pendant toute la nuit du mardi au mercredi, d'un long et profond sommeil, circonstance remarquable, qui rend peu vraisemblables les appréhensions du Manchot et de ses amis.

LE CLERC D'AVOUÉ, LA DAME ROUGE ET LOU LAMPÈÏAÏRÉ.

Le 10, une estafette arrive avant le point du jour.

Il est couvert de poussière, éreinté et son cheval fourbu.

Ses traits portent l'empreinte de l'effroi ; d'une voix altérée il demande à voir le général en chef.

C. Duteil dort d'un profond sommeil.

L'émissaire s'impatiente. Il a les nouvelles les plus importantes à communiquer au général.

On court réveiller celui-ci qui se rend en toute hâte à l'hôtel-de-ville. Les chefs, grands et petits, ainsi qu'une foule d'insurgés, attirés par une curiosité bien naturelle, se pressent dans la salle du conseil, haletants, éperdus.

L'estafette paraît.

— Qu'avez-vous à m'annoncer, lui dit le général en proie au légitime courroux d'un important personnage, subitement arraché à un sommeil profond ?

— La troupe de ligne est à Montfort.

— C'est impossible !

— Pardon, citoyen général, la troupe arrive de Brignoles, marchant sur Riez ; elle doit passer par Aups, tandis qu'une autre colonne est partie de Draguignan.

— C'est faux ! s'écrie le chef qui tient à conserver quelque ascendant sur ses bandes démoralisées.

— Vous êtes un espion, poursuit-il en s'adressant à l'émissaire.

— Pardon, citoyen général, je suis bon démocrate. Mon fils est dans vos rangs.

— Qu'on mène cet homme en prison, dit le général d'un ton bref.

A la suite de cet incident, les chefs des divers contingents insurrectionnels, enrégimentés par communes, reçoivent l'ordre de réunir leurs forces sur l'esplanade.

L'heure de convocation avait été fixée à 6 heures du matin ; à peine à 8 heures l'esplanade commençait-elle à se couvrir des détachements les plus zélés.

Divers mouvements ont lieu dans la matinée.

Un détachement de 200 hommes est dirigé sur Vérignon pour opérer une visite domiciliaire chez M. le duc de Blacas ; l'attitude calme et froide des dames du château tient en respect les envahisseurs.

On connaît la noble conduite du maire de Vérignon.

Par la seule énergie de son caractère, il arrête les 200 assaillants; menacé de toutes parts, il parvient à sauvegarder à la fois son écharpe et sa vie.

Un autre détachement, sous la conduite d'un chef de Salernes et composé d'habitants de cette commune, part dans la direction de Bauduen. Peut-être voulait-on l'éloigner, car on se méfiait de ses dispositions. Cette petite colonne, arrivée sur les hauteurs à un lieu nommé Cipières, se disperse aux premiers bruits de la fusillade.

La phalange des Arcs est postée à Fox-Amphoux, vers le sud-ouest, sur la route de Barjols, où son passage est signalé par le pillage de la maison de campagne de M. Roubaud.

Au moment de la fusillade, le chef de cette phalange, dont les allures étaient fanfaronnes et rudes, se laisse pourtant saisir au milieu d'une cinquantaine des siens par un seul individu, le courageux instituteur Javelly: celui-ci emmène son prisonnier et le remet entre les mains de l'autorité à Cotignac, tandis que le détachement tout entier se disperse et s'enfuit avec frénésie au milieu des rochers et des précipices environnants.

Le général enfin part du côté de Sillans, vers le sud, pour reconnaître ce point qui lui semble plus particulièrement menacé.

On le voit, ces divers mouvements avaient évidemment pour but de protéger la retraite vers les Basses-Alpes, projetée par les chefs, mais seulement pressentie par la masse des insurgés.

C. Duteil, se croyant complètement gardé du côté de l'est, c'est-à-dire du chef-lieu, par la phalange d'Arrambide; du côté du sud-ouest, c'est-à-dire de Barjols, d'où l'on s'attendait à voir arriver le colonel de Sercey, par la troupe des Arcs, C. Duteil veut reconnaître la route de Sillans, afin de mieux assurer sa retraite.

Il ne lui restait plus qu'à expédier au chef Arrambide l'ordre de se replier sur Aups et de rejoindre le corps principal, avant de se mettre en marche au milieu du jour, après la revue, vers les Basses-Alpes.

Pendant que ces divers mouvements ont lieu, les insurgés, avant de gagner les montagnes, les insurgés, complètement rassurés pour le moment, se répandent dans les magasins de la ville d'Aups et s'approvisionnent de tout ce qui peut leur être non seulement nécessaire mais agréable, au milieu des rigueurs d'une campagne d'hiver.

Les chefs surtout étaient pressés de mettre en pratique leurs commodes théories. Ils avaient probablement un vague instinct du peu de durée de leur domination : aussi le diable sait comme ils en profitaient !

Les voilà donc s'habillant, s'équipant, se chaussant, se médicamentant, s'approvisionnant de gilets de flanelle, de chaussettes, de guêtres, de bonnets, d'éperons, de brosses, de peignes, d'objets de toilette, le plus confortablement du monde, et toujours par le procédé économique de ces bons ingénieux, hypothéqués sur le succès de leur charitable entreprise.

C'était mieux que la banque d'échange de Proudhon.

On cite des traits qui seraient plaisants, si l'on pouvait oublier la détresse qui en fut la suite pour de pauvres familles d'ouvriers.

Un cordonnier, père d'une nombreuse famille, se voit enlever en peu d'instants 180 fr. de souliers confectionnés. Son magasin est complètement vide. Il ne lui reste que la chaussure qu'il porte.

Un insurgé entre et demande à être immédiatement chaussé.

Le malheureux ouvrier, les yeux mouillés de larmes, se contente de montrer au singulier acheteur, sans argent comme tous ses pareils, le magasin complétement dépouillé par les premiers visiteurs.

Ce geste était assez éloquent. Il aurait désarmé le Fra-Diavolo le plus déterminé.

Mais l'insurgé n'était pas homme à se laisser toucher par cette démonstration irréfutable.

Avec une présence d'esprit diabolique, il avise aux pieds du cordonnier une chaussure quelconque :

— Tiens, dit-il, voilà ce qu'il me faut.

L'infortuné père de famille se retranche derrrière le proverbe si connu en Provence : *Il n'est personne d'aussi mal chaussé qu'un cordonnier*.

Mais l'insurgé n'entend rien aux proverbes, cette sagesse des nations, il préfère les paradoxes et une paire de souliers aux plus élémentaires notions du bon sens et de l'humanité.

— Ils sont encore bons, dit-il, il te sera facile de t'en fabriquer une paire toute neuve pour toi, citoyen. A la guerre comme à la guerre. Il faut se contenter de peu.

Et le pauvre cordonnier est contraint de se déchausser pour ce va-nu-pieds.

On comprend, en effet, que le besoin de chaussure se fît généralement sentir parmi les insurgés à Aups. Un certain pressentiment les avertissait qu'une nouvelle journée des semelles se préparait pour eux.

Les sœurs de l'hospice, après la nuit de terreur dont nous avons essayé de donner une faible idée, sont assaillies, dans la matinée du mercredi, par de nouvelles obsessions.

Ordre leur est enjoint d'avoir à disposer une salle pour l'établissement d'un atelier de travail. Toutes les couturières du pays sont requises de confectionner des blouses. Contraintes par les plus odieuses menaces, dix jeunes filles, pâles, effarées, tremblantes, sont installées dans l'atelier.

— Dix ! qu'est-ce que cela pour tant de braves gens à peine vêtus? Qu'on aille en chercher d'autres, dit brutalement un chef.

— Celles qui refuseront de venir ici, poursuit-il, seront emprisonnées.

Les terribles préoccupations du moment sauvegardent ces pauvres créatures.

Les nouvelles qui transpirent accroissent l'anxiété des insurgés. En vain le général a-t-il fait répandre le bruit, à son arrivée, du triomphe de la cause socialiste en France. En vain a-t-il fait emprisonner le messager de Montfort. Pour les masses comme pour les individus, il est des pressentiments vagues, mais toujours facilement accueillis. D'ailleurs, ces achats ou plutôt ces pillages, chez tous les marchands, de certains objets pour se précautionner contre les fatigues d'une campagne, dénotent assez les appréhensions générales. On s'attend à une retraite dans les montagnes. Un chef parle d'un *camp* à établir sur les bords du Verdon, vers la limite des deux départements du Var et des Basses-Alpes. On fait rechercher des pelles et tout ce qui peut servir à ce projet.

Cependant le général, de retour de son excursion du côté de Sillans, convoque son état-major. Se croyant à l'abri de toute surprise, il songe à se munir d'argent, pour entretenir, à travers les Basses-Alpes, la petite armée qui le suit.

Comment faire ?

Piller, c'est gaspiller les ressources que la commune d'Aups peut fournir, c'est enivrer le soldat pour mieux l'affamer le lendemain.

Le pauvre général paraît fort embarrassé.

— Frappez de terreur les populations, et vous obtiendrez tout ce que vous voudrez, dit un des plus forcenés. 93 et 1848 n'ont avorté que par la pusillanimité des révolutionnaires. Les révolutions ne doivent jamais transiger.

Plusieurs personnes recommandables attestent à ce propos que, dans la pensée de quelques-uns des chefs, le massacre des 83 otages, mis en question le mardi soir et renvoyé au mercredi matin, était le dernier moyen qu'on devait employer pour battre monnaie, c'est-à-dire, pour extorquer de l'argent aux notables d'Aups épouvantés.

Il y avait sans doute, dans cette masse incohérente d'aventuriers, des gens capables de tous les excès, mais, comme nous l'avons déjà dit, les rapports précis et concordants des notables d'Aups nous représentent les principaux chefs comme ayant dormi d'un profond sommeil, pendant la nuit du mardi au mercredi, ce qui rend invraisemblable toute délibération prise, en ce moment, au sujet de la vie des ôtages.

Ces mêmes personnes s'accordent à dire que la vie d'un seul prisonnier était menacée.

— Si nous sommes vainqueurs, disait un chef, en parlant de ce prisonnier à son hôte d'Aups qui nous a rapporté ce trait, nous le ferons comparaître devant nous et nous lui dirons — vous nous avez traité de pillards et d'assassins. Eh bien ! voyez si nous sommes tels que vous nous représentez. Nous vous laissons aller libre, sain et sauf. — Mais si nous sommes vaincus, poursuivait le chef, il faut qu'il périsse.

Cet ôtage, à qui ces humanitaires réformateurs daignaient accorder cette flatteuse distinction, écrit en ce moment leur défaite, et il espère que ses adversaires, si bien disposés à son égard, s'ils lisent son récit, reconnaîtront qu'il n'a pas abusé du droit de représailles.

Quoiqu'il en soit, il fallut le génie d'une femme pour venir au secours des perplexités financières du général en chef.

Qui le croirait ?

C'est une dame de Baudinard, cet illustre village qui s'est signalé dans nos fastes révolutionnaires par une si éclatante initiative, c'est une dame (et non une femme vulgaire) qui eut l'ingénieuse idée de faire décréter une contribution forcée, après une discussion préalable, qui restera comme un monument curieux des procédés révolutionnaires.

Cette dame était une fleur du nord, jetée par une dérision du sort dans ce triste désert d'un misérable village, où elle s'étiolait, aspirant à s'épanouir dans un Éden plus digne d'elle.

Pour parler sans métaphore, c'était une Lorraine, frêle et vive, et, pour tout dire en un mot, *sujet magnétique* ayant réussi à fixer par un lien matrimonial son magnétiseur.

Digne d'être remarquée par son babil, même parmi les personnes de son sexe, elle aimait à parler complaisamment de plusieurs notabilités contemporaines, avec lesquelles elle affirmait avoir des relations suivies.

Si l'on ajoute à cela qu'elle dépassait cet âge terrible de 30 ans, que les moralistes s'accordent à considérer comme l'apogée des influences féminines, on comprendra que la dame de Baudinard devait aspirer à sortir de l'étroit horizon où son génie manquait d'air.

Pourquoi le magnétisme ne mènerait-il pas à tout, même à la fortune, en temps de révolution ?

Il faut bien que les somnambules fassent leur chemin, puisque le bien vient, dit-on, en dormant.

Ce fut donc cette dame qui eut l'ingénieuse idée de faire décréter une contribution forcée.

Pour user envers elle de courtoisie, nous nous contenterons de désigner cette reine *Mab* de l'insurrection sous un simple pseudonyme — la *Dame Rouge*.

Le mari de la Dame Rouge présidait l'assemblée de tous les chefs de communes, convoqués *ad hoc* et appelés à donner leur avis sur la contribution forcée.

Comme on le pense bien, cet impayable clerc d'avoué, qui avait déjà montré tant de talent pour l'administration, se trouvait là dans l'exercice naturel de ses fonctions.

C'était à lui que revenait l'honneur, sinon de présider, tout au moins de diriger ces enchères de la spoliation.

Mais l'âme de cette scène, c'était la Dame Rouge, qu'un témoin oculaire nous représente, « négligemment accoudée sur la tablette de la cheminée et stimulant le zèle trop timide du tribunal masculin par des observations sarcastiques, tandis que les chefs des diverses communes défilent successivement devant les *inquisiteurs* financiers. »

Les enchères sont ouvertes :

A tout seigneur, tout honneur. Le chef de *Baudinard* est interpellé le premier.

— Combien vaut *Baudinard* ? s'écrie d'une voix d'huissier le malin clerc d'avoué.

— Pas grand chose, répond le chef d'un ton piteux. Baudinard est pauvre, Baudinard n'a rien..... qu'un mauvais procès.

— Mais Sabran est riche, riposte l'intrépide Dame Rouge.

— M. le duc paiera, dit le président subjugué.

— Ecrivez Sabran pour 10,000 fr., dit la Dame Rouge affectant une pose gracieuse et non sans quelque prétention aristocratique.

— Sabran 10,000 fr., adjugé, dit le malin clerc d'avoué, c'est écrit !

— Combien *Bauduen* ?

— *Bauduen* est dans la misère, dit le capitaine D.....

— Personne ne dit mot, observe le facétieux clerc d'avoué.

— Allons, dit la Dame Rouge, il n'y a donc plus de riches.

— Du train dont on y va, ce sera bientôt fait, objecte quelqu'un dans la foule.

— Et le citoyen Gassier, riposte un membre de la commission, électrisé par un sourire de la Dame Rouge ?

— Notez Gassier, 10,000 fr., ajoute celle-ci.

Puis elle murmure entre ses dents :

— Prix d'un beau cachemire de ma couleur !

— Adjugé, dit le clerc de procureur !

— C'est un brigandage absurde et infâme, s'écrie dans un transport d'indignation le capitaine D....., membre de la commission révolutionnaire.

Les membres du tribunal s'entre-regardent stupéfaits.

La Dame Rouge lance au capitaine son regard le plus vipérin.

— Je ne puis m'associer à cette ignoble scène et je me retire, dit le capitaine D....

Le président se mord les lèvres de dépit, mais sa femme tient le tribunal sous le magnétisme de son regard.

Le clerc d'avoué vient à son aide :

— Combien *Artignosc* ?

— *Artignosc* n'est pas plus riche que *Baudinard* et *Bauduen*.

— Nous y reviendrons, dit le président un peu embarrassé. Ce n'est point une spoliation, c'est un *emprunt*......

— Légèrement forcé, dit une voix dans la foule.

— La république démocratique et sociale paiera, observe le président.

— Avec du sang, répète l'écho invisible.

Le clerc d'avoué lui-même ne rit plus, la Dame Rouge est impassible, comme une somnambule en extase.

— Passons à Aups, dit-elle.

— Personne ne dit mot.

Un individu veut prendre la défense d'Aups. Il y avait tant à dire! Cette pauvre commune n'avait-elle donc pas assez donné à ce monstre dévorant de l'anarchie, qui, dans quelques heures, avait épuisé toutes ses ressources, et plongé dans la détresse toutes les familles, pauvres et riches ?.

Le défenseur d'office ne peut se faire entendre.

Le tribunal le supplée.

M. Gassier, M. Layet, M. Roubaud, M. le juge de paix, etc., sont successivement imposés.

— Passons à *Brue-Auriac*.

— Clappiers pour *Brue*, 10,000 fr.

— C'est écrit, dit le maître clerc de la basoche démocratique.

La séance continue ainsi.

— Prenons d'abord 40,000 fr., poursuit le clerc, et réalisons, c'est l'essentiel.

On applaudit.

L'étrange procès-verbal de la séance est signé.

Les membres du tribunal reçoivent les félicitations empressées de la Dame Rouge.

Le clerc d'avoué rayonne.

C'est le plus beau jour de sa vie !

Mais il n'est pas homme à se contenter de rédaction; il songe à l'encaissement en espèces d'or ou d'argent, ayant cours de monnaie et non autrement, au titre, poids et valeur de l'empire ou de la monarchie, peu lui importe l'effigie.

C'était en vérité une forte tête et un grand philosophe démocratique et social que ce clerc d'avoué !

Madame Layet et MM. Gassier, Roubaud, etc., sont mandés devant le conseil, à l'effet de *comparoir*, nantis de leurs sacs bien et dûment ficelés, et de se voir condamnés à faire hommage patriotique au tribunal révolutionnaire du contenu de leurs coffres, à peine de dépens, dommages-intérêts, expropriation pour cause d'utilité publique, incarcération et le reste.

Le maître clerc était homme à revêtir le protocole de toutes les formes légales.

Les huissiers démocrates sont déjà partis.

M. Gassier se trouve à l'hôtel-de-ville et se dispose à traverser la foule compacte des insurgés couvrant l'esplanade, murmurant, fourmillant, grouillant et agitant des armes hideuses sous une forêt de drapeaux rouges déployés.

Le tribunal spoliateur frémit d'impatience.

Le clerc d'avoué se caresse le menton en souriant.

Il lui semble entendre le son argentin des *espèces* !

....

—Pin ! pan !

—Pif ! paf !

Voici le sifflement des balles qui remplace le tintement des écus.

La providence répond à l'assignation du maître clerc, en lui envoyant, pour lui faire son compte, à lui et à tous ses pareils, quelques bons sabres à cheval et quelques baïonnettes qui ont du cœur et des ailes.

L'apprenti procureur, à cette *comparution* inattendue, perd la tête et la plume, l'une vaut l'autre, cherche son cœur qu'il ne trouve pas, mais retrouve des ailes à ses pieds, pareil au citoyen Mercure, ce dieu du paganisme démocratique.

Il fuit à fond de train, à toute vapeur, comme un débiteur devant son créancier, comme un diable aspergé d'eau bénite.

Mais ces papiers, révélateurs de toutes les turpitudes de ces quelques heures de socialisme, ils vont devenir la proie des vainqueurs, ils verront le jour!..

L'apprenti procureur n'a pas le temps d'y penser et de dire :

—Tout est perdu, fors l'honneur.

Il fuit, il fuit toujours à toute vitesse, avec rage, car, hélas! il ne peut pas même répéter comme son patron Bilboquet :

—Sauvons la caisse!

Les papiers épars sur la table sont précipitamment jetés dans le feu par des mains invisibles.

La Dame Rouge disparaît comme la plus fantastique Dame Blanche.

L'esplanade est déserte.

Tout le monde fuit. C'est une contagion, une frénésie, un délire inexprimables.

Le sol ondule et tremble.

La fusillade éclate dans le vide.

C'est un horizon de semelles ferrées qui s'efface!..................
....

—Pin! pan!

—Pif! paf!

Le compte est bon!!!.....

Tout fuit, même un honnête ouvrier du pays, dit lou *lampejaïré*.

On entend, comme moralité de la pièce, sa voix narquoise dans le lointain :

—*L'avèn la libertà, la libertà..... dé courré!* (1).............
....

---

(1) Nous l'avons la liberté, la liberté..... de courir!

DU CHEF-LIEU A AUPS.

TOURTOUR.

Du chef-lieu à Aups, dans la direction de l'est à l'ouest, s'étend une chaîne de montagnes, avant-poste des Basses-Alpes, dominant le département.

Vers le centre du versant méridional de cette chaîne très-accidentée, coupée par des gorges et des ravins, en partie dénudée, en partie couverte de beaux chênes-verts épars et de bouquets de pins, on reconnaît de loin, à sa fraîche ceinture de prairies toujours vertes, le haut village de Tourtour.

Un chemin de traverse, passant à quelques mètres au nord de ce village et serpentant au milieu des croupes et des ondulations des montagnes, relie Aups au chef-lieu.

C'est par ce chemin abrupte, tourmenté, montueux et qui va s'élevant graduellement depuis le bassin de Draguignan, presque de niveau avec la plaine de Fréjus, jusque vers les plateaux supérieurs de la frontière nord du Var, c'est par ce chemin que, le 10 décembre, avant le jour, la colonne expéditionnaire du brave commandant Trauers, renforcée de quelques soldats du train et d'une cinquantaine de gendarmes à cheval, se dirige vers la petite armée socialiste.

M. Pastoureau, préfet du Var, marche à côté du colonel, laissant sa voiture vide derrière lui, soit par suite de l'impatience et de l'indignation qu'il ressent, soit à cause des difficultés de la route.

La colonne expéditionnaire, marchant d'un pas rapide, traverse le village de Flayosc, silencieux et endormi, quelques instants avant que l'aube, peu matinale dans cette saison, blanchisse les crêtes des montagnes.

En sortant de Flayosc, la colonne quitte la route de Barjols pour s'enfoncer à droite dans le chemin de traverse qui suit les sinuosités des premières hauteurs.

Le jour commence bientôt à poindre.

Il éclaire la marche de plus en plus rapide des soldats, pleins d'ardeur et de cette jovialité toute française, qui semble croître avec la fatigue et le danger.

Ils échangent de joyeux propos, et ces lazzis leur font tout oublier pour ne leur laisser que le souvenir du devoir et de l'honneur.

A côté de M. Pastoureau on remarque un jeune volontaire infatigable. C'est notre compatriote et ami, le brave Devaux, dont nous connaissons depuis longtemps le cœur d'or et la jambe de fer. Il sert de guide à la colonne dans ces gorges inexplorées.

En tête des gendarmes, un autre volontaire, que nos lecteurs ont déjà nommé, le jeune comte Edouard de Colbert fait caracoler son cheval arabe sur les pentes les plus abruptes.

La colonne a bientôt dépassé les hauteurs couvertes de plantations de vignes et d'oliviers symétriquement alignés sur un sol pierreux comme des régiments en ordre de bataille. Des mamelons déboisés, et rendus incultes à force de culture inintelligente, laissent apercevoir çà et là quelques échantillons des anciennes forêts couvrant jadis l'antique sol des Gaules.

Avant de dépeupler le monde moral, la Révolution a porté la perturbation dans le monde physique.

La hache révolutionnaire a préludé au renversement des lois sociales par l'abus des dons et des produits de la nature.

Qui ne comprend aujourd'hui que le déboisement de nos montagnes, remontant à plus d'un demi-siècle, résultat d'une cupidité imprévoyante et aveugle, que le déboisement est une des principales causes des perturbations atmosphériques de notre climat et de l'appauvrissement de notre sol?

Tout se lie et s'explique. Les chênes sont tombés avec les croyances sociales, et les torrents ont raviné nos collines, en même temps que les idées révolutionnaires desséchaient les cœurs.

Il est vrai que les conditions de l'ordre social peuvent être modifiées par de nouvelles ressources, que la Providence tient sans doute en réserve pour le travail et le génie de l'homme.

Fille de ce travail et de ce génie, l'industrie, dont l'unique base est l'intérêt, comprendra-t-elle le besoin de s'appuyer sur la foi, dont l'indestructible levier est la charité, c'est-à-dire le dévoûment?

De cette union dépendent les destinées de la civilisation moderne, destinées qui peuvent être désastreuses ou magnifiques, selon que le dévoûment sera étouffé par l'intérêt, ou que le travail, le génie humain, l'industrie seront guidés, fécondés, moralisés, ennoblis par l'esprit de sacrifice, de charité, de dévoûment, par la foi.

Nous campons sur un sol couvert de débris, au sein d'une nature épuisée, en attendant que l'ordre nouveau surgisse des ruines de l'ordre ancien.

En présence de l'héroïsme indomptable de notre armée, il est permis d'espérer encore, car voyez-les, ces braves défenseurs de la patrie et de l'ordre, voyez-les courant prestement et allégrement par cette route affreuse, haletants, essouflés, mais toujours souriants.

Où vont-ils ainsi? à la mort peut-être et, dans tous les cas, à une triste besogne, car après tout, quelque mépris qu'ils aient de la vie et quels coupables que soient les malheureux poursuivis par eux, n'allez pas croire qu'au fond rien ne remue au fond de leurs cœurs à la pensée d'échanger des coups de fusil avec des hommes, des compatriotes, d'anciens amis peut-être.

Voyez-les, descendant et remontant du même pas vallons et collines, pour redescendre et remonter encore; il y a cinq jours qu'ils font ce métier-là; et ils vont toujours du même pas, avec la même ardeur, le même entrain, la même gaîté.

Oui, de la gaîté, et une gaîté croissante, car plus pénible est un devoir, plus grande est la satisfaction que l'on éprouve à l'accomplir, quand on affronte résolument les premiers obstacles.

Et puis, ils savent qu'ils approchent du but de leurs interminables poursuites, et qu'ils ont plus de 80 victimes innocentes à sauver; une voix secrète leur dit qu'une foule de mères, d'épouses, de sœurs et d'enfants les encouragent de loin de toutes les puissances de leurs cœurs, les bénissent d'avance de toutes les forces de leurs âmes, et ils vont, ils vont toujours, montant et descendant pour monter et redescendre encore, chantant, plaisantant et riant de leurs déceptions même, de leurs fatigues, de leurs périls, de leurs misères, confondant la vulgarité et le sublime, tant l'héroïsme est chose banale pour eux.

Ils ont déjà franchi le ravin profondément encaissé du pont de Floriéyes, cet étroit défilé dominé par des escarpements, où il eût été si facile à quelques hommes audacieux de tenir en échec ou d'écraser toute la colonne expéditionnaire.

C'est là que les braves gendarmes, déguisés et envoyés en avant pour s'informer de la situation des ennemis, ont failli être assassinés par les insurgés.

Ceux-ci ne doivent pas être loin.

L'ardeur des soldats redouble à cette pensée. Ils gravissent plus vivement que jamais le chemin qui va s'élevant jusque vers les abords de Tourtour. L'aspect du pays change. Aux chênes épars sur un sol aride et dépouillé, succèdent des sites plus frais et l'éternelle verdure des pins aux longues feuilles. A chaque pas l'horizon s'élargit et le regard plane au loin, tandis que, des deux côtés de la route, les eaux ruissellent abondantes sur les plateaux toujours gazonnés.

Enfin, près d'atteindre un point culminant, d'où la vue embrasse le midi et l'est du département et commence à plonger vers l'ouest dans la direction des Bouches-du-Rhône et de Vaucluse, nos intrépides libérateurs croient apercevoir des groupes épars sur les crêtes des collines.

Ce sont les 600 insurgés commandés par l'ouvrier Arrambide, postés en observation aux environs de Tourtour et divisés en divers détachements.

Cette troupe est l'élite sans doute de la petite armée socialiste, s'il faut en juger par l'importance du poste qu'elle occupe.

Quelques védettes sont placées en avant.

L'une d'elles aperçoit les pantalons garance des soldats.

A l'aspect de cette couleur, si chère pourtant à ses pareils, l'insurgé pâlit, laisse tomber son arme et s'enfuit à toutes jambes, poussant un cri d'alarme, auquel répond, reproduit par tous les échos, sur tous les tons et dans tous les dialectes du patois indigène, un irrésistible, un prodigieux, un frénétique *sauve qui peut*.

A l'instant même, et comme si la baguette d'une fée eût frappé les maisons du village, les pentes des prairies, les abris des rochers et des arbres, pour en faire surgir une armée de démons épouvantés ou de satyres ahuris, on voit s'ébranler et se précipiter, de tous les côtés à la fois, un tourbillon de fuyards, avalanche humaine, trombe vivante, vertigineuse vision !

Effarés, éperdus, haletants, ils vont, ils vont toujours, emportés par le délire de l'épouvante, glissant sur la molle pente des prairies, bondissant de rochers en rochers, bousculés dans la fange des ruisseaux, se précipitant les uns sur les autres, tombant pour se redresser, se redressant pour tomber encore.

Ils vont, ils vont toujours, sans jeter un seul regard en avant, en arrière, sous leurs pas. Un bassin est là. Tête baissée ils y plongent... dans un demi-mètre de vase, car le bassin est vide. A peine tombés, ils sont debout et reprennent leur course, protégés contre de nouvelles chutes par une molle cuirasse de boue.....

Gloire à la démagogie sur les hauteurs de Tourtour et paix sur la terre à ces fuyards de bonne volonté!

LA BAUME.

Au sud-ouest et un peu au-dessous du haut village de Tourtour, caché dans les replis de la montagne, souriant au soleil au milieu d'abondantes eaux et d'épais ombrages, est situé le domaine de La Baume, appartenant à une de nos plus honorables familles du chef-lieu.

L'habitation agreste est entourée par de pittoresques hauteurs. Sur l'une d'elles s'élève, comme sur un cap aérien, une vieille tour sarrazine.

A côté de l'habitation une petite chapelle est enfouie sous un vert manteau de plantes grimpantes, parmi lesquelles on remarque les rubicondes guirlandes d'un buisson ardent, emblème de foi et de charité.

Des grottes aux bizarres stalactites, de grands arbres penchés sur d'énormes roches moussues, d'où les eaux s'épanchent en nappes bruyantes et pures, un immense horizon qui s'étend au midi sur les dentelures bleuâtres des montagnes du littoral, en font un séjour digne d'un penseur ou d'un artiste chrétien.

C'est là, en effet, qu'un de nos amis, s'il nous est permis d'usurper ce titre, c'est là que M. Edouard de La Baume a écrit, en regardant dans son cœur, à côté et autour de lui, ces délicieuses et saintes pages où il nous montre *Marie*, la femme chrétienne, si rayonnante et si belle, qu'on se prend à l'aimer comme une beauté idéale, en l'adorant comme une sainte.

Mais sous d'aussi belles fictions se cachent des réalités non moins touchantes. L'auteur de *Marie* est un de ces rares écrivains pour lesquels un livre n'est pas une pure fantaisie, mais un reflet sérieux de la conscience.

Les pauvres et les malades de Tourtour et des campagnes environnantes savent bien que *Marie*, la femme chrétienne, et son digne fiancé ont existé pour eux.

Eh bien ! l'anarchie a fait irruption dans cette retraite inabordable et sainte. Tant de charité, tant de vertus n'ont pu défendre cette maison si respectée des outrages de l'invasion, et, profanation plus triste encore, la calomnie des vaincus a osé s'attacher, après la défaite, à ce nom béni par les pauvres de la contrée.

Le 9 décembre, Arrambide, allant prendre position sur les hauteurs de Tourtour, expédie de Villecroze cent hommes de sa troupe pour aller procéder au désarmement de La Baume.

Ils arrivent; l'absence des maîtres augmente leur audace. Ils se disposent à employer la violence pour entrer; le fermier se hâte de leur ouvrir. A peine introduits, ils enfoncent les portes, brisent tout, malles, placards, armoires, secrétaires : le linge, les papiers d'affaires et de famille, les plus petites boîtes, les objets même de toilette appartenant à Mlle de La Baume, tout est pillé, dévasté, jeté çà et là sur les parquets. Des objets de prix, entre autres un sabre richement ciselé, provenant de la succession du vertueux duc de Penthièvre, sont emportés par les pillards.

Tandis qu'une partie du détachement se livre à ces dévastations à l'intérieur, l'autre partie des assaillants cerne au dehors l'habitation.

La chapelle seule est respectée.

Parmi ces forcenés, étrangers pour la plupart aux deux communes voisines, Villecroze et Tourtour, se trouvait un insurgé de Barjols, le sieur Martin dit Bidouré, qui devait reparaître à La Baume autrement qu'en envahisseur.

L'ÉMISSAIRE.

La colonne expéditionnaire a dépassé le village de Tourtour, laissant fuir dans tous les sens la troupe d'Arrambide.

Personne assurément ne pouvait songer à disputer le prix de la course à des gaillards de cette force, d'autant mieux qu'ils avaient l'avantage de connaître ces collines et ces bois, qui leur offraient des lieux d'asile dans les grottes et les ravins.

Les soldats continuaient à suivre la route d'Aups, couronnant les hauteurs au pied desquelles s'abrite La Baume ; ils venaient de laisser à gauche la tour sarrazine dominant la vallée, lorsque, au détour du chemin, les gendarmes à cheval, marchant en tête de la colonne, aperçoivent un cavalier accourant à franc étrier.

C'est Martin dit Bidouré, l'émissaire envoyé par C. Duteil vers Arrambide.

Les gendarmes se précipitent vers lui et le renversent d'un coup de pistolet tiré dans l'oreille.

L'émissaire tombe, frappé en outre de quelques coups de sabre. On le fouille et on trouve sur lui l'ordre du général en chef.

Aussitôt nos libérateurs, instruits de la situation par cette providentielle rencontre, s'élancent au pas de course, avec une rapidité d'autant plus grande, qu'ils arrivent bientôt sur le versant des dernières ondulations de ces montagnes.

Laissons-les poursuivre leur route et restons auprès de Martin dit Bidouré, pour achever de raconter l'épisode qui le concerne et qui a été inexactement rapporté.

A peine le dernier soldat a-t-il disparu, que l'estafette Martin se redresse et regarde autour de lui.

Le pistolet, déchargé à bout portant dans l'oreille, ne contenait pas de balle. Elle était tombée probablement du canon de l'arme. L'estafette n'avait été qu'étourdi par le coup ; il en était quitte pour quelques entailles de sabre, assez graves mais point mortelles.

Lorsque Martin est un peu remis d'une pareille secousse, il aperçoit, à deux cents mètres au-dessous de lui, le toit de La Baume. Il n'a qu'à se traîner sur la pente des collines pour gagner ce gîte, visité par lui, la veille, dans des dispositions bien différentes de celles où il se trouve en ce moment.

Si ce malheureux était en état de comprendre la logique des faits et de reconnaître l'intervention manifeste de la Providence dans les évènements humains, combien il devait regretter d'avoir envahi cette demeure maintenant son seul asile.

La suite de ce récit nous prouvera que Martin n'était pas incapable d'éprouver de pareils sentiments.

Quoiqu'il en soit, il se traîne jusqu'à La Baume, où il est accueilli par le fermier avec tous les égards dus à sa triste position.

Malheureusement pour lui, le fermier, après avoir cédé à un premier sentiment de commisération, ne tarde pas à se raviser.

Apprenant la défaite d'Aups, et, avec cette tendance qu'ont les cultivateurs de nos contrées à redouter l'intervention de l'autorité, surtout en de pareils moments, comprenant qu'il risque de se compromettre en gardant plus longtemps un insurgé blessé sans en instruire le maire du village, il se rend, le soir du même jour, auprès de ce magistrat, pour lui faire connaître le nom de son hôte (1).

L'autorité, ainsi avertie, fait saisir, deux jours après, le malheureux blessé ; il est conduit à Aups pour y être fusillé le dimanche.

Cette exécution est accompagnée de quelques circonstances dignes d'être rapportées, car elles prouvent que Dieu n'abandonne jamais complètement ceux qui, au milieu des plus grands écarts, sont encore assez heureux pour conserver un vague instinct de foi et d'humanité.

Avant l'insurrection, Martin avait dit aux parents de M. le curé de Vérignon :

---

(1) Un journal, rédigé à Nice par des chefs de l'insurrection réfugiés dans cette ville, a publié sur cet épisode un récit complétement erroné.

On prétend, dans ce récit, que M. de La Baume père a révélé à l'autorité l'asile de l'estafette Martin, fusillé à Aups.

M. de La Baume était au chef-lieu pendant ces déplorables évènements. Il ne s'est transporté à La Baume que le dimanche, jour de l'exécution. Loin d'avoir révélé à l'autorité l'asile de l'estafette blessé, c'est un conseiller de préfecture, son ami, qui, à sa grande surprise, lui a fait connaître cette singulière circonstance, ainsi que le fait nous a été rapporté à nous-même, avant que l'article du journal de Nice, l'*Echo du Peuple,* eût été clandestinement répandu dans le Var.

Nous laissons aux gens honnêtes de tous les partis le soin d'apprécier ces machinations d'incorrigibles prédicants de révolte qui, le lendemain d'une défaite, dont ils ont lâchement laissé retomber tout le poids sur les populations égarées par eux, ne songent qu'à les replonger de nouveau dans les horreurs d'une guerre impie, dont ils n'ont plus à courir eux-mêmes les dangers et les chances, en propageant des récits faux, calomnieux, de nature à entretenir une irritation injuste et sans fondement.

— Si on tue les prêtres, je sauverai du moins M. le curé.

Or, le dimanche, 14 décembre, le malheureux Martin, quelques instants avant l'exécution de l'arrêt qui le condamnait à être fusillé, se trouvait à l'hospice, lorsqu'il voit passer un prêtre qu'il croit reconnaître.

Ce prêtre, c'est M. Bonnet, curé de Vérignon, qui était venu à Aups, ignorant le sort réservé à son étrange protecteur de la veille.

L'estafette, à la vue de ce prêtre qui lui rappelle de vagues souvenirs, se sent attiré vers lui.

— N'êtes-vous pas M. le curé de Vérignon, lui dit-il?

— Oui, mon ami, répond M. Bonnet.

— De grâce, confessez-moi, s'écrie le condamné, les yeux mouillés de larmes.

Les soldats s'éloignent attendris.

Martin tombe à genoux en donnant les marques du plus sincère repentir, puis, après avoir reçu la bénédiction du prêtre, il marche à la mort avec calme, fermeté et résignation.

Quel dommage qu'un pareil homme n'ait pas fait le sacrifice de sa vie pour une meilleure cause !

Gardons-nous de jeter indistinctement l'anathême sur tous ceux qui paraissent coupables : ne méprisons pas ce que nous ignorons. Il n'est jamais trop tard pour réhabiliter, on a toujours le temps de flétrir.

Point de haine systématique ! point de proscriptions générales ! point de flétrissures collectives!

Pour nous qui voulons, avant tout, étudier froidement et impartialement les faits, pour nous qui recherchons surtout dans les douleurs du passé les espérances de l'avenir, pour nous qui voulons sonder toutes nos blessures, non pour les envenimer, mais pour les guérir, nous aimons à constater tout symptôme, quelque faible qu'il soit, de retour vers les idées chrétiennes, au milieu de tant de désordres contradictoires.

Si nous avons flétri avec douleur les scènes sauvages qui ont accompagné l'assassinat de Cuers, si nous avons tenté de mettre en relief l'inepte voltairianisme des insurgés des Mayons-du-Luc, de Brue-Auriac et de quelques esprits forts de Baudinard, nous sommes heureux de signaler la conduite de C. Duteil s'opposant à l'envahissement du lieu saint à Lorgues, le respect dont la chapelle de La Baume a été l'objet, et la résignation chrétienne de l'estafette Martin en face de la mort.

Dans ce chaos insurrectionnel tous les crimes ont pu se produire, mais la masse n'a point systématiquement outragé les signes de notre culte, comme nos pères l'ont vu, il y a soixante ans.

Des scènes horribles, dégoûtantes, qu'une plume honnête n'ose retracer, des scènes de viol et de sacrilège ont frappé d'un stygmate indélébile l'insurrection de décembre à Bédarieux et à Clamecy, mais l'impiété systématique et générale n'apparaît point en 1851 comme en 93. C'est un fait à constater et nous le constatons avec bonheur, car il vient corroborer cette observation, déjà reproduite dans le cours de notre récit, que l'impiété dégénère au point d'être abandonnée par les démocrates intelligents ou de bonne foi.

Que l'idée chrétienne soit totalement défigurée par ceux qui osent lever l'étendard de la révolte, c'est malheureusement incontestable. Que des énergumènes, se proclamant bien haut les sectateurs de l'homme-Dieu qui a dit — Aimez-vous les uns les autres — comprennent si peu cette autre parole du même révélateur divin — Qui se sert de l'épée périra par l'épée, — c'est une contradiction manifeste et déplorable.

Toujours est-il cependant que l'idée chrétienne, toute faussée qu'elle est, existe en germe dans la masse. C'est une hérésie, mais l'hérésie qui naît de l'ignorance ne vaut-elle pas mieux que l'incrédulité et l'indifférence de ceux qui ont pu largement puiser aux sources de l'instruction et de la foi ?

C'est une question à soumettre aux méditations des esprits forts de la bourgeoisie.

AUPS.

L'ESCARMOUCHE.

Le 10 décembre 1851 sera, pour tous les habitants du Var, une date mémorable, date de deuil pour quelques-uns, date de reconnaissance pour le plus grand nombre, même parmi ceux qui, entraînés de vive force ou par ignorance dans une lutte insensée, ne demandaient qu'une occasion ou un prétexte pour sortir de cette situation sans issue, situation dont ils n'avaient pu mesurer d'abord, il faut le croire, toutes les conséquences.

Depuis deux jours, les chefs de l'insurrection ne pouvaient guère se faire illusion sur les résultats de leur folle entreprise; depuis la veille, la masse insurgée elle-même, malgré les efforts et les subterfuges des chefs, pressentait aussi que la partie était perdue. Ces malheureux n'avaient plus qu'à chercher un asile dans les Basses-Alpes non encore pacifiées, et à gagner par les montagnes le Piémont.

C'est dans ce but que les chefs avaient décreté et se hâtaient de réaliser un emprunt forcé, c'est dans ce but aussi qu'avaient été prises les mesures de précaution dont nous avons déjà rendu compte.

Tandis que les notables d'Aups sont mandés à l'hôtel-de-ville, toutes les forces insurrectionnelles sont massées sur l'esplanade et ses abords.

Cette esplanade, ouverte du côté du sud et de l'ouest, est bornée au nord-ouest par l'hôtel-de-ville et une espèce de place dans l'enfoncement de laquelle se cache vers le nord l'hôtel Crouzet : au nord-est sont groupées les maisons et l'église précédée d'un carrefour où viennent aboutir diverses rues, notamment la rue Saint-Pancrace, traversant la ville dans toute la longueur et donnant une issue vers les montagnes par le portail des Aires.

Du côté où l'esplanade s'ouvre sur la plaine d'Uchâne, se prolonge vers le sud le chemin de Sillans.

Entre ce chemin et le chemin de Tourtour, longeant le pied des montagnes vers le sud-est, s'étendent de belles prairies que domine l'esplanade, terminée de ce côté par un parapet.

Le chemin de Tourtour vient toucher la ville par la porte Saint Sébastien, située à une certaine distance à l'est, mais il vient aboutir à l'esplanade en longeant extérieurement les maisons derrière l'église.

A 10 heures, tous les contingents insurrectionnels, formant une masse de 5 à 6,000 hommes environ, ayant chacun à leur tête les chefs de communes, sont rangés en bataille sur l'esplanade et dominent les prairies.

C. Duteil est au centre de ce grand rassemblement armé qu'il inspecte rapidement.

On n'entend ni clameurs, ni vivats trop bruyants. Soit par suite d'une lassitude générale, soit à cause des appréhensions du moment, on peut remarquer un certain calme dans les rangs de cette masse de chapeaux gris, de vestes brunes et de blouses bleues, sur laquelle se détachent quelques coiffures de femme, d'une équivoque blancheur, des armes de toutes les formes et des étendards écarlates de toutes les dimensions.

Le général, qui a parfaitement dormi pendant toute la nuit, paraît beaucoup plus calme que d'habitude.

Il cherche, pendant quelque temps, sur une carte du département, à se rendre compte des points par lesquels il peut opérer sa retraite, et il prend la parole, probablement pour préparer ses troupes au mouvement projeté.

Dès que le général fait entendre sa voix, les insurgés, stationnant du côté des prairies, tournent le dos au parapet qui domine la campagne, et se pressent vers le centre de l'esplanade, comme pour écouter la harangue de leur chef.

Après l'inévitable exorde sur la violation de la constitution, le général dit à ses soldats, qu'ils représentent le pays légal et qu'ils ont le droit de se révolter contre le pouvoir, celui-ci ayant foulé aux pieds la loi fondamentale.

La foule écoute avec la plus grande attention cette apologie de la révolte; lorsque, au milieu de ce silence universel, d'un groupe de femmes, placé à l'angle sud-est de l'esplanade, part ce cri perçant, à l'instant répété sur tous les points :

—Voici les soldats !

En effet, en ce moment, l'avant-garde de la colonne expéditionnaire, masquée jusque-là par les replis du terrain et les sinuosités de la route de Tourtour encaissée entre deux murs au pied des collines, l'avant-garde débouchait à côté d'une fabrique située à 400 mètres de la ville.

Un moment auparavant, le colonel Trauers, se trouvant à la tête des soldats, s'était arrêté, considérant la position avantageuse et le nombre considérable des insurgés.

En homme expérimenté, il prévoit que, si la masse insurrectionnelle est disposée à résister, comme tout doit porter à le faire présumer, il peut voir tomber à la première décharge générale de l'ennemi, vu la position qu'il occupe, plus de 150 soldats tués ou blessés.

Pendant qu'il examine froidement et d'un coup-d'œil rapide la disposition des lieux, probablement dans le but d'opérer stratégiquement et d'agir de façon à se rendre maître de la ville, en exposant le moins possible la vie des soldats, M. le préfet a quitté sa voiture et se trouve à ses côtés.

Le brave commandant se tourne alors vers le premier magistrat du département, pour lui communiquer sa pensée.

La physionomie énergique de M. Pastoureau s'anime, son geste est impatient, son regard flamboie.

Au moment décisif, emporté par son irrésistible impatience, il s'écrie :

—Voilà cinq jours que nous poursuivons ces misérables, sans pouvoir les atteindre. Maintenant que nous les tenons, pourquoi hésiter à les attaquer ? en avant ! en avant !

A ces nobles paroles, le brave commandant improvise son plan d'attaque : l'homme de l'art a parlé d'abord, l'homme de cœur n'a pas besoin d'être stimulé pour agir.

A l'instant, il éparpille en tirailleurs dans les prairies, entre les chemins de Tourtour et de Sillans, deux compagnies d'élite, tandis que le reste de la colonne et la cavalerie s'avancent résolument vers la porte Saint-Sébastien.

Cependant, à l'apparition des soldats, quelques chefs ont tenté d'exciter au combat les insurgés les plus rapprochés du parapet. L'un d'entre eux distribue à ses hommes de la poudre et des balles, en les encourageant par quelques paroles rapides. Ces conscrits de l'émeute, démoralisés, ont l'air d'accepter avec empressement ces munitions, mais le chef s'aperçoit bientôt que les balles, introduites par le haut des pantalons, tombent aux pieds de ces héros de contrebande.

Malgré l'avantage d'une admirable position, les chefs, à l'aspect général de la masse insurgée qui s'ébranle, voient que la partie est perdue.

C. Duteil, entouré de quelques chefs, se met à la tête des insurgés les plus résolus et les mieux armés, en s'écriant:

—Compagnie de la Garde-Freinet, en avant!

Et il se dirige ainsi, à pied et non à cheval, ainsi qu'on l'a inexactement rapporté, par la rue Saint-Pancrace, vers le portail des Aires, pour gagner les hauteurs, tambour battant.

La tête de cette phalange d'élite marche d'un pas rapide mais régulier et fait assez bonne contenance; toutefois les derniers rangs suivent en désordre et ne tardent pas à se disperser dans la ville, en criant:

— Sauve qui peut!

Aux premiers coups de feu des tirailleurs s'avançant à découvert et directement dans les prés, bien que les coups ne portent pas, étant tirés de bas en haut, la masse insurrectionnelle s'ébranle et se disperse dans tous les sens avec une rapidité inconcevable.

Tous les chemins, toutes les rues sont encombrés de fuyards, criant et disparaissant, emportés par le vertige de l'effroi.

Un pauvre paysan, d'une placidité proverbiale, enrégimenté par intimidation et posté à la porte Saint-Sébastien, ayant laissé passer une première compagnie de grenadiers sans mot dire, se ravise.

Armé d'une vieille carabine, digne de figurer dans un cabinet d'antiques, il s'écrie avec cet accent du lazzarone provençal qui fait rétrograder ses bœufs:

— Arrête! troupe!

Quelques soldats l'empoignent, le secouent et le font pirouetter en riant.

Notre homme, saisi par le fanatisme de la peur, ne fait qu'un saut de la porte Saint-Sébastien au portail des Aires, où il demeure, prend un de ses enfants sur son épaule, donne la main au plus âgé, charge l'autre sur le dos de sa femme, puis toute la famille prend sa course et fuit ainsi pendant quatre heures sans reprendre haleine.

Ainsi courent et fuient à toutes jambes les insurgés.

Les femmes hurlent, les enfants piaillent, les portes et les fenêtres sont violemment barricadées. Les fusils et les armes tombent avec un bruit de ferraille sur les pavés.

La route de Marseille, l'ancien chemin de Barjols, celui de Riez, les traverses, les sentiers, les murailles des hauteurs, tout s'émaille et se diapre d'une fourmilière bondissante, sautillante, étourdissante, indescriptible.

Les soldats, arrivant au pas de course par trois points différents, sont stupéfaits de trouver l'esplanade déserte, comme par suite d'un changement à vue.

Aussitôt, un détachement s'élance vers l'hôtel Crouzet qui est signalé comme le siége de l'état-major insurrectionnel. En vain MM. Escole cherchent à désabuser les soldats entraînés par une ardeur fatale. Des feux de peloton éclatent avec un horrible ensemble. La façade est criblée de balles. Les insurgés s'évadent par une fenêtre latérale au nord, après une décharge générale de leurs armes, dont quelques-unes sont dirigées sur les fenêtres des appartements occupés par les prisonniers.

Au moment où M. Panescorse, ôtage de la Garde-Freinet, se glisse un peu au-dessous d'une fenêtre du premier étage à un angle de la cour, une balle vient faire ricochet au bas du fer de l'espagnolette et l'atteint dans le flanc. Au même instant les fenêtres du second étage s'ouvrent. MM. Jules de Gasquet et Andéol de Laval se précipitent au devant des grenadiers sous un feu meurtrier et à bout portant. Un miracle sauve nos deux amis et surtout le dernier, pris pour un chef et se débattant aux pieds des soldats las de le cribler de balles. Ceux-ci reconnaissent enfin leur erreur. Les prisonniers sont délivrés (1).

En ce moment, tandis que les prisonniers embrassent leurs libérateurs et pansent leurs blessés, en proie à l'exaltation de sentiments que notre plume est impuissante à décrire, un détachement s'enfonce dans la ville, poursuivant les chefs et leur escorte ayant gagné les hauteurs par le portail des Aires : en même temps la cavalerie charge les fuyards du Luc dans la plaine d'Uchâne, sur la route de Marseille, dans la direction de Sillans et de Fox-Amphoux. Les moins ingambes font des prodiges de vélocité. Cinq à six kilomètres sont franchis en quelques minutes. Une quinzaine de morts restent sur le champ de bataille.

Etant sortis de la ville par le portail des Aires pour gagner les hauteurs

---

(1) Nous renvoyons nos lecteurs, pour les détails relatifs à ce palpitant épisode, à notre publication : *Trois jours au Pouvoir des Insurgés*.

et entourés par les mieux armés et les plus résolus des leurs, appartenant pour la plupart à la commune de la Garde-Freinet, C. Duteil et les principaux chefs s'arrêtent sur le coteau planté d'oliviers, dominant de ce côté la ville et surmonté par une chapelle.

A l'abri derrière le tronc des arbres et les murs du pieux monument, ils peuvent, impunément et presque sans danger, diriger leurs coups contre le détachement lancé à leur poursuite.

Au moment où ce détachement franchit le portail, un soldat tombe mortellement frappé d'une balle à la tête.

Deux officiers sont blessés.

L'un d'eux a son épaulette emportée par une balle, au moment même où il reçoit une grave blessure.

—Les gredins! s'écrie ce brave officier, voyez donc dans quel état ils ont mis mon épaulette!

—Il s'agit bien de votre épaulette, observent ses compagnons, voyez plutôt votre bras sanglant et disloqué.

—Tiens! je ne m'en étais pas aperçu, dit froidement l'officier.... mais mon épaulette! ma pauvre épaulette!....

Quelques coups de fusils sont ainsi échangés. Toutefois, à mesure que cette poignée d'insurgés voit nos braves soldats tenir bon, malgré leur position défavorable, le feu, qui n'était pas déjà très vif dès le début, se ralentit insensiblement. Bientôt les chefs, suivis de leur escorte, s'éloignent, disparaissent, et les soldats, dès que toute cause d'inquiétude a cessé, rentrent dans la ville pour rejoindre la colonne expéditionnaire. La colonne repart peu de temps après pour Salernes, emmenant les blessés et les ôtages délivrés.

CONCLUSION.

Pendant la nuit qui suivit l'escarmouche d'Aups, les gorges aboutissant vers les villages groupés à l'entour des deux Bessillons, du Val d'Argens et des Maures furent littéralement inondées par de véritables torrents humains, dont les flots rapides affluaient vers les passages les plus faciles.

Les insurgés des hameaux et des campagnes, que les chefs des sociétés secrètes avaient séduits par l'appât des plus fallacieuses promesses, s'en allaient terrifiés, hagards, mourant de soif, de fatigue et de faim.

Comprenant alors instinctivement l'immense ineptie de cette folle révolte, ils couraient, sans jamais s'arrêter, s'égarant à chaque pas dans leur route nocturne par des sentiers non frayés, escaladant les murailles en pierres sèches qui s'élèvent sur nos arides collines, se cachant autant que possible dans le creux des ravins, amortissant le bruit de leurs souliers ferrés, n'osant échanger entre eux la moindre parole, s'écartant autant que possible des fermes et des chaumières, tremblant au moindre bruit et répétant tout bas, dans leur patois rude et significatif, ce mot grossier mais caractéristique, devenu proverbial dans nos contrées :

—Nous an mèna coumo dé pouar en fièro ! (1)

En effet, tandis que ces pauvres malheureux, recrutés par intimidation ou séduits par d'absurdes promesses, cherchent ainsi à regagner leurs

---

(1) On nous a conduit comme des porcs à la foire.

foyers et courent au-devant d'inévitables proscriptions, les chefs et les principaux meneurs, les vrais coupables, ayant atteint déjà les Basses-Alpes, se hâtent vers le Piémont où les attend une aveugle hospitalité.

Nous tenons entre les mains une lettre d'un des principaux chefs. Nous croyons devoir en reproduire les passages les plus significatifs.

« Le Puget (Piémont), 14 décembre 1851.

« Mon cher X.....

« Nous voici en lieu de sûreté.....

« Pendant trente heures, depuis Estoublon (1) jusqu'à Delucys, nous
« avons marché nuit et jour......

« Nous n'avons pris que trois heures de repos à Vergons.....

« Enfin nous sommes arrivés 38 en tout; pour moi je m'en félicite, car
« je crois que *la réaction sera furibonde, elle frappera sans pudeur ni*
« *pitié. Je plains les malheureux qui se laisseront prendre.*

« Je vous prie, mon cher ami, de me dire, si vous le savez, ce qu'est
« devenu Arrambide. *Faites-moi aussi connaître le résultat de l'escar-*
« *mouche d'Aups*, QUE NOUS CONNAISSONS PEU.

« Mon cher X..., je ne puis vous écrire plus longuement, je suis, etc.

« Signé CAMPDORAS. »

Voilà donc les chefs d'une expédition qui ne savent pas ce qui s'est passé dans la seule rencontre qu'ils ont eue avec l'ennemi. C'est un aveu qui donne une singulière idée de leur sollicitude pour les pauvres malheureux entraînés à leur suite, au milieu des hasards d'une guerre aussi absurde que sacrilége.

C. Duteil, qui a publié une brochure contenant d'assez minutieux détails sur l'insurrection dont il était le chef, prétend qu'il n'a jamais eu sérieusement l'intention de marcher sur Draguignan, qu'il cherchait seulement à gagner les Basses-Alpes.

En admettant cette version, il en résulte que les chefs trompaient cette pauvre, cette misérable armée de paysans, arrachés à leurs travaux dans l'espoir qu'ils n'auraient qu'à franchir quelques kilomètres pour s'emparer du pouvoir sans coup férir, ainsi que les ôtages l'ont entendu répéter sans cesse par leurs gardiens, pendant tout le temps de leur captivité.

Les chefs se jouaient donc indignement de la crédulité de leurs soldats,

---

(1) Village des Basses-Alpes, à quelques lieues au nord de Riez, entre Moustiers et les Mées. C'est aux environs de cette dernière commune que le colonel de Sercey mit en fuite les bandes insurrectionnelles des Basses-Alpes.

non seulement en leur promettant les plus irréalisables conquêtes, mais encore en leur dissimulant le but véritable de l'expédition.

Aussi, à la première rencontre des soldats, quelle est la conduite des chefs? Dissimulant jusqu'au dernier moment le but véritable de l'expédition, ils ne songent qu'à se procurer le nécessaire et même le confort de la vie : ils s'entourent de l'élite de leurs troupes, de 2 ou 300 hommes les mieux armés, ne font aucune tentative, ne prononcent aucune parole de nature à trahir leur dessein, abandonnant 5 à 6 mille victimes à toutes les chances de la mort, de la proscription et de l'exil, pour mieux sauvegarder leur personne inviolable et sacrée!

Oh! justice révolutionnaire! Oh! logique des faits! Oh! providence!

Ils veulent bien *plaindre les malheureux qui se laisseront prendre.* Quelle bonté!

Ils s'attendent à une *réaction furibonde, à une réaction qui frappera sans pudeur ni pitié.*

Mais ils se gardent bien d'avertir leurs soldats, même au dernier moment.

—*Compagnie de la Garde-Freinet, en avant!*

En avant! c'est-à-dire, sauvons-nous à tout prix.

Quant à l'armée, qu'elle aille au diable et protège avant tout notre fuite.

—Vous an ména coumo de pouar en fiéro!

Autre enseignement populaire que la compagnie d'élite de la Garde-Freinet rappelle à notre souvenir.

On sait quel rôle important cette malheureuse commune de la Garde-Freinet a joué dans l'insurrection de décembre.

Une association commerciale avait été le premier levier, que d'habiles meneurs avaient mis en œuvre, pour soulever la population de cette riche commune.

Ces organisateurs du travail avaient dit à leurs frères et amis, les ouvriers :

—Les riches vous exploitent. Ils vous paient bien, c'est vrai, mais ils spéculent sur votre travail. Vous êtes les esclaves, les serfs du Capital.

Le Capital vous donne tant par jour; puis, maître du produit de vos sueurs, il le revend avec des bénéfices énormes. Vous êtes volés.

Mort au Capital qui vous exploite!

Associez-vous, formez un Capital à vous par l'apport de vos économies mises en commun, et faites le commerce pour votre compte. Vous gagnerez doublement, en cumulant le prix de vos journées et le bénéfice du capital servant au commerce de l'association.

—Mais, disaient les ouvriers, qui surveillera l'emploi du Capital commun ?

—Nous vos frères, nous, les amis du pauvre, les ennemis du Capital fainéant et privilégié, des accapareurs patentés, des exploitants, des sangsues, des vampires financiers, des voleurs brevetés, nous, vos frères dévoués, vos tuteurs généreux !

—Eh bien! soit! avaient dit les ouvriers, séduits et subjugués par l'appât d'un gain considérable.

Ainsi dit, ainsi fait. Chaque ouvrier apporte avec confiance dans la caisse commune, son petit pécule, son petit patrimoine, toutes ses ressources, son dernier écu, sa dernière espérance.

Le capital commun est ainsi formé, l'association fondée, les ouvriers travaillent avec une nouvelle ardeur. Ils doivent retirer un double profit, le prix de leurs journées, au moins égal à celui des patrons, et leur part dans les bénéfices du commerce, bénéfices certains et à l'abri des chances ordinaires aux spéculations autres que l'exploitation si lucrative des chênes liéges.

Pendant que les ouvriers travaillent, pleins de confiance dans ce légitime et brillant espoir, les chefs manipulent les fonds et font mouvoir le capital commun avec la plus rare intelligence, le dévoûment le plus fraternel, le désintéressement le plus exemplaire.

Le jour de la liquidation arrive.

Hélas ! ! !

C'est la justice qui est appelée à liquider les affaires des frères et amis de l'association bouchonnière de la Garde-Freinet.

Or, les chiffres sont inexorables.

L'arithmétique n'a jamais calomnié personne.

Eh bien ! un déficit énorme apparaît.

Ces pauvres ouvriers, non-seulement ne retrouvent plus dans la caisse commune leur petit pécule, leur petit patrimoine, leur dernier écu, leur dernier espoir, leur ressource dernière; ils ne retrouvent pas même le prix de leur journée, égal à celui que l'infâme Capital privilégié, que le monopole des patrons, des vampires financiers, des exploiteurs du pauvre, des sang-sues du peuple leur assure !

Oh ! probité révolutionnaire, oh ! fraternité socialiste, oh ! arithmétique écarlate, voilà de tes coups !

— *Compagnie de la Garde-Freinet, en avant.*
— Vous an mèna coumo dé pouar en fiéro !

On raconte divers incidents de la fuite des chefs à travers les Basses-Alpes. Nous croyons devoir en rapporter brièvement quelques-uns, sans en garantir l'authenticité.

On prétend que le général a été vu garrotté par les siens, le jeudi matin, 11 décembre, à sept heures, au milieu de sa compagnie d'élite, à Riez. Abreuvé d'outrages, il allait être fusillé, lorsque quelques personnes du pays parvinrent à faire entendre raison aux insurgés exaspérés. Ceux-ci quittèrent Riez peu de temps après. Ils étaient réduits à une centaine d'hommes, en sortant de la ville.

D'autres assurent que C. Duteil, ayant repris quelque ascendant sur les derniers fuyards qui l'entouraient, ne parvenait toutefois à les retenir auprès de lui qu'en les menaçant incessamment de les faire fusiller, s'ils lâchaient pied.

Mais, entre Puimoisson et Estoublon, une voiture publique dépasse le rassemblement épuisé de fatigue, le général se hâte de grimper sur l'impériale, peu soucieux de partager le sort de ses compagnons.

On ajoute qu'étant arrivé dans un village, il veut, malgré sa détresse, payer d'audace et intimider le maire de l'endroit.

— Citoyen maire, s'écrie-t-il d'un air conquérant, au nom de la constitution violée, je vous somme de tenir à la disposition de la nombreuse colonne qui me suit, trois mille rations.

Heureusement la fine malice du matois paysan des montagnes, la sagacité caustique du *gavot*, pour nous servir de l'expression consacrée parmi nous, vient au secours du magistrat villageois.

Toisant son interlocuteur des pieds à la tête et lorgnant de ses petits yeux malins les pantalons du général crottés par le verglas, ses souliers déchirés par les aspérités et les ronces du chemin, notre homme répond avec aplomb, en comprimant un sourire involontaire :

— Général, je suis vraiment désolé de vous refuser, mais le colonel de Sercey, qui donne la chasse à vos amis des Basses-Alpes, vient précisément de me faire demander, par une estafette, le même nombre de rations pour sa colonne, je l'attends d'un moment à l'autre.

Il est inutile d'ajouter que le général se rendit à cette fin de non recevoir et qu'il se hâta de chercher ailleurs un village plus hospitalier et un maire plus crédule.

C. Duteil affirme, dans son écrit, que ses compagnons et lui bravaient fort gaîment les fatigues de cette fuite désespérée. Il cite, entre autres, le chirurgien de marine Campdoras et un instituteur discutant agréablement sur les participes et ne tarissant pas en plaisanteries académiques.

C'est ainsi que les philosophes socialistes sèment de fleurs de rhétorique le chemin de l'exil, tandis que cinq à six mille malheureux, entraînés par leurs prédications insensées, se débattent dans le sang, les larmes, la misère et l'épouvante.

Les uns, ce sont les chefs, vont à Nice, la ville des doux loisirs et des aristocratiques rendez-vous, se délasser des fatigues de la guerre civile, comme d'une partie de chasse manquée, tandis que toute une armée de pauvres cultivateurs, dont le premier tort est d'avoir suivi de pareils *blagueurs*, pour nous servir de l'expression consacrée par leur plus logique écrivain, tandis que toute une armée de pauvres diables est traquée comme un troupeau de bêtes fauves, encombre les prisons, les forts et les pontons de Toulon, s'attendant à être disséminée sur des bords lointains, sous des climats inconnus et meurtriers, laissant des femmes et des enfants mourant de douleur et de faim.

Oh ! pauvre peuple, seras-tu donc toujours dupe et victime de ces *blagueurs* !

— Vous en mèna coumo dé pouar en fièro !

Quelques paysans inoffensifs, dans cette universelle contagion d'effroi des premiers instants de la débâcle, quelques honnêtes cultivateurs sont faits prisonniers et en danger de perdre la vie.

Nous avons vu, sur l'esplanade d'Aups, garrotté au milieu des premiers insurgés captifs, un honnête vieillard, le père d'un des recteurs du canton d'Aups.

Au moment de la fusillade, il s'est blotti dans une botte de foin au fond d'un grenier, ne sachant trop ce qui se passe et tremblant de tous ses membres. Surpris dans cette position suspecte par les gendarmes et ne pouvant maîtriser son effroi, il va partir enchaîné au milieu de la colonne, lorsque, fort heureusement, reconnu par M. le juge de paix d'Aups, il est mis en liberté.

La colonne expéditionnaire continue à ramasser sur sa route quelques rares débris des bandes en fuite.

A Salernes, deux individus sont interrogés par une commission militaire.

Comme toujours, ils protestent de leur innocence.

Le sens moral était perverti chez ces pauvres gens, de telle façon qu'ils ne se rendaient pas compte de la gravité de leur situation.

Plusieurs disaient :

— Nous n'avons pas eu l'intention de voler, de tuer ; de quoi sommes-nous donc coupables ?

Si le sens moral de nos populations rurales est perverti à ce point, à qui la faute ?

Depuis vingt-deux ans n'a-t-on pas donné des récompenses et des pensions aux vainqueurs révolutionnaires, aux héros de carrefour, aux professeurs de barricades ?

Les deux individus interrogés à Salernes, à toutes les questions qui leur sont adressées, répondent donc imperturbablement :

— Nous sommes innocents !

— Mais pourquoi donc prendre les armes contre le gouvernement, observent en insistant les membres de la commission impatientés ?

Les prisonniers, fort embarrassés, persistent cependant à soutenir qu'ils sont innocents ; enfin, l'un d'eux, habitant du Luc, poussé à bout par les questions de plus en plus pressantes des militaires exaspérés, laisse échapper, comme unique moyen de justification, cet étrange et ingénu aveu :

— Voulez-vous, dit-il, une preuve de mon innocence ? eh bien ! sachez donc que j'étais à la tête d'un détachement, lorsque le Bouillidou a été envahi.

Au comble de l'indignation devant cette naïveté criminelle, les officiers ordonnent l'exécution immédiate des deux prisonniers.

En ce moment, la colonne expéditionnaire sortait de Salernes et se dirigeait vers Lorgues escortant les ôtages délivrés. Nous tenons ces détails des soldats qui s'écartèrent de la route pour procéder à l'exécution.

Les condamnés sont traînés à quelques pas.

Deux coups de feu retentissent.

Ces malheureux tombent et la troupe s'éloigne rapidement.

La nuit vient et avec elle un froid pénétrant et vif. Ce froid réveille l'un des deux fusillés, habitant de Vinon.

Il essaie de se lever, stupéfait, cherchant, dans le chaos de ses idées, à se rendre compte de son étrange situation. Il se tâte, en quelque sorte, et vérifie s'il peut compter encore sur ses jambes. Il n'a pas la moindre égratignure, veut se lever tout à fait, mais une corde le retient. Il se penche alors vers l'obstacle et recule saisi d'horreur, en reconnaissant son compagnon de chaîne étendu sans vie à côté de lui, le cou traversé par une balle.

A cet aspect, ce malheureux pousse un cri, ou du moins croit pousser un cri, car il n'entend pas le son de sa propre voix.

Haletant, convulsif, horripilé, il rompt le lien qui l'attache à un cadavre ; puis, emporté par la frayeur et la joie comme par un double vertige, il part, court, vole, par les vallons, les coteaux, les bois, les champs, écoutant toujours, n'entendant jamais rien.

Est-il fou ?

Non, il est sourd.

C'est assez pour l'empêcher d'être encore séduit par les prédications anarchiques et pour l'engager à répéter, au moins mentalement :

— Nous an mèna coumo dé pouar en fièro !

Revenons à son compagnon dont le cou est traversé par une balle.

Le voilà qui ressuscite aussi. La balle s'est montrée intelligente en se logeant, sans trop l'endommager, dans le larynx, disent les uns, dans l'œsophage, disent les autres. C'est pourtant un peu dur à avaler.

Quoiqu'il en soit, les compatriotes du ressuscité s'accordent à dire qu'après dix-sept heures d'une course désordonnée (ce pauvre malheureux était bien excusable de courir ainsi), notre homme arrive nuitamment au Luc et frappe à la porte de sa demeure.

Sa femme accourt, elle ouvre.....

— Ouf ! s'écrie le fusillé en tombant épuisé sur le premier siége venu, je suis mort !

Cependant le mort mange et boit comme une personne pleine de vie et de santé, mais il tient plus que jamais à son privilége de trépassé officiel.

— Ma chère, dit-il à sa femme un peu effarée, n'oublie pas que je suis mort, entends-tu. Par conséquent, fais dire une messe pour le repos de mon âme..... et de mes jambes, observe-t-il en pensant à sa course de dix-sept heures. Ne vas pas oublier au moins que tu es veuve.

— Comment ! veuve !.....

— Eh ! sans doute. Tu prendras dès demain les habits de deuil, tu recevras les parents, amis et connaissances. Fais en sorte de bien pleurer et d'avoir les yeux bien rouges..... ça vous est si facile à vous autres femmes ! Tu ne ferais peut-être pas mal de t'arracher quelques cheveux ; ça produirait un bon effet.

— *Pécaïré!* dit la femme, il est devenu fou.

— Au contraire, plut à Dieu que j'eusse toujours été aussi sage! Ne vois-tu pas que c'est assez d'être fusillé et de mourir une fois.

La veuve s'exécuta d'assez bonne grâce, fit célébrer la messe et revêtit l'habit de deuil. Seulement l'histoire ne dit pas si elle pleura aussi sincèrement et beaucoup plus qu'une veuve véritable.

Le mari, officiellement défunt, demeura pendant huit jours caché sous les toits, recevant les soins d'un médecin qui le visitait clandestinement soir et matin, et pouvant apprécier la douleur de sa veuve inconsolable.

Il avait, d'ailleurs, assisté, du haut de sa lucarne, à tous les détails de son enterrement, privilége assez rare et dont il fit son profit; car le mort ressuscité, après quelques mois de séjour à Nice, revint chez lui en toute sécurité, l'instruction judiciaire étant terminée, et parut complétement guéri de sa grave blessure et de son fanatisme démagogique.

Aujourd'hui, il a dépouillé le vieil homme, et, dans l'élan d'une conversion sincère, il répète plus haut que tous ses compagnons d'infortune:

— Nous an mèna coumo dé pouar en fiéro!

Telles sont les scènes des guerres civiles, offrant l'incohérent amalgame des plus bizarres tableaux, des plus singuliers contrastes, lugubres et sombres dans leurs bouffonneries même, déconcertant la justice humaine par des caprices ironiques et dérisoires, par des méprises sanglantes et terribles.

Dans le cours de ce trop long récit, au milieu de ce chaos insurrectionnel, nous avons constaté avec bonheur quelques symptômes de retour vers les idées religieuses, bien qu'elles apparaissent encore étrangement dénaturées. Nous avons observé que les masses ne s'étaient point montrées partout systématiquement hostiles devant les signes de notre foi. Nous avons signalé enfin parmi ces masses démagogiques une tendance plutôt vers l'hérésie que vers l'indifférence, tant le besoin de croire existe encore dans le cœur du peuple, malgré les tristes exemples et les scandales récents de l'égoïste incrédulité des classes moyennes.

Aussi, quelle démoralisation profonde parmi les chefs subalternes, représentant la transition entre les travailleurs et la bourgeoisie! qu'on en juge par les deux traits suivants:

Quelques jours après les évènements de décembre, un crime est signalé dans la petite commune d'Aiguines, située dans le canton d'Aups. On trouve un enfant nouveau né mort dans une des rues du village. La mère, dangereusement malade en ce moment, est une jeune fille qui a été séduite par son oncle germain, chef des insurgés de l'endroit.

La justice se transporte sur les lieux pour constater le crime. A cette nouvelle, le coupable croit qu'on vient l'arrêter, et se fait sauter la cervelle d'un coup de pistolet.

Le 15 et le 16 décembre, M. Bigorie, procureur de la république, procède, dans la commune du Luc, à l'arrestation des autorités révolutionnaires et à l'information des troubles. Quelques rassemblements, que l'on a cru voir s'enfoncer dans les vastes forêts de pins et de chênes liéges aux alentours des Mayons du Luc, sont signalés à l'autorité.

M. le procureur de la république part, au milieu de la nuit, armé d'un fusil, accompagné de M. le maréchal-des-logis de gendarmerie, de M. le capitaine Morin du 50me, et de quelques soldats, pour donner la chasse aux insurgés.

Nous n'avons pas besoin de faire ici l'éloge de l'honorable magistrat chargé de cette étrange et périlleuse mission. On l'a vu déjà, au chef-lieu, au moment du plus pressant danger, à la tête de nos braves soldats, à côté du digne commandant Mongin, attendant de pied ferme l'insurrection.

Dans cette course nocturne, emporté par l'ardeur des poursuites, il perd de vue le détachement qui l'accompagne. N'importe! il avance toujours dans les ténèbres, son fusil à la main, suivi d'un seul domestique sans armes, excité par cette exaltation du devoir qui transporte les âmes d'élite et les maintient au niveau des situations les plus exceptionnelles; il saisit de ses propres mains le premier fugitif.

Au milieu de ces bois qui occupent, entre les divers points à parcourir, environ 12 kilomètres, diverses fermes sont visitées; plusieurs des meneurs et des chefs subalternes les plus ardents tombent entre les mains de la justice.

Il ne venait à aucun de ces hommes la pensée d'un regret, d'un adieu pour la sœur, pour la femme, pour l'enfant qui s'attachaient à eux, pour la mère dont une pareille secousse devait abréger les jours.

C'était un spectacle navrant.

Un de ces meneurs les plus compromis, dont nous taisons le nom par respect pour la famille honnête à laquelle il appartient; X... L..., est arrêté à son lever. Il faut partir: tout annonce que la répression sera sévère, car les charges qui pèsent sur ce jeune homme sont des plus graves.

Implorant la pitié du magistrat, la pauvre mère désolée saisit les mains de son fils et l'attire vers elle pour lui donner le baiser d'adieu, au moment de s'en séparer peut-être pour toujours !

Ses bras s'ouvrent... elle voudrait en couvrir son enfant, comme pour le dérober à la vindicte des lois.

Qui le croirait, si un magistrat n'était là pour l'attester ? L'enfant repousse sa mère, sans daigner jeter sur elle un dernier regard !...

Mais rien ne saurait lasser un cœur maternel !

Dans un élan de miséricordieuse tendresse et de sainte inspiration, la pauvre mère détache de son sein une image de la Vierge ; elle veut la suspendre au cou de son fils, avec un geste suppliant et un de ces regards faits pour émouvoir les bêtes fauves.

Le fils demeure insensible à ce dernier appel.

Cédant à une irritation croissante, et comme si quelque chose d'infernal s'agitait en lui devant une pieuse image, il repousse à la fois et l'effigie sacrée et la mère tremblante !...

Puis, se tournant vers le magistrat indigné, il lui dit avec un froid cynisme :

— Puis-je emporter ma pipe !

Tels étaient ces réformateurs de cabaret. La *chambrée* avait étouffé les instincts les plus purs de la nature ; l'esprit des sociétés secrètes avait soufflé sur toutes les inspirations religieuses et morales. L'assouvissement de la bestialité était le dernier mot de ces chefs subalternes.

On repoussait sa mère, on repoussait Dieu, on demandait sa pipe !...

Pauvre peuple, qui te laisses pousser vers l'abîme par des êtres dégradés et indignes de toi, comprendras-tu donc enfin les leçons du malheur ?

Tu n'as voulu reconnaître que le droit de la force, n'adorer que la Révolution, ne régner que par la violence et détrôner Dieu pour le remplacer, et le droit de la force t'a écrasé, la Révolution t'a dévoré, la violence a rivé tes chaînes, Dieu n'aurait qu'à t'abandonner pour te punir !

Comme te voilà fait, maintenant, pauvre peuple, sans foi, sans appui, sans consolation, sans espoir !

Oh ! non, non, tout n'est pas mort en toi, car ce n'est pas de toi qu'est sorti le premier germe du mal.

Le mal est venu de haut et de loin ; de proche en proche, il est descendu jusqu'à toi.

L'impiété des grands du siècle dernier a porté des fruits de mort. L'indifférence et l'égoïsme des classes moyennes de la société en ont été infectés et ont communiqué le virus dissolvant au corps social tout entier.

Mais le corps social tout entier ne saurait se dissoudre. Toi, pauvre peuple, si tu es facile à entraîner, tu sais aussi revenir devant la logique des faits, devant les leçons de l'expérience, devant les manifestations de Dieu !

Plus on souffre, plus on a besoin d'espérer. Eh ! comment espérer sans croire ?

La souffrance ramène à Dieu, c'est-à-dire, au droit, à la justice, à la vérité.

Or, qui a plus souffert que toi, pauvre peuple !

TROIS JOURS

AU

POUVOIR DES INSURGÉS.

(NOUVELLE ÉDITION REVUE ET MODIFIÉE).

I.

Le 7 décembre 1851, vers une heure de l'après-midi, par une de ces belles journées d'hiver que notre soleil provençal nous fait plus radieuses que des jours de printemps, l'excellente population de Lorgues fêtait comme à l'ordinaire le repos du dimanche, et tous les habitants, sans distinction aucune de classe ou de condition, se coudoyaient tranquillement, veste contre redingote, sur la riante promenade du Cours, d'où la vue s'étend sur les montagnes de la Garde-Freinet.

Tout-à-coup, au milieu de cette confiance funeste et de cette sécurité générale, on signale la présence d'une bande nombreuse d'individus armés s'avançant vers la ville du côté du midi, sur le chemin du Plan.

Aussitôt le tocsin sonne et le tambour bat la générale. La foule s'émeut, les femmes s'épouvantent, les plus résolus s'interrogent, des groupes se forment, l'anxiété est partout, mais le sentiment de la dignité communale et l'instinct du devoir social l'emportent sur toutes les considérations dans le cœur de quelques pères de famille.

Une poignée d'habitants s'arme de quelques fusils déposés à l'Hôtel-de-Ville; d'autres accourent portant leurs armes de chasse; deux pelotons s'improvisent. L'un se range devant la façade de l'Hôtel-de-Ville, l'autre se précipite à l'entrée de Lorgues, au devant des bandes armées qui continuent à s'avancer dans la plaine.

Mais un coup d'œil suffit pour faire apprécier l'immense disproportion des forces. Les envahisseurs, au nombre de 2 à 3,000 environ, couvrent le chemin du Plan aussi loin que le regard peut porter, et le peloton, qui s'est précipité hors la ville, compte tout au plus 20 ou 30 hommes.

Ce peloton se replie sur l'Hôtel-de-Ville pour se joindre à la petite troupe qui stationnait sur ce point. Quelques rares volontaires se joignent à eux. Tandis que MM. d'Agnel-Bourbon, membre du conseil-général, et Courdouan, juge de paix, parlementent avec les chefs des bandes insurgées, les défenseurs de la cité, au nombre d'une centaine, s'enferment dans l'Hôtel-de-Ville.

Deux braves officiers en congé, MM. Gustave et Louis Ganzin, se mettent à la tête de deux détachements de volontaires qui vont se poster dans les maisons en face de l'Hôtel-de-Ville et formant angle aux deux côtés de l'avenue du Bas-Cours.

Quelques démocrates se glissent dans les rangs des volontaires de la mairie. D'autres vont au devant des insurgés pour les encourager à entrer dans la ville, qu'ils leur représentent sans défense.

Les parlementaires offrent des vivres, sous la condition que les insurgés passeront hors des murs. Le chef accepte et donne en garantie de la condition exigée sa parole d'honneur. Mais le prétendu général en chef des insurgés, C. Duteil, comme il l'a reconnu lui-même dans un écrit sur les événements, ne peut contenir les bandes qui font irruption dans Lorgues.

Les défenseurs de l'Hôtel-de-Ville, se pressant aux fenêtres et sur le balcon, voient défiler, immobiles et muets, les bandes anarchiques traînant après elles de nombreux prisonniers, parmi lesquels ils ne peuvent remarquer, sans frémir d'indignation, un prêtre et un pauvre vieillard grelottant de froid sur une charrette. Ces bandes sont sordidement vêtues et mal armées de mauvais fusils, de faux, de hâches, de bâtons, de vieux sabres, de faucilles. Une jeune femme, coiffée du bonnet phrygien, couverte d'un large manteau bleu, marche entourée de cantinières aux éclatantes écharpes et porte un immense drapeau rouge. On distingue dans cette masse incohérente d'hommes recrutés en partie par intimidation et laissant deviner sur leurs visages une contrainte secrète, quelques chefs couverts de burnous et de paletots.—On dirait une parodie de 93.— Des femmes et des enfants déguenillés se font remarquer par leur exaltation. Çà et là des figures patibulaires, des faces sordides et déformées par la débauche, l'ivrognerie et la misère, surgissent comme d'infernales apparitions.

Cependant une distribution de pain, de vin et de fromage est faite par les soins de M. d'Agnel-Bourbon à plus de 1,500 hommes. Les autres vont se pourvoir ailleurs, bon gré malgré, dans les maisons particulières.

Un tonneau de vin est apporté devant la porte de l'Hôtel-de-Ville et vidé dans peu d'instants. Les têtes s'exaltent, un nouveau renfort d'insurgés arrive, tambour battant.

A l'arrivée de ce renfort, les cris, les chants, les hurlements, les menaces de mort redoublent ; les fusils des insurgés sont dirigés vers le balcon et les croisées de l'Hôtel-de-Ville déserté par un certain nombre de ses défenseurs.

L'aspect de la foule encombrant le Cours devient alors sinistre.

Des parlementaires, devenus arrogants, s'introduisent dans la grande salle de la mairie.

L'un d'eux se plaint des souffrances que la faim et les privations font endurer aux insurgés, et il ajoute qu'ils sont décidés à vendre chèrement leur vie.

— Et nous, notre honneur qui nous est bien plus cher que la vie, lui est-il répondu, et le parlementaire sort exaspéré.

En ce moment, un tumulte indescriptible fait explosion au dehors.

Une flamme rouge, arborée par un espion qui s'est glissé dans les rangs des défenseurs de l'Hôtel-de-Ville, descend du toit et vient flotter au-dessus du drapeau tricolore attaché au balcon.

Les armes ! les armes ! qu'on dépose les armes ! crient les insurgés.

De vingt à trente personnes seulement restaient dans la grande salle.

Un instant auparavant, M. de Commandaire nous avait arraché d'une croisée, en nous disant que des fusils étaient braqués sur nous.

Un des chefs nous promet la vie sauve, si nous laissons les insurgés entrer dans l'Hôtel-de-Ville.

Sans trop compter sur ces promesses tant de fois violées, M. le maire, après avoir consulté les quelques conseillers municipaux restés auprès de lui, nous invite à déposer nos armes et descend pour ouvrir lui-même aux insurgés, offrant tout le premier sa poitrine à la foule envahissante qui se précipite en désordre, brandissant des sabres, des poignards et des haches et mettant le pistolet sur la gorge aux derniers et impuissants défenseurs de l'Hôtel-de-Ville cerné de toutes parts.

Au même instant des coups de feu, tirés en signe de joie par les insurgés, éclatent et font supposer à ceux qui sont postés dans les ruelles étroites avoisinant l'Hôtel-de-Ville, que la lutte est engagée. La fureur des assaillants passe de l'exaspération à la frénésie. Les fusils s'abaissent sur nos poitrines. Le juge de paix, reconnu par un insurgé, est couché en joue ; il va être la première victime de ces furieux, lorsque l'arme est détournée par un autre insurgé moins féroce. La crainte d'atteindre quelqu'un des leurs arrête ces forcenés.

16 habitants de Lorgues sont faits prisonniers et poussés dans le café Brisse qui touche l'Hôtel-de-Ville. On les fouille à leur entrée dans la salle de cet établissement, où ils vont rejoindre les prisonniers, qu'ils venaient de voir défiler devant eux. Ils sortent bientôt après, pour se mettre en marche vers Salernes, entre deux haies d'insurgés, qui tiennent, pour la plupart, leurs armes abaissées vers eux.

Voici leurs noms :

MM. Louis Courdouan, maire de Lorgues.
    Courdouan, frère du précédent, juge de paix.
    De Commandaire, ancien garde du corps, décoré d'un ordre étranger.
    Ch. de Gasquet, directeur de la ferme-école de Salgues.
    Jules de Gasquet, son frère.
    De Combaud, conseiller municipal.
    Crouet, propriétaire.
    Eugène Boyer, conseiller municipal.
    Layet, propriétaire,
    Vacquier, cadet, ancien soldat de l'empire, chevalier de la Légion-d'Honneur.
    Andéol de Laval, propriétaire.
    Emile Perreymond, conseiller municipal.
    Jacques Gasquet, id.
    Oscar Ganzin, id.
    Peissel, instituteur,
    H. Maquan, rédacteur de l'*Union du Var*.

II.

La nuit tombait quand nous fûmes introduits dans le café Brisse. La foule des insurgés couvrait le Cours et tous les abords. La population et la plupart de nos familles même ignorèrent notre arrestation.

A notre sortie, on nous resserre entre deux haies d'insurgés, qui tiennent pendant assez longtemps les canons de leurs fusils dirigés vers nos poitrines.

Un chef s'écrie en ce moment :

— Ne vous amusez pas au pillage !

Un autre ajoute :

— Nous sommes en Calabre, agissons comme des Calabrais.

C'était peu rassurant.

D'autres réclament des visites domiciliaires.

Je frissonne, en songeant à ma femme et à ma nombreuse petite famille.

On nous dirige sans trop de bruit vers la croix de la mission.

La même pensée s'empare de nous.

C'est que nous allons être fusillés au pied de la croix.

N'attendant plus rien des hommes, je lève alors les yeux vers le ciel, d'une sérénité parfaite et doucement éclairé par la lune, et, sans articuler une formule précise de prière, je suis saisi d'un irrésistible élan vers Dieu qui me soulage profondément. J'éprouve même je ne sais quel étrange bien-être, en présence de ce contraste immense entre une nature souriante et l'atroce agitation du triste échantillon humain qui nous entoure.

J'ai toujours éprouvé un sentiment de ce genre, toutes les fois que je me suis vu au moment de périr. Beaucoup de foi et un peu de poésie aident bien à mourir, et si l'on ne laissait derrière soi des êtres que l'on chérit plus que soi-même, la mort serait plus facile à subir qu'on ne pense, quand on abandonne une terre qui ressemble à un enfer.

Une autre pensée vient bientôt s'emparer de moi : désireux de rendre nos épreuves profitables à tous, j'en dois l'aveu à mes lecteurs. De braves capucins (quand on veut sérieusement combattre le socialisme, il faut bien comprendre que le gendarme et le soldat ne sont pas les seuls défenseurs de l'ordre social), de braves capucins étaient en train de prêcher le jubilé à Lorgues. J'avais eu la pensée de m'unir à toute ma famille pour profiter de ce temps de salut. Cette pensée, j'avais voulu la réaliser le jour même où de si terribles évènements étaient venus faire diversion à ma pieuse préoccupation. Combien je regrette à cette heure de n'avoir pas commencé par là !

Aussi je fais vœu de réparer ce retard à la première occasion et je passe devant la croix de mission en formant ce vœu.

Quand la colonne prend la direction du chemin d'Aups et que la pensée d'une fusillade immédiate est abandonnée, nous respirons un peu et cherchons à nous reconnaître.

M. le chevalier de Commandaire, ancien garde-du-corps, affligé des atteintes d'une goutte invétérée, marche avec moi en tête de la colonne des prisonniers que précèdent trois insurgés ; le premier de ceux-ci se tient un peu en avant des deux autres, un sabre nu à la main. C'est celui qui nous paraît avoir les allures les moins pacifiques. Ce qui ne l'empêche pas de s'écrier :

— Nous autres, démocrates, nous sommes de bons enfants, nous suivons la loi de Jésus.

Sans nous menacer précisément, il semble assez mal disposé pour nous. Des deux autres, l'un portant une veste se montre parfaitement bienveillant, l'autre portant un burnous et encapuchonné ne souffle mot. Fanatique et dur, tout d'abord, il s'humanisa insensiblement. Nous aurons à revenir sur son compte dans le courant de ce récit.

Quant aux autres insurgés, qui nous entourent et nous serrent de près, ils appartiennent à ce qu'il y a de plus déterminé dans les sections des communes les plus engagées dans la lutte.

Nous marchons lentement, nous arrêtant à chaque pas. Les insurgés paraissent craindre quelque surprise. Cependant, malgré la lenteur de la marche, M. de Commandaire éprouve ou feint d'éprouver de grandes difficultés à suivre la colonne. De Lorgues à Salernes, en ralentissant le pas et en s'arrêtant à chaque instant comme nous sommes contraints de le faire, il nous faut patienter plus de six heures par une nuit humide et froide. Pour un homme atteint de la goutte, c'est une perspective intolérable. M. de Commandaire fait des observations qui sont mal accueillies. Il insiste et l'on en vient déjà aux menaces. Je cesse de lui offrir mon bras, pensant que, s'il finit par être transporté sur une voiture ou une charrette, comme il le demande, il lui sera peut-être facile de s'esquiver. C'est ce qui arrive. En effet, à la suite de ses réclamations, on lui permet de rester en arrière, et nous avons appris depuis avec joie, même avant notre délivrance, que, grâce à l'intervention d'un généreux habitant de Saint-Tropez, il s'était évadé, non sans avoir essuyé quelques coups et mauvais traitements. Il parvient à regagner dans la nuit la ville de Lorgues, la goutte ayant eu assez d'esprit pour le quitter à temps et le réserver ainsi pour ses concitoyens, à la sécurité desquels il fut appelé à veiller par M. le Préfet. Nommé commandant militaire de sa commune, il a rempli ces fonctions constamment avec autant de dévoûment que d'activité.

Quelques autres prisonniers ont à souffrir d'une marche longue et pénible, après une journée d'émotion si vives et si poignantes, mais ils bravent noblement ces fatigues et quelque chose de pire, les observations de l'escorte qui ne ménage pas toujours ses termes.

Il en était ainsi de l'honorable M. de Combaud, notre chef et notre exemple à tous, le bienfaiteur des pauvres, la providence des travailleurs de sa commune, l'homme si agréable de manières et si simple dans ses goûts, mais peu habitué à une marche forcée. Quand il essuyait la sueur de son front, il avait à subir de la part de quelques énergumènes de l'escorte des remarques du genre de celles-ci :

— *Se fouïé, suzariè ben maï* (1).

Un autre disait en montrant notre jeune parent, Emile Perreymond, d'une assez belle stature :

— *Iou mi chargi doou plus grand* (2).

Et un autre ajoutait :

— *Et iou doou plus gros* (3).

Derrière nous marchaient les autres prisonniers, rangés par communes. Ils étaient bien plus fatigués que nous, puisqu'ils étaient traînés depuis deux ou trois jours à la suite des bandes. Des charrettes avaient été mises à la disposition des moins valides et des plus âgés.

A quelques kilomètres de Lorgues, M. Louis Giraud, ôtage du Luc, qui avait dû son arrestation à l'intérêt témoigné par lui aux premières victimes de l'insurrection, et qui s'oubliait toujours lui-même pour songer aux autres, M. Louis Giraud réclame pour M. Caors et ses autres compagnons de captivité les charrettes qui leur avaient été destinées : on lui répond qu'elles sont réservées pour les cantinières.

En même temps les insurgés de Vidauban qui l'entourent lui crient :

— Marchez plus vite !

M. L. Giraud se tourne vers eux, en leur disant :

— Ayez compassion de M. Caors, il ne peut plus aller.

— *Sè poou plus ana, tirassa-lou* (4), s'écrie un insurgé.

— *F... li un coou dé fusiou* (5), ajoute un autre.

En traversant le bois de la *Maure*, avant d'atteindre la hauteur de la ferme-école de Salgues (nous avions avec nous le directeur, M. Charles de Gasquet, accompagné de son frère Jules), notre escorte redouble de précautions, craignant une embuscade de gens postés pour nous délivrer. La bande fait halte pour se prémunir contre une alerte, et des insurgés s'éparpillent des deux côtés de la route, pour sonder le bois dans tous les

---

(1) S'il avait à piocher la terre, il suerait bien davantage.
(2) Je me charge du plus grand.
(3) Et moi du plus gros.
(4) S'il ne peut plus aller, traînez-le.
(5) F... lui un coup de fusil.

sens, tandis que d'autres abaissent leurs armes et portent leurs mains vers la détente des fusils, ainsi qu'ils avaient soin de le faire, d'ailleurs, pour les moindres circonstances.

Nous n'étions point enchaînés, il est vrai, nous nous plaisons à le reconnaître, mais c'était une concession de pure forme ; nous aurions préféré avoir des menottes et nous sentir à la disposition de troupes plus régulières et mieux disciplinées, car à la moindre alerte, à la moindre panique, notre vie dépendait d'un simple malentendu, ou de l'emportement du premier venu.

Le bois de la *Maure* est sombre, mais la lune est si belle !

Salgues est bien proche ; le cœur de M. Charles de Gasquet et celui de son frère doivent tressaillir d'une impatience bien naturelle et bien légitime, mais les rangs de nos gardiens sont si pressés et leurs armes si près de nos poitrines !

Un génie-sauveur veille peut-être à quelques pas, dans l'épaisseur des pins et des génevriers, dont la brise nocturne nous apporte les pénétrantes senteurs.

Qui sait ? Un noble jeune homme, suivant à la piste les douloureuses étapes d'un père infortuné, épie peut-être dans l'ombre une occasion favorable.....

Mais le génie du mal veille aussi et garde sa proie avec un acharnement tel, qu'une tentative de salut peut devenir pour nous une occasion de massacre.

Quoiqu'il en soit, rien ne vient troubler la paix de la nature souriant toujours, au milieu de nos angoisses, dans sa mélancolique sérénité.

Ce calme de la nature semble une ironie, et l'espérance nous apparaît comme le plus cruel des dangers.

Le bois de la *Maure* est franchi sans incident et sans encombre, et après une marche encore bien longue dans un chemin plus découvert, marche souvent retardée et interrompue par des estafettes soulevant parfois des murmures d'impatience et de mécontentement, la bande armée arrive enfin, vers les onze heures du soir, dans le village de Salernes.

III.

La colonne des insurgés est accueillie triomphalement à Salernes.

On nous promène à l'entour d'une place ; malgré l'heure avancée de la soirée, tout le monde est sur pied : les tambours font un vacarme d'enfer. Des bruits confus, des cris et des chants plus ou moins bien articulés, quelques coups de feu tirés en l'air animent ce pandémonium, dont il ne nous est guère possible de saisir les détails.

Au milieu de toutes ces démonstrations cependant, on ne voit point, on n'entend point, on ne sent point ce qui trahit dans les grands rassemblements d'hommes armés l'enthousiasme belliqueux et la foi à une idée.

Le désordre domine, le chaos règne.

C'est une révolution au clair de lune.

Ces gens-là ont un peu l'air de ne pas trop savoir ce qu'ils veulent, d'où ils viennent, où ils vont.

Un grand nombre paraissent plus embarrassés que nous de leur contenance.

Quelques chefs seulement et quelques exaltés rayonnent.

Ils vont et viennent à tout propos, affairés, emportés par une agitation fébrile, menaçant et rudoyant leurs hommes.

Quant à nous, pris au dépourvu, sans nos burnous pour la plupart, fort peu couverts, saisis de froid, de lassitude, de faim et de soif, nous ne demandons qu'un gîte quelconque.

On nous entasse dans une étroite salle d'un étroit hôtel-de-ville où nous avons de la peine à tenir, les uns debout, d'autres assis sur des chaises et sur une table.

N'importe. Un poêle flambe au milieu de la salle et nous pouvons du moins nous reconnaître et nous serrer la main.

On se compte, on s'interroge rapidement. La fraternité du malheur commence pour nous.

Il y avait là, en grand nombre, des prisonniers des diverses communes envahies.

Je me trouve un moment assis à côté de M. de Colbert. Captif depuis plus longtemps que nous, il portait héroïquement son infortune.

Quelques personnes distribuent du pain. On m'en offre et j'en dévore à la hâte un assez beau morceau, sans pouvoir d'abord me procurer de l'eau. Heureusement enfin, un peu d'eau arrive et complète ce premier repas de la captivité, seul trait de mœurs spartiate qu'ait produit peut-être la République de 1848.

Cependant, après avoir souffert près de sept heures le froid et l'humidité de la nuit, nous sommes menacés d'être suffoqués par la chaleur et par asphyxie, aglomérés que nous sommes dans une enceinte insuffisante.

Mais la providence veille sur nous. Nous sommes tirés de là par M. Basset, pharmacien à Salernes, jouissant auprès des insurgés d'un crédit qu'il a toujours employé, même au risque de se compromettre, dans notre intérêt, pour adoucir notre position et, nous avons tout lieu de le penser, pour la faire cesser.

M. Basset obtient, à force de supplications, qu'on nous transfère à l'hôtel de sa belle-sœur, le premier de l'endroit ; l'on nous y installe dans deux chambres, après nous avoir donné cinq à six matelas et des couvertures.

On veut retenir M. de Colbert et son neveu à l'Hôtel-de-Ville. M. Basset insiste, brave même les menaces des gardiens des prisonniers et parvient à conduire, à travers une double haie de sabres et de baïonnettes dirigées contre lui, les deux nobles ôtages du Luc dans une chambre à côté des nôtres.

Le feu brille dans les cheminées. Les uns s'étendent tout habillés sur les matelas, les autres placent une planche, appuyée sur deux chaises, devant le feu. Deux ou trois paysans insurgés, l'arme au bras, s'installent à notre porte. Nous les invitons à entrer et à s'asseoir avec nous, en leur fesant comprendre qu'ils peuvent déposer sans crainte leurs armes dans un coin, notre intention n'étant pas de chercher à nous évader. Ils y consentent d'assez bonne grâce, et une conversation en patois provençal, sur un ton familier et bienveillant, s'établit entre nous.

Cette conversation, dont M. de Combaud tient le dé avec sa rectitude de jugement, sa vivacité d'esprit et son sang-froid ordinaires, roule naturellement sur l'insurrection, notre situation et les griefs des pauvres contre les riches. Nous en rapportons quelques traits, regrettant de ne pouvoir donner le texte original.

— Pourquoi mettez-vous ainsi tout sens dessus dessous? Pourquoi arrachez-vous à leurs familles de braves gens qui ne vous ont rien fait?

— Soyez tranquilles, vous n'aurez point trop à souffrir, nous sommes en si grand nombre. Demain nous serons quinze, vingt, trente mille. Draguignan se rendra sans combat. Dans tous les cas, ne vous inquiétez de rien, on se contentera de vous mettre en tête de la colonne et il faudra bien qu'on ne tire pas sur nous, autrement...

C'était d'une adorable naïveté, comme on voit. Cependant nous n'avions pas précisément envie de rire.

Les révolutions, pour bien des gens égarés, commencent ainsi par l'idylle et passent à la tragédie la plus horrible par une pente insensible mais irrésistible.

Comme on le pense bien, notre digne orateur, M. de Combaud n'avait pas de peine à réfuter cet étrange optimisme révolutionnaire. Mais l'honnête paysan se rendait avec quelque difficulté, tant les préjugés de la propagande anarchique avaient bouleversé son bon sens naturel.

Ces révolutionnaires des champs (ceux de Salernes du moins qui nous ont gardé pendant cette première nuit) ne se fesaient pas une idée bien exacte, il faut le croire d'après leurs paroles, de la situation de nos familles, bien plus cruellement éprouvées que nous.

Ces gens-là (nous voulons parler toujours de nos gardes de Salernes) étaient indignement trompés. Ils s'imaginaient aller à une démonstration plus formidable par le nombre que par l'ardeur guerrière, à une sorte de bravade : ils croyaient changer le gouvernement sans coup férir.

Voilà comment on traîne les masses ignorantes à la honte, au massacre, à tous les crimes.

Un dernier trait suffira pour montrer combien plusieurs étaient abusés.

— Mais enfin, pourquoi donc prenez-vous les armes ? leur disions-nous.

— Que voulez-vous ? répondaient-ils, nous sommes ennuyés d'être vexés par l'autorité et tous ses agents.

— Mais enfin, il faut bien des lois, une règle...

— Ah! bien oui, mais ne pouvoir pas même faire une *lecque* (piège pour les petits oiseaux)! et à-dessus ils nous racontaient minutieusement leurs tribulations à propos des *lecques*, où ils prenaient plus de rats que de rouges-gorges : puis venaient leurs jérémiades sur les droits réunis, cette éternelle et implacable malédiction des habitants des campagnes contre l'autorité et le pouvoir.

Quand nous leur avions démontré, tant bien que mal, que nous avions à souffrir plus qu'eux des droits réunis et que nous n'avions jamais dressé de procès-verbaux contre les chasseurs à la *lecque*, nous étions les meilleurs amis du monde, car ils protestaient vivement de leur respect pour la religion, la famille et la propriété.

La nuit et une partie de la matinée de lundi se passèrent ainsi à deviser amicalement avec nos gardes de Salernes ; ils se relevaient d'heure en heure et deux par deux. Tous tenaient à peu près le même langage bienveillant ; quelques-uns même paraissaient fort ennuyés de leur rôle et déploraient sincèrement leur situation et la nôtre.

Il nous était dur cependant de penser que pour une *lecque* la société pouvait être écrasée sous l'immense piège de la plus terrible, de la dernière des révolutions.

IV.

Après une matinée assez calme, troublée seulement par le retentissement extérieur d'innombrables bandes, qu'on fait défiler sous nos fenêtres, et par des détonations assez intempestives d'armes à feu, nous passons à table.

Sans que nous l'ayons demandé, on nous sert un dîner presque somptueux, eu égard surtout à notre situation.

C'est, de la part de l'excellente maîtresse d'hôtel, un excès de bonnes intentions. Nous devinons cependant bientôt, à l'air de nos geôliers, qui ne sont plus de Salernes, que cette demi-somptuosité n'est pas une recommandation pour nous. En conséquence il est décidé, après mûre délibération, que nous demanderons, comme une faveur, que dorénavant on veuille bien nous servir seulement un potage et un plat de légumes, tranchons le mot, de simples haricots, ce qui est ponctuellement exécuté.

Décidément, notre éducation républicaine avançait et nous aurions peut-être fini, si l'épreuve avait duré, par devenir plus spartiates dans nos habitudes que nos geôliers eux-mêmes.

Le repas est, sinon fort gai, tout au moins assez convenablement réparateur pour nous permettre d'oublier nos fatigues et nous préparer à en supporter de nouvelles, si la volonté de nos geôliers nous réserve d'autres pérégrinations pédestres ; car nous ignorons toujours ce qu'on doit faire de nous. Cette incertitude, d'ailleurs, n'est pas seulement le résultat des précautions employées à notre égard, mais une suite naturelle de l'embarras des chefs de l'insurrection, de l'hésitation qui règne dans leurs projets, des dispositions changeantes des bandes insurgées, et des nouvelles diverses que des estafettes apportent incessamment.

Une scène touchante vient animer la fin de notre banquet.

La porte de la chambre s'ouvre. Un des chefs se présente sur le seuil. Un jeune homme le suit. C'est Pons, le domestique de M. de Combaud.

Ce brave garçon, en apprenant le sort de son maître, n'a pu maîtriser l'élan de son cœur. Il est parti sur le champ, dans la nuit, en courant. Depuis son arrivée à Salernes il obsède les chefs et, à force d'obsessions, il arrive jusqu'à son maître, accompagné de quelques compatriotes.

Nous laissons à l'imagination de nos lecteurs le soin d'achever le tableau. Quelle joie fut la plus grande? celle du serviteur ou celle du maître? qui pourrait le dire ? ces deux joies se confondirent en une seule et réalisèrent ainsi cette sainte et douce égalité du cœur, que les révolutions ont toujours refusée à leurs auteurs et qu'elles n'ont jamais pu ravir à leurs victimes.

Tous les convives s'associent à ces nobles sentiments et ils viennent, tour à tour, presser fraternellement la main du serviteur fidèle et de ses compagnons, chacun les accablant de questions sur sa famille, ses proches et ses amis.

Le chef, présent à cette scène, en paraît importuné et met fin brusquement à ces touchants témoignages, nous menaçant de ne plus nous laisser communiquer avec nos compatriotes, si nous n'abrégeons pas à l'instant nos questions et nos adieux.

On le comprend. Ces témoignages n'étaient-ils pas la condamnation indirecte des théories et de la conduite de nos geôliers, puisqu'ils étaient notre justification ?

Les insurgés marchaient à l'abolition de toute hiérarchie et les chefs, malgré leurs incessantes menaces de fusillade contre leurs hommes, ne pouvaient parvenir à s'en faire obéir un seul instant, tandis qu'un maître captif voyait accourir à ses côtés, spontanément, son serviteur dévoué et prêt à braver mille fois la mort pour lui.

Quel enseignement! et n'en résulte-t-il pas évidemment la démonstration de cette vérité, que s'il existe dans la société des inégalités nécessaires, c'est à la vertu qu'il appartient de les ennoblir, à l'intelligence de les légitimer, aux plus douces inspirations du cœur de les faire accepter et oublier.

Nos forces étant en partie réparées par ce repas, et mieux encore, notre cœur se trouvant ragaillardi par cette bonne visite, notre imagination se prit à secouer ses ailes et l'espérance semblait prête à lui ouvrir ses champs sans limite.

Une prison, qu'on la trouve au fond d'une oubliette ou tout simplement comme nous dans un appartement d'auberge, une prison est toujours une sorte de *chambre obscure*, où les rayons extérieurs peignent bien souvent les objets sous des couleurs d'autant plus vives, avec des nuances d'autant plus prismatiques et charmantes, que l'entourage du kaléidoscope est plus sombre.

Qu'est-ce qu'un rayon de soleil en rase campagne ?

Un filet de lumière perdu dans l'espace radieux.

Eh bien! ce rayon est tout un monde dans l'ombre ou le clair obscur d'une prison.

Aussi, tandis que nos familles sont en proie aux plus vives alarmes, le moindre incident favorablement interprété par nous suffit pour rendre notre disposition d'esprit relativement calme, notre situation presque heureuse.

Il est vrai que le moindre incident, susceptible d'une interprétation contraire, nous jette en des perplexités extrêmes.

Puis, quelques moments après, nous reconnaissons l'inanité ou l'exagération de nos craintes et de nos espérances.

C'est, en résumé, un état permanent d'incertitudes et de fluctuations, où l'idée d'un dénoûment funeste domine, sans que l'espérance abdique jamais tous ses droits.

Seulement, nous trouvons un tout puissant adoucissement à nos inquiétudes dans notre union croissante, dans un accord parfait d'intentions, sinon de vues. Pleins d'estime déjà les uns pour les autres avant notre arrestation, nous voyons cette estime s'accroître dans la confraternité du malheur, à chaque instant, d'heure en heure, au point de la voir changée en une amitié idéale, dont les intimes jouissances nous étonnent. Quand l'un faiblit, l'autre vient à son secours par quelques mots d'encouragement ; celui qui est consolé console à son tour, l'instant d'après, quelque autre plus affligé, ou même son propre consolateur.

Nous formons une sorte de société d'assurances mutuelles contre le découragement ; chacun verse sans compter son action et retire sans chicaner sa part dans le dividende.

Les aspérités de caractères disparaissent au contact d'émotions communes et les facultés les plus nobles de l'âme s'exaltent dans l'association des souffrances.

Nous l'avons éprouvé d'une manière bien vive pendant tout le temps de notre captivité ; le malheur partagé, surtout quand il est accompagné de la satisfaction ineffable d'un devoir accompli, le malheur partagé est la source intarissable d'un immense bien-être moral, dont toutes les jouissances de l'ambition, de la vanité et des félicités vulgaires ne peuvent donner la moindre idée.

C'est ainsi que la Providence, si admirablement juste dans tout ce qu'elle ordonne, mesure toujours l'étendue de la récompense à la grandeur du sacrifice. Ses largesses même vont bien au delà : plus on a confiance en elle, plus elle donne, et nous pouvons affirmer, d'après notre propre expérience, que la vision du ciel commence pour le martyr, bien avant que l'immolation soit consommée.

Pour nous, indignes que nous sommes, la Providence s'est montrée plus libérale encore, nous avons senti nos cœurs réchauffés par les rayons de l'auréole, avant d'avoir senti sur nos fronts les épines du sacrifice.

V.

Étant tous plus ou moins dans les dispositions morales dont nous venons de donner une vague idée, la porte de la chambre s'ouvre et un chef des insurgés se présente.

— M. Oscar Ganzin, dit-il.

Notre compagnon d'infortune s'avance.

— Vous êtes libre ! poursuit le chef.

Nous laissons à deviner l'émotion générale.

Chacun de nous se précipite dans les bras de l'heureux libéré. Nous lui recommandons nos familles. C'est inutile. Il connaît assez nos inquiétudes pour les faire cesser. Quel messager plus intelligent et plus dévoué pouvons-nous envoyer vers elles ?

Notre premier mouvement est donc un mouvement de joie, joie pure, car elle est bien désintéressée.

Mais quand il disparaît !

Hélas ! le cœur humain ne peut pas toujours se maintenir à la même hauteur d'abnégation, d'enthousiasme et de générosité.

Quand la foi n'est pas là pour le soutenir, le cœur a ses défaillances et ses amertumes.

A peine l'heureux prisonnier délivré a-t-il franchi le seuil de la porte, que plus d'un parmi nous peut-être, que celui qui écrit ces lignes du moins sent un mouvement de secrète envie traverser momentanément son cœur.

Toujours est-il que la torpeur succède à la joie.

L'égoïsme parle, l'affaissement moral commence.

C'est justice.

Le courage est la récompense de la vertu.

Le découragement est le premier et le plus juste châtiment de l'égoïsme.

Mais la confraternité du malheur est là pour nous soutenir. Le dévouement renaît de l'association des souffrances.

Des groupes se forment. On discute les chances de délivrance de chacun et de tous.

Si nous sommes délivrés l'un après l'autre, quels supplices !

M. de Combaud propose, dans ce cas, le refus de la liberté offerte individuellement.

Tous ensemble ou pas un ! s'écrie-t-on de toutes parts.

Ce mouvement nous ranime.

Il a peut-être pour auxiliaire la surexcitation de l'insomnie, des fatigues éprouvées, de cette électricité morale qui se dégage, en quelque sorte, des âmes éprouvées par une grande secousse ; n'importe, ce mouvement spontané nous réveille, nous console, nous élève au-dessus de notre situation, devenue évidemment plus précaire, et nous permet de supporter nos inquiétudes, naturellement plus positives.

Instinctivement, au lieu d'occuper à la fois les deux chambres qui sont abandonnées à notre libre usage, nous nous resserrons de plus en plus dans l'occupation exclusive de celle où nous nous trouvons en ce moment, comme pour être plus étroitement ensemble.

La fraternité augmente avec le malheur.

Le gardien chef des prisonniers entre pour procéder à l'appel des prisonniers.

Chacun de nous décline son nom.

Quand je décline le mien, en déclarant ma profession de journaliste, il fronce le sourcil et me rappelle un article où il était peu convenablement traité. J'avais ignoré ou complètement oublié cette circonstance.

D'ailleurs, j'avais bien d'autres peccadilles de journalisme à expier. Quinze jours auparavant je m'étais permis à l'encontre du général en chef, Camille Duteil, alors simple chroniqueur du journal le *Peuple* de Marseille, une plaisanterie un peu aventurée. Il fallait donc en prendre son parti.

VI.

La mise en liberté de l'un de nous et divers symptômes de mauvais augure nous laissent pressentir un triste dénoûment.

On a trouvé apparemment nos premiers gardiens trop bienveillants et trop familiers. Ils sont remplacés par d'autres plus rudes. Ils n'entrent plus dans notre chambre. Le corridor est plus rigoureusement gardé. Les communications deviennent moins faciles. Quelques propos vagues, quelques gestes équivoques, de grands débats, des bruits fréquents dans l'escalier, ces mille riens, qui ouvrent un si large champ aux conjectures des prisonniers, nous préoccupent de plus en plus.

M. Charles de Gasquet a demandé un prêtre.

Il y en a un parmi les prisonniers, avec lequel nous n'avons pu communiquer, M. le curé des Mayons du Luc.

Il est naturel de penser à lui.

Notre gardien-chef ne se rend pas bien compte du véritable but de notre demande.

Comme il manifeste quelque hésitation, M. Charles de Gasquet se hâte de faire observer que tout autre prêtre sera le bienvenu.

— Ah! je comprends! s'écrie le gardien-chef.

Et M. le vicaire de Salernes est agréé.

Nous n'avions pas l'honneur de connaître M. l'abbé Jaüme; mais il nous était impossible de trouver un prêtre plus rempli de l'esprit de Dieu, plus pénétré des saintes ardeurs de la charité, d'un cœur aussi excellent. Nous n'avons point la prétention de le faire apprécier par de vains éloges. Le simple récit des faits est insuffisant aussi pour donner une idée du zèle apostolique de cet estimable ecclésiastique. De pareils dévoûments se sentent beaucoup mieux qu'ils ne se racontent.

Il fallut attendre assez longtemps.

Jaloux d'être fidèle à mon vœu de la veille, je m'étais joint tout d'abord à M. Charles de Gasquet pour obtenir la faveur qu'il sollicitait, et tout retard m'inquiétait.

Enfin, M. l'abbé Jaume se présente et alors commence une scène que nul d'entre nous, il faut bien l'espérer, ne saurait oublier de sa vie.

Épuisés de fatigues, brisés par l'insomnie, accablés par la perspective du sort qui nous est réservé, à bout de raisonnements, de commentaires et d'illusions, nous sommes tous, plus ou moins, dans un état d'affaissement d'autant plus grand, que nous avons effeuillé, une à une, toutes les espérances, que nos réflexions ont effarouché tous les rêves.

Le silence a succédé à la vivacité des causeries et, comme pour augmenter l'obscurité qui se fait sur nos âmes, la nuit extérieure commence à répandre ses premières ombres autour de nous.

Qui n'a ressenti quelquefois dans sa vie, même aux jours de la prospérité, ces vagues atteintes des indéfinissables mélancolies du soir, à cette heure où tous les bruits s'amortissent, où tous les rayons s'éteignent, où toutes les couleurs s'effacent ; comme pour affranchir l'âme des sens et la laisser, inquiète sans cause, dégoûtée de ses joies, triste de ses félicités, croyant reconnaître, dans les sons languissants de l'*Angelus* qui tinte au loin, le dernier adieu d'un ami mourant, le premier appel vers un monde meilleur d'une mère, d'une épouse ou d'un père depuis longtemps pleurés?

Eh bien! cette tristesse du soir, qui gagne parfois les cœurs les plus insoucieux, les âmes les plus résolues, les existences les plus calmes et les plus sereines, que ne devait-elle pas être pour nous, jeunes hommes au printemps de la vie, pères de famille de tout âge, laissant derrière nous, au milieu de mille dangers inconnus, dans un épouvantable chaos, tant d'être chéris, tant de parts de nos cœurs!

Les plus jeunes ne peuvent regretter que des illusions, les plus âgés, que des réalités, ceux qui sont arrivés à moitié chemin de l'existence, que des devoirs; mais tous cependant sentent comme un immense poids sur leur cœur, car s'ils peuvent s'oublier eux-mêmes, ils songent à ceux qui restent.....

Mais le prêtre est là!...

VII.

Quelques-uns parmi nous ne s'étaient pas agenouillés devant un prêtre depuis longtemps. Ils laissent s'approcher d'abord du ministre de Dieu ceux pour qui l'accès des consolations religieuses est plus facile.

Ils les voient revenir vers eux, calmes, sereins, presque souriants.

Cette communauté de souffrances exceptionnelles, ces émotions si vives et si pénétrantes constamment partagées avec tant d'égalité d'humeur, tout nous rapproche tellement les uns les autres, que la salutaire contagion de l'exemple se propage.

Après quelques instants d'hésitation, l'un des retardataires se décide. Il revient plus satisfait et plus calme que les premiers. Son exemple entraîne les autres. Tous sans exception s'approchent du prêtre et déposent à ses pieds le fardeau de leurs misères: ils reçoivent en retour la bénédiction et le pardon suprêmes et se relèvent allégés, raffermis, merveilleusement consolés, pleins de confiance dans les célestes promesses.

Après nous avoir tous successivement entendus et bénis dans une de nos deux chambres, momentanément convertie en un sanctuaire, d'où nos gardes eux-mêmes se tiennent respectueusement écartés, le jeune prêtre accourt au milieu de nous, le cœur débordant d'une sainte et douce joie qui nous pénètre tous également.

Son front rayonne, ses yeux sont humides de larmes contenues, sa voix tremble d'émotion, sa main presse étroitement nos mains.

Oh! alors, il se passe en nous un de ces mystères ineffables de consolations surhumaines, que notre plume est impuissante à retracer. Un saint enthousiasme nous saisit et nous transporte, pour ainsi dire, sur le seuil d'un monde meilleur. Toutes nos douleurs disparaissent, toutes nos inquiétudes s'évanouissent, une paix qui n'est pas de ce monde inonde nos âmes.

L'un de nous s'écrie :

— Voilà la véritable fraternité !

Et tous, successivement, nous inaugurons par de mutuelles étreintes le pacte d'une amitié désormais inaltérable et indissoluble, que le malheur avait déjà cimentée et que les consolations de la foi idéalisent et consacrent à tout jamais.

Dès ce moment une nouvelle vie commence pour nous.

Aux causeries vives, animées, accidentées, partielles, jamais emportées, mais parfois un peu divergentes, succède une sorte de conversation large, calme, sereine, intime, sympathique, d'une gravité communicative et douce, à laquelle tout le monde prend part sans précipitation, sans trop de vivacité, qui réchauffe le cœur sans l'ébranler, qui repose l'esprit sans l'étonner, qui calme l'imagination sans l'assoupir.

VIII.

Les plus jeunes et les moins susceptibles en apparence de gravité philosophique, s'il faut en juger par l'âge, sont les mieux pénétrés de la seule philosophie réelle, pratique, positive, de la philosophie chrétienne.

Mon jeune parent, Émile Perreymond, me dit alors sans affectation de stoïcisme et du ton le plus naturel du monde :

— « Il me semble que je considère la vie de loin et comme une vision qui m'est désormais étrangère. »

Si je cite ces paroles, c'est qu'elles étaient la fidèle expression d'un sentiment unanime.

Plein d'attentions délicates pour nous, M. l'abbé Jaume nous avait fait parvenir quelques livres, parmi lesquels nous avions remarqué l'*Imitation de J.-C.*

M. de Combaud le prend et nous propose d'en lire quelques chapitres avant le repas du soir : nous n'avons pas besoin d'ajouter que cette proposition est accueillie avec enthousiasme.

Le livre est ouvert au hasard, et voici les premières pensées qui descendent sur nous comme une rosée bienfaisante :

« *Il est avantageux d'avoir quelquefois des afflictions et des traver-*
« *ses, parce qu'elles font souvent rentrer l'homme en lui-même, en lui*
« *faisant connaître qu'il est ici-bas dans un lieu d'exil, et qu'il ne doit*
« *mettre son espérance en aucune chose de ce monde.* »

Plusieurs chapitres sont ainsi lus d'une voix ferme, mais communicative, au milieu du recueillement général.

Puis la lecture, suspendue pendant quelques instants remplis par des réflexions et des commentaires sur l'à-propos étonnant des pensées pieuses contenues dans ce livre merveilleux et saint, la lecture est reprise et c'est toujours la même opportunité de consolations et d'avertissements sacrés qui nous frappe, nous captive et nous tient comme suspendus aux lèvres du lecteur, ému pour le moins autant que les auditeurs.

« *Si vous n'êtes pas aujourd'hui prêt à mourir, comment le serez-*
« *vous demain? Ce demain est incertain; et que savez-vous s'il y en a*
« *un pour vous?*

« *Que nous revient-il de vivre longtemps, puisque nous nous corri-*
« *geons si peu?*

« *Hélas! une longue vie ne sert pas toujours à nous amender; elle*
« *ne fait souvent qu'augmenter nos fautes.*

« *- Plût à Dieu que nous eussions bien vécu en ce monde seulement*
« *pendant un jour!...*

..... « *Si la mort est à craindre, il est peut-être plus dangereux de*
« *vivre longtemps.....* »

Mais il nous faudrait transcrire ici le livre tout entier, si nous voulions faire l'historique fidèle de la nouvelle vie intérieure que vient d'inaugurer l'acte solennel, récemment accompli par nous dans toute la sincérité de nos cœurs.

Nos gardiens eux-mêmes, devenus quelque temps auparavant plus turbulents et querelleurs, semblent comprendre notre recueillement et nous n'entendons que le bruit régulier de leurs pas dans le corridor.

Nous n'avons, pour passer la nuit, que quatre ou cinq matelas qui doivent suffire à treize prisonniers, nombre auquel nous nous trouvons réduits par l'évasion de M. de Commandaire, l'élargissement de M. Oscar Ganzin et le transférement à l'hôpital de M. Gasquet, Jacques, incommodé par les fatigues de la route.

Nous tenons à ne plus nous séparer, tant la vie en commun a pour nous de charmes irrésistibles, intimes, nécessaires, et nous occupons une seule chambre, d'une dimension ordinaire.

Nous étendons autour du feu nos matelas, sur lesquels chacun se place du mieux qu'il peut et tout habillé, ayant les pieds, autant que possible, tournés vers le foyer, ou bien enveloppés d'un coin de couverture. Nous sommes trois par trois sur chaque matelas, et l'on comprend que notre situation est assez gênante et peu favorable au sommeil.

Cependant il s'empare bientôt de la plupart d'entre nous.

J'étais, pour ma part, assez étroitement emprisonné entre M. de Combaud et M. Vacquier, vieux soldat de l'Empire, qui avait le sommeil sonore, et cependant, à ce qu'il paraît, communicatif, car je m'endormis, la tête un peu appuyée sur l'épaule de M. Charles de Gasquet, dont le matelas était placé transversalement par rapport au nôtre.

Les insurgés dormirent moins bien que nous pendant cette nuit. Une fausse alerte les fit tous tressaillir dans la soirée.

Un chef arrive, pâle et atterré, croyant voir nos braves soldats sur ses talons.

Le cri : Aux armes ! retentit de toutes parts dans le camp de l'anarchie.

Les mauvaises causes ne donnent pas du cœur.

Une colonne d'insurgés sort de la ville et va bivouaquer sur les hauteurs.

Quant à nous, notre conscience est en repos et nous dormons gardés par la Providence, invisible mais vigilante sentinelle.

IX.

A peine avons-nous secoué nos membres, un peu engourdis par les positions forcées résultant de notre entassement nocturne, que notre gardien-chef entre, la physionomie presque souriante, et prend la parole d'un ton singulièrement radouci.

— Vous pouvez écrire à vos familles, dit-il.

Nous nous étions endormis, la veille au soir, avec la pensée qu'une fusillade prochaine était une des perspectives les plus probables du lendemain, et voilà que, sur un mot de notre gardien-chef, tous nos sinistres pressentiments font place à une douce dilatation du cœur.

Il fut convenu que nos lettres seraient courtes, circonspectes et réservées. Cette contrainte nous parut bien dure, mais quand on est résigné à mourir, on apprend à se contenter de peu.

Cette matinée du mardi fut donc relativement heureuse. Elle fut en grande partie consacrée à notre correspondance.

Absorbé dans cette douce occupation, chacun perdit de vue les gardiens, leurs allures et toutes les minuties qui nous alarmaient tant la veille.

Cependant la même agitation régnait encore à l'extérieur. Les tambours et le défilé des bandes insurrectionnelles allaient leur train. La Déesse-Raison, toujours à pied et dans le même costume, manteau bleu et bonnet rouge, portant drapeau de même couleur, entourée de quelques jeunes femmes parées d'éclatantes écharpes, vint à passer de nouveau sous nos fenêtres. Il nous semblait que les mêmes bandes défilaient plusieurs fois devant l'hôtel. Etait-ce une tactique ayant pour but d'exagérer à nos yeux les proportions du soulèvement, afin que nos communications épistolaires fussent influencées par ces impressions? Nous ne saurions positivement l'affirmer, mais c'est assez probable.

La lecture de l'*Imitation* fut reprise. Elle remplaçait avantageusement pour nous les causeries inquiètes et les suppositions contradictoires, dont le moindre inconvénient était de ne rien changer à notre état.

Nous ne voyions plus autour de nous de trop fâcheux symptômes et nous reçûmes quelques visites de bon augure.

Nous ne comprenions rien pour le moment aux allures de nos gardiens pendant cette journée du mardi. Les préoccupations étaient grandes, à ce qu'il paraît, dans le camp de l'insurrection, et l'influence s'en faisait ressentir tant auprès du corps-de-garde stationnant à la porte de l'hôtel Basset, qu'auprès des gardiens postés dans l'escalier et à la porte de nos chambres. Ils étaient tantôt d'une sévérité excessive et tantôt d'une complaisance extrême.

Le dîner fut aussi frugal que le souper de la veille, mais beaucoup plus animé et entremêlé de quelques joyeuses saillies.

On vint nous annoncer que nous marcherions dans la soirée sur Aups.

Plusieurs d'entre nous, autant par suite de leurs habitudes que par les exigences de leur constitution, ne pouvaient supporter indéfiniment ce système de locomotion forcée.

Mais nous étions résignés à tout et les nouvelles favorables, que nous venions de recevoir, nous donnaient des forces.

X.

Quatre heures du soir sonnaient à l'horloge de l'hôtel Basset, lorsque nous descendions l'escalier pour reprendre le chemin inconnu de l'exil ou de la mort, et continuer le pélerinage d'une captivité incertaine et nomade.

En sortant de Salernes, tous les ôtages, au nombre de 80 environ, et leur escorte, prirent un chemin de traverse conduisant à Aups directement vers le nord, par une rampe des plus raides, car il faut gravir une montagne abrupte et aride, couverte seulement de plantes aromatiques.

Le soleil touchait le bord occidental d'un horizon sans nuages : à chaque pas on voyait cet horizon si pur s'élargir en s'abaissant.

Le coucher du soleil est un beau spectacle en Provence, même en hiver.

L'air singulièrement doux, vu la saison et la contrée, est chargé d'arômes alpestres, et chaque sommet de colline, en s'effaçant, laisse entrevoir au loin, au midi et à l'est, dans une brume légère, colorée par les derniers rayons du jour à son déclin, des sommets bien connus :

Doux phares de mon cœur que de loin je devine.

Là bas, noyé dans les splendeurs du couchant, voici le mont *Sainte-Victoire*, non loin de l'ancienne capitale de la Provence. Ce ne sont point les souvenirs glorieux du triomphe de Marius qui me touchent le plus en ce moment, mais bien les joyeuses réminiscences de ma belle jeunesse d'étudiant. — Comme les révolutions vieillissent vite hommes et choses ! — Il n'est plus d'âge pour la joie aujourd'hui.

Ici, plus près de nous, c'est le *Bessillon* ou le mont *Saint-Joseph*, si célèbre dans l'histoire de Provence par le *pardon de Notre-Dame-des-Grâces* de Cotignac. Autrefois tous les habitants valides de nos communes affluaient à l'entour de la sainte chapelle, illustrée par la visite d'un royal pèlerin. Aujourd'hui que le lien est rompu entre le peuple et le roi, des cités et des bourgades entières se lèvent pour s'entredéchirer.

Au midi, c'est la *Sainte-Baume*, dont la silhouette bleue se détache sur la moire rose du ciel, nous parlant en vain de repentir et de pardon.

Au sud-est s'étend la chaîne des *Maures* dominée par *Notre-Dame-des-Anges*. Toujours et partout des chapelles à *Marie*, la *Bonne-Mère* du peuple, la patronne de la France.

Enfin, bien d'autres sommets encore ; tous me disent que plus d'un cœur fraternel prie en ce moment pour les pèlerins captifs, pouvant heurter la mort à chaque caillou du chemin.

A travers mes regrets, je vous connais toujours,
Chaîne de vieux rochers, témoins de mes beaux jours,
— Pareille au souvenir — vaporeuse et lointaine !

Ce spectacle d'un beau soir d'hiver, de cette belle nature prête à s'assoupir, de cette patrie si triste vue de près, si riante vue de loin, saluée par nous d'un dernier regard peut-être, cet ensemble a quelque chose de si solennel et de si touchant, qu'une partie des gens de l'escorte est saisie d'une certaine émotion.

A la vue des montagnes qui abritent leurs foyers, dont ils s'éloignent de plus en plus, quelques-uns laissent échapper de vagues regrets, qu'ils témoignent à leur manière, en quelques mots rudes et grossiers.

Les plus entraînés cherchent à s'étourdir par des chants. Ils murmurent d'une voix sourde, sans vigueur, comme s'ils craignaient d'être entendus et surpris par l'ennemi, ils murmurent quelques refrains anarchiques.

Un de ces refrains : *la république, à bas les rois !* retentit autour de nous sur un air monotone et lent, plus digne d'une marche funèbre que d'un hymne triomphal.

XI.

Cependant les premières ombres descendent sur nous, au moment où le panorama, que nous avions naguère sous les yeux, disparaît derrière le sommet de la colline que la colonne vient de gravir. Le chemin étroit et raboteux plonge en serpentant dans de sombres et petits vallons. Tantôt d'épais massifs de pins, tantôt des groupes d'oliviers bordent la route profondément encaissée. Les dernières lueurs du crépuscule s'évanouissent avant que la lune se lève.

Le cortége devient tout-à-fait silencieux et morne. Tous, gens de l'escorte et prisonniers, nous comprenons que notre existence est plus sérieusement menacée que jamais, qu'elle ne tient qu'à un fil.

Les insurgés s'attendent à être attaqués d'un instant à l'autre.

Si la colonne est surprise par cette nuit, dans ces gorges solitaires et sombres, que vont-ils devenir, geôliers et captifs, tous enfants de la même patrie ?

Au sortir de ces étroits défilés, la lune enfin nous montra son disque paisible et doux. Il s'élevait lentement, dans l'azur limpide, sur les hauteurs grisâtres dominant la vallée d'Aups : au fond de cette vallée une blanche brume s'étendait comme un large linceul.

On eût dit que le spectre de la patrie désolée se levait sur ces champs en deuil pour attendrir les âmes les plus atroces, consoler les cœurs les les plus navrés, pleurer d'avance les victimes.

Ou plutôt n'était-ce pas un céleste rayon de la Providence qui veillait sur nous, un maternel regard de la divine Vierge, qu'imploraient à cette heure tant de sœurs éplorées, tant de jeunes femmes éperdues, tant de pauvres enfants, petits anges de la terre, pleurant de voir pleurer leur mère, bégayant, à travers leurs larmes si pures, des prières si touchantes !

XII.

L'aspect de la ville d'Aups et de ses alentours est morne.

On n'entend que des bruits étouffés et de vagues rumeurs.

A notre entrée dans la ville nous défilons sur une esplanade, couverte de grands et beaux arbres dont les rameaux multipliés laissent à peine filtrer quelques pâles rayons de lune. Le cortége se range et stationne fort longtemps devant l'Hôtel-de-Ville.

Des cris d'impatience se font entendre autour de nous.

Cependant notre gardien-chef s'avance pour nous tirer de l'état d'anxiété dans lequel se trouvent la plupart d'entre nous.

Et l'on nous achemine vers l'hôtel Crouzet, situé à quelques pas de l'Hôtel-de-Ville, à l'angle nord de l'esplanade, du côté des premières hauteurs qui s'échelonnent derrière Aups.

La façade est tournée vers le sud-ouest, dans un enfoncement ; on entre par une cour et à gauche, vers l'angle nord, s'élève une terrasse au pied du mur.

Tandis que nous entrons dans l'hôtel, quelques sifflements se mêlent aux rumeurs de la foule des insurgés qui rompent les rangs.

On nous conduit dans un appartement composé de deux pièces qui donnent l'une dans l'autre au deuxième étage.

De ces deux pièces, l'une prend jour sur la façade par deux croisées et l'autre par une petite fenêtre s'ouvrant au nord du côté des hauteurs.

Un seul lit occupe une bonne partie de la première chambre et deux autres lits encombrent la seconde.

Nous nous installons autour de l'unique cheminée placée à peu près en face de la porte de la première pièce, tandis que notre gardien-chef nous lit un ordre du jour du général.

Il y était question des malheurs qu'entraîne la guerre et surtout la guerre civile, et de la circonspection qu'exigeait la situation des prisonniers. En terminant, le général déclarait qu'il était prêt à entendre nos réclamations.

La lecture de cet ordre du jour, dont notre gardien-chef semblait se complaire à nous faire remarquer les intentions bienveillantes, calma un peu les plus alarmés d'entre nous.

MM. de Combaud et Courdouan, juge de paix, qui avaient causé plus particulièrement avec M. David dans le trajet de Salernes à Aups, dirent alors à ce dernier qu'ils demandaient formellement une entrevue au général. — On leur fit espérer que cette demande serait bien accueillie et que l'entrevue aurait lieu dans la soirée, ou tout au moins dans la matinée, mais cette promesse en resta là comme tant d'autres (1).

Cependant, à la lecture de l'ordre du jour succède celle de l'*Imitation de Jésus-Christ*, lecture bien autrement consolante et réparatrice, que nous écoutons tous avec un sentiment croissant de résignation et de calme, pendant qu'on fait les apprêts de notre repas.

Etonnante singularité ! ce repas, qui devait être plus triste que les précédents, est le plus gai de tous.

Nous ignorions cependant que ce devait être le dernier.

L'un de nous observe que nous sommes treize. On échange quelques plaisanteries. M. Andéol de Laval est signalé comme étant le plus jeune et l'un des deux plus exposés aux chances de la superstition populaire attachée à notre nombre fatal.

Notre héroïque ami ne se doutait certainement pas en ce moment que son dévoûment nous sauverait tous, en l'exposant lui-même à perdre dix fois une vie préservée par un miracle évident.

La table principale étant insuffisante, nous en improvisons à la hâte une toute petite, à l'aide d'une sorte de tabouret. M. Andéol de Laval s'y place à côté de MM. Crouet et Perreymond, Emile. L'espace où nous sommes étant fort resserré, un mouvement de ma chaise, placée devant la table improvisée, fait chavirer une énorme bouteille qui se brise.

---

(1) L'honorable M. Louis Giraud, du Luc, nous a rapporté le fait suivant:
« Le 10 décembre, à 9 heures du matin, C. Duteil vint voir les ôtages du Luc et leur dit: — Vous savez ce qu'étaient les ôtages sous les anciens. Nous en avons aussi, nous, au fort Lamalgue et à Draguignan. Comme on les traitera vous serez traités. »
Le chef des insurgés parle aussi, dans l'écrit publié par lui à Savone, de cette visite en ce qui concerne les ôtages du Luc et de la Garde-Freinet: puis il ajoute, en parlant des prisonniers de Lorgues (nous citons textuellement):
— Ont-ils demandé de me voir.
— Non général.
— Ah! tant mieux, m'écriai-je, je ne serai pas forcé de rougir devant eux de la conduite que vous avez tenue (en s'adressant à ses lieutenants) à Lorgues et que je n'ai pu empêcher.
Ce passage, significatif sous plusieurs rapports, est en contradiction avec les déclarations faites aux ôtages de Lorgues. Le récit de C. Duteil fourmille d'ailleurs de contradictions et d'erreurs. Il nous fait jouer un rôle à la Régulus, et cite un entretien qu'il suppose avoir eu avec nous, ôtage de Lorgues, dans la même page où il avoue n'avoir pas voulu voir ces mêmes ôtages pour ne pas être exposé de rougir devant eux.

— Bah! ce n'est que du vin, dit l'un de nous.

M. Crouet se récrie sur cet incident de mauvais augure.

— On n'est point assez phalanstérien pour voir ce qui se passe dans une situation pareille, lui est-il répondu.

Et le repas continue dans ces joviales dispositions.

Hélas! on rit, on plaisante, et la mort nous guette par le trou de la serrure.

La mort aime les surprises. Elle se hâte de se ruer sur nous quand nous ne l'attendons point; elle a semblé se plaire à nous fuir quand nous étions en droit de l'attendre.

Ou plutôt la Providence permettait sans doute qu'un bandeau tombât par moment devant nos yeux pour nous dérober la vue du péril.

Sans nous arrêter à l'idée de respecter la velléité manifestée par les chefs de prendre possession de nos lits, des matelas sont enlevés par nous et mis à terre. Quelques-uns se couchent transversalement sur les paillasses, appuyant leurs pieds sur des chaises et des tables rapprochées des lits.

Pour calmer nos inquiétudes et nous préparer au repos du corps par le repos de l'âme, nous avons recours auparavant à notre remède habituel qui ne manquait jamais son effet, c'est-à-dire, à nos pieuses lectures.

Enfin, vers les deux heures, M. Paulin David entre d'un air confiant et résolu; il nous dit, avec une certaine expression d'intérêt :

— Je viens dormir au milieu de vous.

En parlant ainsi, il dépose ses pistolets sur le marbre de la cheminée.

Chacun lui offre avec empressement une part de sa couche improvisée.

Il choisit le matelas où repose M. Andéol de Laval, placé en travers de la porte de la seconde chambre, et bientôt règne dans notre appartement le silence le plus complet.

XIII.

Tandis que l'anarchie veille pour la ruine et l'autorité pour le salut de la société, plusieurs d'entre nous reposent, car le repos vient de la conscience et non des projets des hommes.

Le même matelas sert de lit à notre gardien-chef, M. P. David, et à notre cher Andéol de Laval, le plus jeune des ôtages, et celui qui est destiné aux plus rudes épreuves.

Les armes de notre gardien-chef dorment aussi sur les tablettes de la cheminée.

M. P. David nous a vus pendant ces trois jours.

Il connaît mieux que nous ce que peuvent faire les soldats du matérialisme et de l'incrédulité.

Il a vu quelle conduite la foi chrétienne inspire à ses plus indignes défenseurs.

Qu'il compare donc et qu'il juge.

Il a jugé, puisque ses armes sont là, sous notre main et qu'il dort au milieu de nous.

Nous sommes debout depuis plus d'une heure et il dort encore.

Ne dirait-on pas que notre entourage lui inspire plus de confiance que celui de ses frères d'armes ?

Cependant la conversation s'engage. Des questions d'économie politique sont agitées. MM. de Combaud et Charles de Gasquet causent tranquillement octrois et impôts, tout comme s'ils étaient étrangers à ce qui se passe. M. P. David, s'il ne dort pas tout-à-fait, peut entendre ces conversations, sans en être trop scandalisé, car les deux interlocuteurs se montrent partisans de réformes pratiques.

Notre gardien se lève et nous quitte. Ce n'est plus un geôlier, on dirait un ami.

Un magnifique soleil inonde notre chambre.

Le ciel est sans nuages et l'air d'une tiédeur extrême.

Nous sentons bientôt la nécessité d'ouvrir nos croisées.

Nous avons pour perspective un des côtés de l'Hôtel-de-Ville, et obliquement une partie de l'esplanade plantée de grands arbres et couverte d'une foule d'insurgés qui va toujours grossissant. A travers les arbres dépouillés on entrevoit une large plaine à gauche, tandis qu'à droite la vue s'étend sur des hauteurs, où s'échelonnent des plantations d'oliviers pareilles à des jardins suspendus.

Jamais notre splendide climat n'avait prodigué une suavité comparable à celle de ce beau jour d'hiver, qui semblait devoir être le dernier pour nous.

Nous évitions habituellement de nous montrer aux croisées. On en comprend le motif.

Mais l'air est si doux, le ciel si pur, le soleil si beau, comment résister à la tentation ?

M. Charles de Gasquet se laisse entraîner malgré nos observations.

A l'instant, des insurgés, stationnant à quelque distance, dirigent leurs fusils vers nos croisées.

Il faut se résigner.

Nous ne pouvons toutefois renoncer aux chauds rayons de ce beau soleil provençal, notre dernier ami, notre dernier consolateur, vivante image de cette Providence qui pénètre partout, domine tout, éclaire, ranime et nourrit à la fois ceux qui la méconnaissent, comme ceux qui espèrent en elle.

Nous tirons avec soin les rideaux, laissant un étroit espace entre eux, afin de voir sans être vus.

Soit accablement physique (je n'avais dormi que peu d'instants), soit tiédeur de l'atmosphère augmentée par la chaleur du foyer et l'agglomération de treize personnes dans une étroite chambre, je cède momentanément à une sorte de langueur morale.

L'image de mes enfants, de ma femme, de mes sœurs désolées, passe un moment devant mes yeux ; je me sens saisi comme par un vertige.

Hélas ! que font-ils en ce moment, tous ces êtres chéris, déjà si loin derrière moi ?

Ma demeure, au milieu des champs, est ouverte à toute heure.

La pauvre mère de famille, isolée au milieu même de ses enfants, ne craint plus rien. Que lui importe le danger maintenant ? — Elle erre dans les campagnes, elle interroge les passants, elle écoute du haut des collines des bruits imaginaires.

Les enfants, ces pauvres petits anges qui remplissent la maison d'un si joyeux bruit, la laissent triste et silencieuse. Ils s'en vont, ne comprenant pas toute l'étendue du malheur qui les menace, mais le devinant aux yeux de leur mère, pâle d'insomnie et d'angoisse, ils s'en vont muets, abattus, oubliant l'heure du repas. La plus jeune, non la plus aimée, mais la plus caressée, interroge à voix basse :

— Papa, ne viendra-t-il pas demain, après-demain ?

Voyant qu'on ne lui répond pas, elle ajoute naïvement :

— Et l'autre après-demain ?

Puis elle pleure.

Combien de familles en proie, pendant des jours bien longs et des nuits bien plus longues encore, à de pareilles angoisses, à de plus terribles peut-être ?

Cette journée d'hiver, qui nous sourit ainsi d'un dernier sourire, nous rappelle tant de calmes journées, tant d'heures dorées et sereines, dont il nous semble que nous n'avons point assez goûté le charme paisible !

Pendant les dernières heures, il est toujours un moment où l'on voudrait se rattacher à la vie.

Aux regards d'un mourant le soleil est si beau !

Ces cuisantes atteintes des mélancolies suprêmes sont les plus cruelles épreuves de l'homme, mais il n'est rien que la foi ne domine.

Je tourne mes regards vers mes compagnons d'infortune.

Ceux-ci sont plus jeunes, ceux-là plus riches que moi. D'autres laissent aussi une nombreuse famille et de jeunes enfants.

Et puis tout n'est pas fini ici-bas.....

Courage donc !

.... C'est le bonheur de vivre
Qui fait la gloire de mourir ! —

Heureuse la victime qui meurt sans maudire ses bourreaux !

La lecture de l'*Imitation de J.-C.* est reprise, les dernières langueurs de ma défaillance morale disparaissent insensiblement. La paix et la confiance en Dieu inondent bientôt mon âme, je songe à ma mère, sainte femme à qui je dois plus que la vie, — une foi simple et sincère — et qui m'attend là-haut !

Je songe aussi aux prières de mes pieuses sœurs ; l'air résigné de mes compagnons d'infortune me raffermit complètement.

Il en est pourtant parmi eux quelques-uns plus éprouvés que moi par les fatigues physiques des jours précédents.

Si nos étapes doivent se prolonger dans les montagnes, ils ne pourront les supporter.

Ils demandent à voir un médecin.

Après une assez longue attente, il est introduit. C'est un ami qui s'est laissé entraîner par les insurgés. Embarrassé devant nous, il ose à peine nous laisser quelque espoir.

Il se contente de promettre aux plus fatigués qu'ils seront retenus à Aups, et probablement transférés à l'hôpital. Nous sommes habitués à ne pas compter sur les promesses.

On vient nous annoncer que nous dînerons à onze heures, une heure plus tôt que d'habitude.

Pourquoi cela ?

Tout ce qui n'est pas ordinaire est de mauvais augure dans une situation aussi précaire que la nôtre.

Je ne sais quelle fantaisie m'entraîne en ce moment à vouloir faire disparaître les traces de l'insomnie et de la fatigue, à procéder à une espèce de toilette de propreté, fort oubliée depuis deux jours.

Je passe dans la chambre du fond et j'éprouve un certain bien-être à me rafraîchir le visage ; je reviens plus dispos vers mes compagnons de captivité, en train de discuter fort tranquillement sur la teneur d'un avis collectif à faire parvenir à nos familles, pour leur proposer des moyens de délivrance.

Au même instant se font entendre quelques détonations, lointaines et isolées, mais qui se succèdent à des intervalles fort rapprochés.

Prêt à écrire sous la dictée de M. de Combaud, je dépose sur la cheminée le papier et le crayon que je tiens à la main.

Mademoiselle Crouzet entre précipitamment, tremblante, effarée :

— Ce sont les soldats, dit-elle.

— Quels soldats ?

— Je ne sais, je vais voir.

La fusillade se rapproche.

— Ce sont les Français ! crie, en apparaissant et en disparaissant une seconde fois, Mlle Crouzet.

— Ce sont les Français ! ce cri touchant, dans la bouche d'une jeune fille naïve, est le plus simple et peut-être le plus bel éloge de nos libérateurs. Mais plusieurs ne peuvent entendre et comprendre ce cri, car la fusillade éclate à l'instant autour de nous, en même temps qu'une voix nous crie dans l'escalier :

— Barricadez-vous !

Un prisonnier croit reconnaître la voix de P. David, notre gardien.

L'idée que nous allons être égorgés par les insurgés, mutinés contre leurs chefs ou exaspérés par une attaque imprévue, s'empare de nous.

Les abat-jours des croisées sont vivement fermés.

Le bruit de la fusillade redouble et se prolonge.

— Recommandons notre âme à Dieu et prions pour tous ceux qui meurent, dis-je alors à mes amis.

Et tous, agenouillés dans l'obscurité, nous murmurons une dernière prière (1).

---

(1) Nous tenons de l'honorable M. L. Giraud, actuellement membre du Conseil Général, les détails suivants relatifs à la scène qui se passait en ce moment dans la chambre occupée par les ôtages du Luc et située au premier étage, au-dessous de celle occupée par les ôtages de Lorgues :

« Vers les onze heures, lorsque nous nous disposions à manger une soupe de haricots, Mlle Crouzet vint nous annoncer l'arrivée des troupes. Les croisées étaient ouvertes et les prisonniers disposés à regarder, lorsque les gendarmes, mieux avisés, s'y opposèrent et fermèrent. On alluma une chandelle pour éclairer l'appartement. Le digne curé des Mayons-du-Luc prit la parole et engagea les ôtages à se mettre à genoux. Il dit à haute

Nous courons ensuite vers la porte de la chambre pour la barricader et nous voulons soulever d'abord la table qu'on vient de disposer pour notre repas, oubliant qu'elle est formée de planches mobiles. La table tombe et tout se brise. Quelques-uns poussent le lit, d'autres s'y opposent. On se contente de placer une planche contre la serrure, en la contenant assujettie sur le plancher.

Cependant, par la fenêtre de la chambre du fond, prenant jour du côté des hauteurs, M. de Combaud et moi nous apercevons quelques insurgés en blouse qui fuyent, regardant en arrière de temps à autre et cherchant à se cacher en suivant à pas de loup les murs de soutènement des hauteurs environnantes.

Cette découverte nous donne quelque espoir.

Les fenêtres de la façade s'ouvrent.

Nous nous entassons dans les embrasures, en criant au milieu de la fusillade :

— Les prisonniers ! les prisonniers !

— L'uniforme ! l'uniforme ! s'écrie, transporté, M. Vacquier, ancien soldat de l'Empire.

MM. Andéol de Laval et Jules de Gasquet se précipitent sur la terrasse pour courir au-devant des soldats.

M. Jules de Gasquet descend vers la cour, cherchant une issue vers nos libérateurs.

M. Andéol de Laval, courant derrière une rangée de charrettes qui se trouvent en avant de la terrasse, est pris pour un chef de bandes.

Les gens de l'escorte des prisonniers avaient déjà fait une décharge, avant de fuir par les fenêtres du rez-de-chaussée de l'hôtel Crouzet.

— Point de quartier ! s'écrie-t-on du côté de la troupe, en désignant l'héroïque jeune homme, qui se débat déjà blessé et qui essuie à bout portant le feu de tout un peloton.

Il est effleuré par une grêle de balles.

---

voix l'acte de contrition, qui fut répété en commun, et donna l'absolution à ses compatriotes agenouillés.

« Peu d'instants après, on apportait Mlle Crouzet évanouie. On la plaça sur le lit de sa mère, car la pièce occupée par les ôtages du Luc était la chambre de la femme du propriétaire de l'hôtel ».

La pièce, de l'autre côté du pallier, à gauche en montant au premier étage, était occupée par les ôtages de la Garde-Freinet. Ceux-ci songèrent trop tard à fermer les fenêtres. C'est au moment où il s'apprêtait à le faire, que M. Panescorce fut frappé à mort.

Il tombe enfin aux pieds des soldats.

Dix baïonnnettes vont le percer.

Le fer déchire son bras (nous avons vu la cicatrice) et s'appuie déjà sur sa poitrine.

En ce moment on vient d'apercevoir aux fenêtres de l'hôtel les gendarmes désarmés, et M. Jules de Gasquet atteint et arrête les soldats, tandis que trois intrépides volontaires d'Aups, M. Escole et ses deux fils, interviennent aussi.

Les fusils tombent, les mains se lèvent vers le ciel, des larmes brillent dans tous les yeux.

Un officier presse M. de Laval dans ses bras.

— Sauvez mes camarades, s'écrie notre sublime compagnon d'infortunes; quant à moi, je suis blessé, mais qu'importe, vive la ligne !

De pareilles scènes sont intraduisibles.

Nous nous précipitons tous dans l'escalier, égarés, éperdus, n'ayant pas le temps de comprendre notre joie autrement que par un élan irrésistible de reconnaissance envers Dieu et ne songeant pour le moment qu'à notre ami blessé.

Nous le retrouvons couché dans cette salle du rez-de-chaussée où nous devions être transférés la veille par l'ordre des chefs : les rideaux et les carreaux de vitres sont littéralement mis en pièces et criblés par les balles.

Un médecin nous rassure sur l'état de M. de Laval.

Une balle a effleuré la tempe.

Une autre a labouré les chairs de l'épaule.

Le bout de deux orteils est écrasé.

Cependant les vêtements du blessé sont lacérés dans tous les sens par les projectiles. Sa cravate est en lambeaux et sa casquette mise à jour.

Comment expliquer ces étranges résultats ?

N'est-ce point la miraculeuse récompense d'un dévoûment héroïque ?

Des traces de plomb de chasse apparaissent, en outre, sur le visage, à la poitrine et sur les mains.

C'est un dernier témoignage de la férocité de l'insurrection aux abois.

Hélas ! il en existe un témoignage plus cruel encore.

C'est le lingot trouvé, lors de l'autopsie, dans le flanc de l'infortuné Panescorce, frappé à mort, au moment où il allait fermer la fenêtre.

Tel était déjà le socialisme en action.

Qu'aurait-il fait le lendemain de la victoire ?

XIV.

Quelques détonations se font encore entendre dans l'éloignement, peu d'instants après notre délivrance.

Notre compagnon, M. Vacquier, a déjà pris un fusil abandonné par un insurgé et court comme un jeune homme à la poursuite des fuyards.

Nous embrassons nos libérateurs avec transport et surtout deux intrépides volontaires, M. Devaux, percepteur à Lorgues, et le jeune comte Édouard de Colbert.

Le premier appartient à une famille de braves; non content d'avoir préservé sa caisse du pillage, il a voulu sauver ses amis, en guidant nos infatigables soldats au milieu des montagnes, par des chemins affreux, dans une course haletante de sept heures.

Le second, digne héritier d'une noble maison, a fait des prodiges pour sauver son père. La fougue d'un cheval arabe n'obéit point encore assez à l'ardeur du bouillant cavalier. Le danger est le seul privilége qu'il réclame.

Mais comment décrire la joie du père délivré embrassant, sur le champ de bataille, un fils qui porte si bien son nom.

Ce bel adage — noblesse oblige — n'est pas un vain mot, car le sentiment de l'honneur est une puissance sociale.

Que la gloire du dix-neuvième siècle soit non d'éteindre mais d'étendre cette puissance, moralisatrice et féconde, de l'hérédité du dévoûment et de l'obligation du devoir, de la noblesse moderne.

La noblesse, c'est-à-dire, l'épanouissement de l'honneur, des vertus civiques et sociales, ne saurait être désormais un privilége, si ce n'est le privilége de l'exemple.

Partout où brillent le dévoûment et la vertu, là rayonnent l'honneur et la noblesse.

La fusion du dévoûment et de la gloire, inaugurée sur les champs de bataille de l'Empire, recevra une consécration nouvelle par l'émulation du devoir, dans ce grand œuvre de réparation sociale, que la seconde moitié de notre siècle, déjà si grand, est appelée à constituer sur les plus larges bases.

C'est ainsi que nous comprenons ce magnifique adage : *noblesse oblige!*

Nous l'avons déjà dit, avec cet instinct du cœur qui ne saurait tromper : comment séparer, dans notre admiration et dans notre reconnaissance, nos deux amis, nos deux libérateurs, — le percepteur de Lorgues Honoré Devaux, et le comte Edouard de Colbert?

Oui, *noblesse oblige* est un adage qui s'applique à tous, riches et pauvres, bourgeois et personnes titrées, ouvriers et patrons, fonctionnaires et subordonnés, travailleurs aux champs et dans les cités, travailleurs des bras ou de l'intelligence, soldats et prêtres.

Oui, NOBLESSE NOUS OBLIGE TOUS, catholiques et Français, car notre plus grand honneur, comme notre première obligation, c'est de combattre et de mourir, s'il le faut, pour la patrie d'ici-bas et la patrie d'en-haut, pour la France et Dieu.

Oui, *Noblesse oblige*, comme *Patrie oblige*, comme *Religion oblige*.

XV.

Y a-t-il place pour la joie, même à l'instant où l'on vient d'échapper par miracle à la mort, sur les champs de bataille des guerres civiles?

Pourquoi hésiterions-nous à le dire?

Quand nous avons vu nos compagnons blessés, des cadavres que les clairs rayons d'un soleil printannier ne pouvaient plus réchauffer, sur ces sillons piétinés où la moisson mûrit pas, quand nous avons vu des prisonniers, que la foi ne soutenait point et dont les yeux égarés roulaient des larmes de rage, nous ne pouvions que détourner nos regards, en songeant aux expiations nécessaires et aux mystères de la justice divine.

Sans haine avant le combat et pendant les angoisses de la prison, l'ivresse d'une liberté inespérée et la joie de voir la société sauvée ne pouvaient nous trouver sans pitié.

Oh! quelle inspiration de l'enfer que l'esprit de révolte! Cet infernal esprit empoisonne tout, ébranle les plus forts, paralyse les plus généreux, bouleverse les idées les plus droites, pèse sur les joies les plus légitimes et les plus pures.

Voyez le premier magistrat du département, au milieu des infatigables soldats dont il a partagé tous les périls.

Il est calme, froid, inflexible, mais triste.

Nous ne connaissons pas de devoir plus difficile et plus terrible à remplir que le sien. Heureusement il est à la hauteur de sa mission.

Seul et pensif, il parcourt à pas lents cette esplanade, couverte naguère d'une foule sauvage, que l'aspect de nos soldats vient de balayer en courant.

On lit dans les regards du promeneur solitaire, non la joie du triomphe, mais la conviction du devoir accompli.

Épargner beaucoup de sang par un peu de sang versé, telle est la seule consolation le lendemain d'une guerre civile.

Que cette conviction soit la première récompense de M. Pastoureau, préfet du Var, du commandant, des officiers et des soldats du deuxième bataillon du 50me de ligne, et des quarante gendarmes à cheval qui ont mis en fuite les bandes insurrectionnelles, dispersées à Aups le 10 décembre 1851 !

XVI.

En approchant de Sillans, la route se replie sur elle-même, et notre colonne se trouve dominée par des hauteurs boisées, d'où quelques hommes armés peuvent tirer à coup sûr et inquiéter nos troupes harassées de fatigues, dont la marche est d'ailleurs ralentie par les voitures qui transportent les blessés.

Mais la panique des insurgés est telle, que pas un homme armé ne se montre sur la route, et nous rentrons, au tomber de la nuit, dans la commune de Salernes, plus déserte et plus silencieuse à notre retour, qu'elle n'était bruyante et tumultueuse la veille.

XVII.

A peine la colonne a-t-elle pénétré dans les rues sombres de Salernes, que l'ordre d'illuminer est publié, et à l'instant chaque fenêtre s'illumine comme par enchantement.

Nous trouvons la plus cordiale hospitalité dans une maison appartenant à la famille du jeune M. D. R., de Lorgues, dont la visite nous avait déjà fait tant de bien la veille pendant notre captivité.

M. l'abbé Jaume accourt aussitôt au milieu de nous.

Nous laissons à penser quelles cordiales étreintes nous échangeons avec lui !

Après avoir si bien allégé nos douleurs, il vient sanctifier notre joie et consacrer, en quelque sorte, notre miraculeuse délivrance.

Il nous raconte que la veille, à pareille heure, il priait pour nous, récitant les Litanies de la Vierge, mais qu'en prononçant ces mots si touchants : — *Consolatrix afflictorum* — les larmes l'ont empêché d'achever.

Il nous propose une prière d'actions de grâces qui est acceptée avec transport.

Cette première nuit de liberté s'écoule pour nous sans sommeil.

La joie a ses insomnies plus longues que les veilles de la douleur : nous songeons au bonheur de nos familles.

Mais le prêtre n'a pas de familles, lui !

Il songe en ce moment à l'ami qui manque à ce rendez-vous, à M. Andéol de Laval, qu'il a fallu laisser à Aups à cause de ses blessures.

Et il repart le lendemain pour aller le rejoindre.

Quel autre qu'un prêtre catholique serait capable d'un pareille dévoûment ?

XVIII.

Amitié oblige comme noblesse.

Sur la route de Salernes à Lorgues, encombrée de compatriotes accourant vers nous, le premier ami que je rencontre est un ouvrier.

Je le presse dans mes bras avec une effusion que je ne puis rendre.

Cette étreinte me dédommage amplement de la douleur que j'ai subie si souvent en voyant mes sentiments méconnus par les travailleurs, dont le sort m'intéresse tant, travailleur moi-même.

Le travail est dans l'atelier ce qu'est l'honneur sur le champ de bataille.

Le travail est la base de la civilisation.

Le travail est la noblesse de l'avenir.

Les véritables travailleurs ne sauraient conspirer, car la paix est la première protection du travail.

Que les travailleurs ferment donc l'abîme des révolutions.

Jo m'honore de l'amitié de cet ouvrier, qui m'a donné la première accolade du retour et de la liberté, et je ne puis taire un dévoûment dont je suis fier.

Dès que M. Marquisan, ouvrier typographe de Draguignan, apprend mon arrestation, il part pour ma maison de campagne, située dans une vallée isolée. La nuit est avancée, les bandes insurgées occupent tous les alentours, il ignore ma demeure. N'importe, il part toujours, n'écoutant que la voix de son dévoûment et de son cœur. Engagé dans les bois, il perd les traces de sa route ; plus d'une fois, son pied glisse sur les rochers et il est sur le point de rouler dans les précipices qui bordent la petite rivière de Floriéyes, sur les bords de laquelle mon habitation est située.

Enfin, à force de persévérance, il arrive à ma demeure dans la nuit du mardi au mercredi, vers les deux heures du matin. Il vient offrir à ma femme désolée de partir à l'instant et de se rendre au milieu des bandes insurgées, afin d'obtenir ma délivrance, ainsi que de celle de son autre ami, M. Andéol de Laval.

Ma femme ignorant où je suis, M. Marquisan repart pour Lorgues, où il renouvelle ses offres de service auprès de la famille de notre cher compagnon d'infortune. A Lorgues, on ignore également où nous sommes.

L'ouvrier, infatigable et dévoué, revient à Draguignan, sans vouloir prendre aucun repos, emportant seulement quelques objets à notre adresse, et dès qu'il apprend notre délivrance, il repart, toujours dans la nuit, afin d'être le premier à porter à nos parents et à nos amis cette heureuse nouvelle, et à nous-mêmes les nouvelles et les ressources que nos familles nous envoient.

Après m'avoir cordialement pressé dans ses bras, me voyant heureux et dispos, M. Marquisan, comme M. l'abbé Jaume, poursuit sa route jusqu'à Aups, impatient de prodiguer des soins à M. Andéol de Laval.

L'amitié elle-même ne sait comment récompenser d'aussi nobles dénoûments !

XIX.

A mesure que nous avançons vers Lorgues, le nombre de nos compatriotes augmente. Nous mettons pied à terre une heure avant d'arriver, tant les rencontres amicales se multiplient. La joie de nos familles est une joie publique.....

Au seul souvenir de ces ineffables instants, ma main tremble et laisse échapper une plume impuissante..
....

XX.

Le 26 décembre, deuxième fête de Noël, plus de six cents personnes remplissent la principale nef de l'église de Lorgues et participent à la communion générale, pour la clôture du Jubilé un instant interrompu par l'insurrection.

Le soir du même jour, une procession générale a lieu. La population presque tout entière y assiste. Paysans, ouvriers, propriétaires, tous sont là, marchant du même pas, au même rang, dans le même recueillement.

Les prisonniers, providentiellement délivrés, suivent la statue de Marie, consolatrice des affligés, de la Bonne-Mère — comme nous disons, nous peuple du Midi — de la patronne de la France.

XXI.

Le 29 décembre, une messe solennelle d'actions de grâces est célébrée.

M. Andéol de Laval est porté par ses compagnons d'infortune dans le lieu saint.

Les bons habitants de nos campagnes se découvrent devant le cortége.

Il nous restait un dernier vœu à remplir.

Nous devions porter à l'ermitage de Saint-Ferréol, patron de notre commune, les vêtements, mis en lambeaux par les balles, de notre héroïque ami blessé le 10 décembre:

Nous avons attendu, pour remplir ce dernier vœu, que M. Andéol de Laval pût nous suivre à pied sans danger, par les sentiers abruptes et glissants de la colline, où s'élève, du milieu des pins toujours verts, le gracieux ermitage.

PENSÉES D'UN PRISONNIER.

Nous avions annoncé la publication d'un volume — *la Croix sur les Ruines*. — Nous publions seulement un recueil — *Pensées d'un Prisonnier*.

Dans ce siècle de révolutions, de chemins de fer et de feuilletons, les évènements emportent si vite hommes et choses, que le livre de la veille ne saurait être le livre du lendemain.

Déjà nous avons pu apprécier, à nos dépens, les effets d'une publicité prématurée, au milieu de ce dévorant tourbillon de l'agitation contemporaine.

Lorsque, sous le coup des évènements, notre plume retraçait, trop rapidement peut-être, nos impressions de captivité pendant les tristes jours de décembre, nous étions accusé de trahison, tant la mansuétude de nos sentiments et les détails de notre récit paraissaient invraisemblables aux esprits encore sous l'empire de colères et de frayeurs récentes : pourtant nous n'avions commis d'autre crime que de rendre nos impressions avec trop d'exactitude.

Nous avons laissé passer, sans nous laisser abattre, cet orage éphémère, car nous n'ignorions pas qu'un public contemporain est exigeant devant son chroniqueur, à peu de chose près comme une femme apercevant ses premières rides dans un miroir.

Personne ne veut tenir compte au chroniqueur contemporain des amour-propres mécontents, des rivalités en éveil, des inimitiés passionnées, des amitiés compromettantes, des ambitions déçues, des duperies fourvoyées. La nature humaine est ainsi faite ; et le daguerréotype, qui n'embellit pas, a toujours tort.

Au reste, nous n'avons pas trop à nous plaindre, aujourd'hui, de cette première épreuve de publicité, déjà subie par les deux récits qui précèdent. Cette épreuve a consacré la bonne foi de ces deux publications, et nous avons pu profiter de quelques renseignements.

Quoiqu'il en soit, instruit par l'expérience et ne pouvant faire abstraction des difficultés de la situation présente, il nous à fallu élaguer du recueil suivant — *Pensées d'un Prisonnier* — tout ce qui pouvait nous susciter de nouveaux embarras ; nous avons même hésité quelque temps avant de nous décider à donner un poétique appendice à cette compilation de chronique départementale.

Cependant, il fallait bien, ce nous semble, un peu de morale au bout de tout ceci. Et puisque toutes les vérités ne sont pas bonnes à dire, pourquoi ne pas essayer de les chanter ?

Depuis soixante ans, la poésie semble avoir pris à tâche de marcher à contre-sens des intérêts moraux et matériels de son temps.

Loin d'être l'ange préservateur de la société contemporaine, elle en a été presque toujours l'ange de perdition, obéissant à cette manie d'opposition quand même, côté si peu social du caractère français.

Sous la terreur, de Dorat à Robespierre, elle s'obstine à demeurer bergère-Pompadour, enrubannée, musquée, poudrée, fardée et rabachant ses mignardises devant le sanglant couperet, qui ne se lasse pas de faire tomber les plus nobles têtes, entre autres, celle d'un de nos plus grands poètes — André Chénier.

Sous l'empire, lorsque Napoléon inaugure sa continentale épopée à grands coups de canon, voilà que la muse de l'époque s'amuse à parodier et rappetisser l'antiquité grecque et romaine, méconnaissant le génie moderne, si bien représenté par Châteaubriand et Mme de Staël.

Sous la restauration, après le brillant mais trop peu durable essor de Lamartine et de V. Hugo, elle nous inonde d'une vraie plaie d'Egypte littéraire, en déchaînant, dans les revues, les journaux, les salons, partout, une myriade de petits poètes égoïstes, hypocondriaques, lunatiques, prétentieux, ridicules, et, pour tout dire en un mot, incompris.

Cette lamentable épidémie de sentimentalisme rimé est telle, que la gloire des maîtres, dont tous ces pâles imitateurs se constituent les thuriféraires, disparaît obscurcie, éclipsée et, pour ainsi dire, étouffée sous des flots d'encens. L'absurde querelle des classiques et des romantiques lance cette jeune et folle génération de lackistes, de Byroniens, de rêveurs barbus, chevelus et saugrenus dans les excès d'une véritable orgie littéraire.

De cette orgie, de cette anarchie, de ce 93 sort le drame, cette immorale caricature de l'histoire, ce grand charlatan suborneur, digne contemporain des barricades de 1830.

Sous le dernier règne enfin, la corruption, la trivialité des idées, le mercantilisme font tomber encore la poésie et l'art du drame dans le roman-feuilleton, dernière forme, dernière déchéance, dernière dépravation de la littérature facile, bourgeoise, épicière, démocratique, anarchique.

Quand l'art est un métier, que peut être la poésie ?

La vierge n'est plus qu'une pauvre fille perdue.

Est-elle perdue sans retour ? — Eh ! pourquoi ? — La poésie a reflété les phases de la société, dont elle n'a été que le miroir trop fidèle.

Si la société de nos jours est perdue à tout jamais, oh ! certainement alors c'en est fait de la muse.

Mais si, comme il faut l'espérer, puisque la civilisation moderne est fille du catholicisme, si la société raffermie laisse l'humanité reprendre sa marche vers de plus sûres et plus brillantes destinées, n'en doutons pas, la muse se relèvera pour chanter les splendeurs d'un nouvel avenir.

Que ne peut-elle, car ce serait là sa vraie mission, que ne peut-elle marcher en avant, rallier les retardataires, réveiller les endormis, pressentir l'aurore et, du haut de la montagne, divine messagère, signaler le jour qui va poindre, en nous montrant du doigt l'horizon empourpré !

Hélas ! somnolente et affaissée sous les fréquentes et terribles secousses du siècle, elle dort et rêve encore.

Mais l'alliance de l'antique foi et de la jeune liberté, la fusion entre le vieil honneur et l'esprit moderne, l'association de la charité et du travail lui rendront sa virginale puissance et lui inspireront des chants dignes d'elle.

D'où partira le premier cri, le premier salut, le premier hosanna ?

Qui sait ? d'une humble échoppe, d'un chantier obscur, d'un atelier ignoré peut-être, car la muse moderne périra ou deviendra avant tout catholique et française, religieuse et populaire, l'amie et la consolatrice du peuple, du vrai peuple éclairé par de terribles épreuves, purifié par une longue expiation.

Nous voilà bien loin de notre modeste recueil de poésies. Nous le donnons comme l'expression d'une foi ardente et sincère ; c'est là son seul mérite. Nous avons souffert, et comme ces souffrances étaient celles du pays, nous avons cru pouvoir chanter : que ce soit là notre seule excuse.

Aussi, comprenant combien ces chants répondaient peu à l'étendue de ces grandes douleurs, nous les avons rélégués à la suite du récit de nos souffrances.

Le contrôle du public, si justement sévère à l'encontre des écrivains inconnus et novices, acceptera-t-il ces vers, offrant, pour ainsi dire, notre prose pour passe-port ?

Ce passe-port n'est guère valable, nous le savons, mais il est visé par le Malheur.

H. MAQUAN.

Florièyes, 3 novembre 1852.

LE 21 JANVIER.

I.

Depuis longtemps, sur l'or et le velours des trônes
Les grands ne voyaient plus le bois nu de la croix ;
Et comme des bandeaux s'affaissaient les couronnes
    Sur les yeux obscurcis des rois.

II.

Le sceptre, impur jouet d'avides courtisannes,
Abandonnait le peuple à ses mauvais penchants ;
Les vases de l'autel, en des festins profanes,
    Versaient le scandale aux méchants.

III.

De l'esprit, révolté contre un joug salutaire,
Tous les pouvoirs suivaient l'entraînement fatal :
Tandis que les palais se disputaient Voltaire,
    Gilbert mourait à l'hôpital.

IV.

Insensés grands-seigneurs de cet âge sans âme,
Dans la boue ils creusaient l'abîme sans le voir,
Préludant par l'orgie au suicide infâme
    De leur imprévoyant pouvoir !

V.

L'autel était souillé, le sanctuaire vide,
La fortune sans cœur, la misère sans foi;
Et la philosophie, en sa fureur stupide,
    Fermait le ciel, brisait la loi.

VI.

Le Roi n'était-il pas la Nation faite homme,
Le vivant résumé des droits et des devoirs,
Le peuple couronné, le père du royaume,
    La permanence des pouvoirs?

VII.

Or, tout pouvoir rival importunait Voltaire,
Tout devoir enchaînait son essor vers le mal ;
Il abhorrait le peuple et voulait sur la terre
    Régner seul, génie infernal.

VIII.

Et les grands l'adoraient, car il laissait à l'aise
Leur cynisme opulent se railler de la foi :
Le Vice détrônait la Vertu : — Louis seize
    Fut donc Martyr, dès qu'il fut Roi.

IX.

Roi-Martyr, il le fut, car il fallait au monde
D'un juste couronné le sang expiateur,
Une ruine immense à ce vieux siècle immonde
    Qui se prétendait créateur.

X.

Lorsque le mal descend des hauteurs sociales,
La réparation doit rayonner d'en haut ;
Le vieux siècle est souillé de débauches royales,
    Il a son royal échafaud.

XI.

Aussi le Roi-Martyr concentre dans son âme
Assez d'ardente foi, de dévoûment, d'amour,
Pour laver de son sang, pour brûler de sa flamme
    Les crimes d'un siècle en un jour.

XII.

Il a, comme le Christ, des Pierre, des Pilate ;
Entre tous les partis sa tête est un enjeu ;
Et sa pourpre est semblable au manteau d'écarlate
    Qui jadis couvrit l'homme-Dieu.

XIII.

Comme le Christ, du haut de son royal Calvaire,
Il nous lègue en mourant, dans son morne abandon,
Dernier vœu d'un martyr, dernier adieu d'un père,
    Son suprême et divin pardon.

XIV.

Tandis que ses bourreaux, infernale démence !
Comme pour étouffer le remords éternel,
De tambours, de canons, d'un appareil immense
    Entourent le royal appel !...

XV.

Non ! rien n'étouffera l'appel expiatoire,
L'écho de l'avenir toujours retentissant,
La protestation de l'inflexible histoire,
    La voix des larmes et du sang !

XVI.

Non ! rien n'étouffera cet appel de l'abîme
Depuis un demi-siècle entr'ouvert devant nous ;
Et ce gémissement universel, intime,
    De l'ordre social dissous !

XVII.

Non ! rien n'étouffera le fracas des ruines,
Le cri de désespoir de la société,
Et le grondement sourd des vengeances divines
    Qui plane sur l'humanité !

XVIII.

Du droit lorsque la force usurpe le domaine,
On peut faire tomber une tête de roi ;
Mais on n'abolit point la conscience humaine,
    L'éternelle et divine loi.

XIX.

Du passé, du présent et de l'avenir — vides
Ecoutez tous ces cris comme un remords sortir :
« Les bourreaux de janvier furent des parricides ;
    « Pleurons tous sur le Roi-Martyr !

XX.

« Si, depuis soixante ans, en proie à la tempête
« Le peuple se débat sous l'expiation,
« C'est qu'ils ont, en tranchant cette royale tête,
    « Décapité la Nation. »

XXI.

Nation qui se meurt dans le fond d'un abîme,
Que lui faut-il pour vivre et pour se relever?
Mériter ton pardon, ô royale victime !
    Ce pardon seul peut nous sauver.

LES DERNIERS CHÊNES.

Ils s'en vont, ils s'en vont les chênes d'autrefois,
Sanctuaires divins, contemporains des rois,
Avec les vieux débris des grandeurs ruinées,
D'un sol qui se dessèche, hélas! déracinées!

Sur les monts l'ermitage aussi pleure sa croix;
Le rocher découvert laisse à nu ses parois;
Et de tous les sommets les crêtes calcinées
Menacent les vallons de leurs bases minées.

La Terre, en proie au choc de tous les éléments,
Pour garder sa pudeur n'a plus de vêtements;
De sa beauté de vierge elle perd la ceinture.

Un désordre caché tourmente l'univers :
Et, l'industrialisme épuisant la nature,
Les forêts en tombant ont fait les cieux déserts.

HYMNE A LA DOULEUR.

Frappez celui qui vous implore,
Seigneur, et que votre courroux
Sur moi s'appesantisse encore
Et fasse ployer mes genoux.
C'est aux feux sombres des orages
Que s'allument les grands courages,
Que s'épurent les repentirs.
Le malheur ranime, aiguillonne;
Et la plus sublime couronne
C'est l'auréole des martyrs!

Allez par des chemins fleuris, heureux du monde
Qu'une ivresse d'un jour de voluptés inonde,
Vous tous qu'un vain bonheur dans ses chaînes endort;
Vous à qui tout sourit, beauté, jeunesse, gloire,
Vous qui ne poursuivez aucun rêve illusoire,
Qui marchez dans la vie en oubliant la mort!

Allez, allez dans votre joie,
Voguez sur la foi des zéphyrs,
Dormez sur la pourpre et la soie
Et plongez-vous dans les plaisirs.
Votre félicité perfide,
C'est la courtisanne homicide
Dont les caresses font mourir;
Votre paix, c'est un lac immonde
Dont la vase épaisse et profonde
N'a que des monstres à nourrir.

Mais toi, sainte douleur, de ton amour austère
Enfonce dans mon sein la flèche salutaire;
Viens déchirer mon cœur pour le faire germer.
Frappe le corps, de peur qu'un plaisir ne le souille,
Viens secouer l'esprit, fais en tomber la rouille,
Car souffrir c'est penser, c'est vivre, c'est aimer !

  Il faut que l'infortune attise
  Le foyer fait pour éclairer ;
  Et devant Homère ou Moïse
  La flamme doit tout épurer.
  Une larme, c'est la rosée
  Du sentiment, de la pensée;
  Une ride en est le sillon :
  La gloire brille, mais dévore;
  De la couronne qu'elle dore
  Chaque épine est un aiguillon.

Pour l'homme fort souffrir, c'est penser, c'est connaître,
C'est lutter, c'est roidir tous les ressorts de l'être;
C'est gravir la montagne au flanc pyramidal.
Qu'importe, si non loin du sommet le pied glisse,
Qu'aux angles nus d'un roc une main se meurtrisse,
L'obstacle surmonté devient un piédestal !

  Debout ! souffrons, souffrons encore !
  Avant la nuit pourquoi s'asseoir ?
  Il faut combattre dès l'aurore,
  Si l'on veut triompher le soir.
  Le souvenir et l'espérance
  Ne sont faits que pour la souffrance.
  Le plaisir n'a que le remords,
  Spectre cruel, caché dans l'ombre;
  Et l'ennui solitaire et sombre
  Qui mène au sommeil de la mort.

La douleur, c'est la vie! oh! lorsqu'une tempête,
En passant sur un peuple, en fait courber la tête;
Sur les hommes, penchés comme des épis murs,
Des révolutions quand la faux se promène,
Quand le soc a passé — de la poussière humaine
Sortent des rejetons plus puissants et plus purs.

    Quand l'échafaud devient un trône,
    Le trône devient un autel.
    La mort, qui prend une couronne,
    Donne un diadème immortel.
    Du tombeau la pierre est féconde,
    L'enfant qui doit régir le monde
    Sur un flot pleure à découvert.
    Tout laurier croit auprès d'un saule,
    Et lorsqu'un ami nous console,
    Ah! c'est que son cœur a souffert!

Pour un grand cœur aimer, c'est souffrir, c'est répandre
Son bonheur le plus doux, son espoir le plus tendre
Aux pieds meurtris d'un ange égaré loin des cieux;
C'est défier le sort, soutenir qui succombe,
Veiller sur un berceau, pleurer sur une tombe,
Se fondre tout entier dans un baiser d'adieux!

    L'amour, l'amour, c'est la fournaise
    D'où le bronze sort demi-Dieu!
    C'est une soif que rien n'apaise,
    C'est un foyer toujour en feu.
    C'est un permanent sacrifice,
    Où l'on s'immole avec délice,
    Où la vie est un long souffrir;
    Où l'on savoure avec ivresse
    Un tourment qui renaît sans cesse,
    Où l'on est heureux de mourir!

Christ, Roi de la douleur, ton règne impérissable
N'est point fondé sur l'onde inconstante ou le sable :
Que de trônes brisés devant ta croix debout !
Tant qu'un seul cœur aura son battement avide,
Une mère des pleurs devant un berceau vide,
Majesté des tombeaux, tu domineras tout !

  Viens donc m'enseigner, divin maître,
  A bien vivre pour bien mourir.
  Fais-moi sentir, fais-moi connaître
  L'amour à force de souffrir.
  Que ta charité me consume,
  Que je puise dans l'amertume
  L'ineffable repos du cœur :
  Puis, verse en moi, comme un baptême,
  Le repentir, afin que j'aime
  L'innocence comme une sœur.

Ah ! quand on a souffert, on connaît de la vie
Tout ce qu'elle contient de peu digne d'envie ;
Et l'on tombe à genoux, en s'écriant : je veux
Que mon âme, Seigneur, à vos pieds se répande
Comme ce doux parfum qu'épancha pour offrande
Madeleine inclinée avec ses longs cheveux !

A UNE ENFANT

DANS UN CIMETIÈRE.

Ah ! que viens-tu faire seulette
Au cimetière, le matin ?
Où viens-tu jouer, mignonette
Enfant, insoucieux lutin ?

Hélas ! ta bouche rondelette
Sourit encor d'un air badin,
Blonde orpheline, ô ma pauvrette,
Si tu connaissais ce jardin !

Ne cours pas au milieu du lierre,
Tu pourrais heurter quelque pierre,
Te blesser et verser des pleurs.

Sous cette verdure éphémère
Dort pour longtemps ta jeune mère...
N'en cueille pas toutes les fleurs !...

LES DEUX TOMBEAUX.

(1845)

I.

Sur deux rochers déserts, aux deux pôles du monde,
L'un au sud, l'autre au nord, dans une paix profonde,
Deux tombeaux près des mers dorment, vides et seuls.
Des flots grondant sur eux vient expirer la rage ;
S'ils étaient emportés par un même naufrage,
L'onde n'y trouverait ni cendres ni linceuls.

Entre deux continents, mais loin de leurs rivages,
Sous des cieux inconnus, en des climats sauvages,
Dans une solitude immense enseveli,
L'un n'a plus à montrer au nautonnier qui rêve
Qu'un saule frissonnant, délaissé sur la grève,
Perdu sur l'Océan comme un nom dans l'oubli.

Non loin d'une cité de la vieille Armorique (1),
L'autre semble sourire aux brises d'Amérique,
D'algues, de fleurs, de nids, de chants environné :
La mer harmonieuse, avec amour, caresse
La pierre gazonnée où la croix se redresse,
Par les feux du couchant labarum couronné !

---

(1) On sait que Châteaubriand avait fait préparer avant sa mort son tombeau, au bord de la mer, près de Saint-Malo, sa patrie.

Par l'immortalité ces deux tombeaux sont frères :
Mais, étonnant la mort par des splendeurs contraires,
La gloire pour tous deux n'a pas les mêmes fleurs.
L'un est une aire d'aigle et l'autre un nid de cygne
Et l'on peut voir sur eux empreint ce double signe :
— Un glaive teint de sang — un luth mouillé de pleurs !

Vides ! mais remplissant de pensers l'âme austère,
L'un n'a plus ce qu'attend l'autre — Un peu de poussière.
Le premier, illustré par le seul souvenir
D'un exil que la mort, railleuse en ses conquêtes,
Brisa pour un cadavre en de pompeuses fêtes ;
Et le second heureux de ne rien contenir.

Et l'on dit que du cap des tempêtes d'Afrique
Parfois Adamastor, au fond de l'Atlantique
S'avance pour chanter sur le premier écueil,
Tandis que, vers le Nord, une Vierge sacrée,
L'étoile au front, paraît dans la brume azurée,
Blanche et douce, chantant aussi sur l'autre écueil :

II.

ADAMASTOR.

« Pourquoi me le ravir, ce cadavre sublime,
Lui qui dormait si bien au branle de l'abîme
  Dans son morne dépit ?
Il fallait une mer désastreuse et profonde,
Afin que, fatigué de secouer le monde,
  Le géan s'assoupît.

« Fils du septentrion, au terrible fantôme
Pouvez-vous comme moi donner un large dôme
  De foudres et d'éclairs ?
Et si vous n'avez pas des volcans pour trophées,
Pourquoi donc éveiller les cendres étouffées
  Dans mes gouffres amers ?

« Depuis que j'ai perdu cette ombre surhumaine,
Le prestige fatal de mon affreux domaine.
   Est perdu pour toujours :
Le joyeux alcyon rase l'onde écumante,
Et l'homme indifférent brave, dans la tourmente,
   Mes rugissements sourds.

« C'était un ravageur puissant et solitaire.
Son glaive était un soc qui déchirait la terre ;
   Puis, dans ses profondeurs,
De larmes et de sang une immense rosée,
Par torrents s'épanchait, et jamais épuisée
   Etanchait ses ardeurs.

« Il marchait, il marchait au milieu des orages,
Aux éclairs de ses yeux allumant les courages,
   Rêveur et soucieux ;
Au fracas des canons, des tambours et des armes
Des acclamations et des tocsins d'alarmes,
   Seul et silencieux !

« Il marchait sur des flots de flammes, de fumées
Et toujours dominant un océan d'armées
   De son front chauve et nu.
Se forgeant un bandeau de toutes les couronnes,
Il marchait, il marchait sur les débris des trônes
   Vers un but inconnu.

« Puis, quand il eut, un jour, gravi toutes les cimes,
Foulé tous les chemins, franchi tous les abîmes,
   Éteint tous les rayons,
Afin de promener, dans l'Europe étourdie,
Sa gloire universelle, ainsi qu'un incendie
   Sur tous les horizons,

« Il vint mourir ici comme un homme vulgaire.
Le repos le tua lui, vivant par la guerre ;
   Alors, de son effroi
Le monde respira, — mais son ombre inquiète
Sut faire un trône encor d'un écueil, — la tempête
   Le reconnut pour Roi !

« Pourquoi me le ravir, ce cadavre sublime,
Lui qui dormait si bien au branle de l'abîme
    Dans son morne dépit ?
Il fallait une mer désastreuse et profonde,
Afin que fatigué de secouer le monde,
    Le géant s'assoupît ! »

III.

LA VIERGE.

Lève-toi dans l'azur du soir émaillé d'or,
Blanche reine d'amour et de mélancolie :
Répands sur cet écueil, dans ton paisible essor,
    Un calme plus touchant encor
Et tes larmes d'argent sur l'onde recueillie.

O mer, sur cette tombe, où brille une humble croix,
Change en accords plus doux tes plaintes monotones :
Toi, viens, brise des mers, y jeter à la fois
    Les plus secrets parfums des bois,
Les plus tendres soupirs des bruyères bretonnes !

Vagues rumeurs du jour expirant dans les cieux,
De toute la nature ineffable prière.
De toutes les douleurs échos mystérieux,
    Fondez-vous en concert pieux,
Et vous, tintez au loin, cloches du monastère !

Toi que l'orage abat comme un cygne blessé,
Nacelle du pêcheur invoquant la Madone,
Frêle nid d'alcyon sur l'abîme bercé,
    Noire hirondelle au vol lassé,
Reposez-vous ici, vous que tout abandonne.

Car cet asile saint doit un jour contenir
Les restes d'un mortel qui ranima le monde ;
Qui, fidèle au passé, tendit vers l'avenir,
    Ses bras ouverts pour le bénir,
Versant sur tous les maux sa parole féconde.

Lorsqu'un homme de fer courbait tout sous les cieux,
En de larges sillons creusant la race humaine,
Foulant peuples et rois sous de brûlants essieux,
    Et, conquérant ambitieux,
Marchant dans l'univers comme dans son domaine,

Lui seul resta debout ! — Car il n'ignorait pas
Que jamais vainement la terre n'est frappée ;
Que le cœur est encor plus puissant que le bras,
    Que la Foi, soleil d'ici-bas,
Doit mûrir de ses feux la moisson de l'épée.

Oui, debout, le front haut — car il savait combien
La gloire aux plus puissants peut devenir rebelle,
Que la seule conquête est de marcher au bien,
    Que devant Dieu l'homme n'est rien ;
Que l'amour seul est fort — la pensée éternelle !

Lève-toi dans l'azur du soir émaillé d'or,
Blanche reine d'amour et de mélancolie :
Répands tes plus doux feux, dans ton paisible essor,
    Sur cette tombe vide encor ;
Et si la mort pouvait oublier, — qu'elle oublie !.....

IV.

Ainsi, je n'entendais que deux voix idéales
Des vastes mers du sud aux plages boréales,
Des bords américains aux rives d'orient.
Et, dominant les bruits des cités et des ondes,
Deux noms seuls remplissaient les échos des deux mondes :
Ici, Napoléon — et là, Châteaubriand !

LE CŒUR DE Mlle DE SOMBREUIL

ET

LES INVALIDES D'AVIGNON.

Les sanglants préjugés des opinions passent,
Mais l'héroïsme reste et peut, dans sa fierté,
Concilier l'honneur avec la liberté ;
Car devant la vertu tous les partis s'effacent.

Les gloires sont des sœurs qui, tôt ou tard, s'embrassent ;
Un grand cœur sait toujours battre, en sa loyauté,
Pour le patriotisme et la fidélité ;
Les palmiers sont féconds quand leurs fleurs s'entrelacent.

Veillant sur les débris du camp impérial,
Du sang qu'elle avait bu par amour filial
Sombreuil sut contenir les plaintes étouffées (1).

L'Oriflamme abrita le drapeau d'Austerlitz,
L'Abeille reconnut les doux bienfaits des lys ;
Et la France applaudit, unissant ses trophées !...

---

(1) Nous avons vu à Avignon, dans la chapelle de la succursale des Invalides, l'urne en marbre noir renfermant le cœur de Mlle de Sombreuil, morte en 1823, comtesse de Villelume. Son mari était commandant des Invalides, et ceux-ci la vénéraient comme leur patronne, après l'avoir aimée pendant sa vie comme leur bienfaitrice. A leur départ d'Avignon, ces vieux soldats de la République et de l'Empire ont emporté avec eux l'urne renfermant le cœur de l'héroïque vendéenne qui, lors des massacres de septembre, n'hésita pas à boire, comme on sait, pour sauver les jours de son père, un verre de sang humain que lui offraient ses bourreaux. Elle est morte d'une hypertrophie au cœur.

LES SUICIDES.

I.

LES VICTIMES.

UN FOU.

« Qu'une rapide main me pousse dans l'abîme
    Et je la bénirai !
Et si, pour conquérir la mort, il faut un crime,
    Soit, je le commettrai !

La hache politique est la mieux aiguisée ;
    Elle tranche d'un coup.
Pour marcher au néant c'est une route aisée,
    On est si vite au bout !

Puisque de ses forfaits notre âge se fait gloire,
    Je veux avoir le mien,
Des siècles à venir éternelle mémoire,
    Eternel entretien !

Vide, néant partout..... que ma main se décide,
    Le sort en est jeté !
Les Révolutions ont fait du Régicide
    Une banalité !.....

UN GENTILHOMME.

« J'ai vingt ans et de l'or. — Tout semble me sourire :
Honneurs, fortune, rang, jeunesse, amour, délire,
Doux foyer domestique, amis et gais loisirs ;
Des terres, des châteaux, des bois et des fontaines,
Des chevaux préférés pour mes courses lointaines.....
Et l'ennui me dévore au milieu des plaisirs !

En mon âme je sens un vague instinct de gloire,
Car mon nom a laissé des traces dans l'histoire ;
Et pour le mériter je n'ai rien fait encor.
Dans ce siècle frivole et railleur, la noblesse
N'est qu'un brillant fardeau, trop lourd pour ma faiblesse ;
Et de l'honneur notre âge emprisonne l'essor.

Embarrassé de biens, j'ai tenté la fortune :
Sa constante faveur m'accable et m'importune,
Et de vils parvenus me surpassent pourtant.
J'ai suivi dans les camps nos phalanges guerrières ;
Mais il fallait tourner le fer contre mes frères,
Et d'un sang fratricide il est là, dégouttant !

Mon Dieu ! si'je pouvais des croyances éteintes
Rallumer dans mon cœur glacé les flammes saintes,
Ah ! qu'il me serait doux de croire et de souffrir !
Mais l'enfer est vainqueur, Dieu s'obstine à se taire.....
Oh ! non, je n'ai plus rien à faire sur la terre !
J'ai vingt ans, j'ai de l'or, j'ai tout..... je vais mourir !...

UN AMANT.

« L'amour est maintenant comme une fleur qui tremble,
Déracinée, au bord d'un abîme béant.
Ce qu'on veut désunir que la mort le rassemble,
Ma bien-aimée, oh ! viens, viens, demandons ensemble
    Notre indépendance au néant.

Le monde nous repousse avec indifférence,
L'or est le dernier Dieu de cet âge de fer;
Le cœur qui veut lutter est maudit..... la souffrance
Sur une tombe, hélas! fermée à l'espérance,
N'aperçoit plus le ciel et regrette l'enfer.

Aussi, puisque l'amour n'a pas d'autre patrie
Que cette terre ingrate, où l'on vit pour souffrir,
Avant que dans nos mains la coupe soit tarie,
Avant que cette fleur sur nos fronts soit flétrie,
  Viens, embrassons-nous pour mourir!

Excite la vapeur du charbon délétère,
De notre sacrifice encens libérateur;
De notre âme après nous qu'importe le mystère?
Si l'enfer existait que serait donc la terre?
Emportons en mourant le ciel dans notre cœur.

Savourons de la mort les douceurs enivrantes :
Ensemble pour toujours nous allons reposer!
Tourne vers moi tes yeux..... de tes mains expirantes
Interroge mon cœur..... sur nos lèvres mourantes
Notre dernier soupir est encore un baiser!

Qu'il est doux de mourir ensemble quand on aime!
Notre dernier regard n'est-il pas le plus beau?
A moi seul de ton cœur le battement suprême
Et le voile éternel de ta paupière blême.....
Oh! quel lit nuptial plus sûr que le tombeau!

Mais je te vois à peine... à travers un nuage.
Ma tête s'alourdit... mon cœur s'éteint... et toi,
Souffres-tu?... maudit soit mon horrible courage!
Si je pouvais encor me soulever?... ô rage!
Impossible!... et la mort est là... pleine d'effroi!...

Ah! nous sommes maudits!... si la vie est un rêve,
Si dans la mort se cache une réalité...
Nous n'avons eu qu'un jour, que notre crime achève,
Pour aimer ici-bas... et, sans merci ni trêve,
Pour nous haïr... voici..... toute..... l'éternité!!!...
....

UN VIEILLARD.

« Je suis parti, cachant avec soin mes alarmes.
Et mes petits enfants souriaient avec larmes,
    Ils me disaient : « Pourquoi partir ? »
Ils me tendaient leurs bras, pleins de douces caresses,
Ils semblaient m'enlacer dans leurs vives tendresses.....
    Et je suis parti..... pour mourir !...

Vieillard aimé de tous, l'aïeul de la famille,
Tel qu'un proscrit fuyant sa demeure qu'on pille,
    Je pars pour ne plus revenir.
Hier je leur disais : « Allez à cette fête ! »
Mais n'ayant plus de pain j'ai détourné la tête...
    Et je suis parti..... pour mourir !...

Mon opulence vaine, hélas ! ne fut qu'un rêve,
Et dans celle d'autrui ma ruine s'achève.
    Dans le gouffre qui va s'ouvrir
De mes amis d'hier j'emporte l'anathème ;
Car dans notre âge vil c'est l'or seul que l'on aime,
    Et je suis parti..... pour mourir !...

C'est horrible pourtant !... après cinquante années
Et de nuits sans sommeil et de longues journées...
    Car je veillais pour vous nourrir,
Vous, ô fils de mes fils, dont à l'heure dernière
Les pures mains devaient clore un jour ma paupière...
    Et je suis parti..... pour mourir !...

J'arrive !... oh ! que font-ils à cette heure de doute,
Pauvres petits enfants me cherchant sur la route !...
    L'éternité va m'engloutir,
Ils m'attendent !!!... et moi, sur ces flots qui dévorent,
Je m'élance en criant : O mon Dieu, qu'ils ignorent
    Que je suis parti..... pour mourir !...

UNE JEUNE FILLE.

« Éprise d'une ardeur aveugle et sans égale,
Comme on aime à seize ans de son premier amour,
Dans l'ineffable élan d'une ivresse idéale,
  Oh ! je l'aimais plus que le jour !

Ma pudeur murmurait en vain de sa tendresse ;
Son cœur me paraissait un éternel appui :
Aussi, j'immolai tout à son ardente ivresse ;
Comme l'on croit en Dieu, moi je croyais en lui !

Mais, ayant défloré ma pudeur frémissante,
Insultant à ma honte avec un rire amer ;
Il m'a laissée en proie à la haine impuissante.
Le Dieu n'était qu'un homme et mon ciel qu'un enfer !

Mes entrailles, hélas ! portaient le fruit du crime.
Du siècle j'implorai la secrète pitié :
Mais le siècle ne sait que punir la victime,
Par lui le vrai coupable est seul amnistié.

Seule au monde, flétrie et de tous repoussée,
Mon cœur s'est desséché dans un vide étouffant :
Par le remords, la honte et la haine oppressée,
Pour apprendre à mourir, j'ai tué mon enfant !

Et maintenant je meurs en maudissant la vie,
Ma beauté, mes seize ans et mon premier amour ;
En maudissant le siècle indifférent, impie
  Qui me condamne sans retour !

UN ENFANT.

« L'aube sereine
Va refleurir ;
Je nais à peine,
Je veux mourir !...

Car de ma mère,
Abandonné,
Dans la misère
Moi, je suis né !

Quand la nature
Donne à ses fleurs
Une parure,
Moi, j'ai des pleurs.

Et l'on me crie :
— Enfant trouvé,
Cherche ta vie
Sur le pavé.

Le froid me glace ;
Je tends la main ;
On me ramasse
Sur le chemin.

J'ai pour demeure
Un cachot noir ;
Et là je pleure
Matin et soir !

La mort m'appelle :
Pourquoi trembler,
Quand l'hirondelle
Va s'envoler ?

L'aube sereine
Va refleurir ;
Je nais à peine,
Je vais mourir !...

II.

L'ANATHÈME.

LE POÈTE.

« Ah ! devant cette enfance en naissant égarée,
Devant cette vieillesse infirme et torturée,
Devant tant de douleurs s'arrête mon courroux :
Laissons les morts à Dieu, le silence à la tombe :
L'anathème se tait quand le malheur succombe ;
Mon indignation ne s'adresse qu'à vous :

Sophistes baladins, régents d'un siècle morne (1),
Novateurs qui sapez la croix, comme une borne
Qui gêne l'égoïsme et repousse l'orgueil !
Anathème sur vous, maîtres de ce vieux monde
Qui, le tenant frappé d'une torpeur immonde,
D'un âge glorieux avez muré le seuil !

Anathème sur vous, geôliers de la pensée,
Qui, parquant à l'étroit la jeunesse oppressée,
Dans le vide étouffez son immense avenir !
Prophètes imposteurs, apôtres dérisoires,
Juifs de nos libertés et Judas de nos gloires,
Fossoyeurs de l'espoir, bourreaux du souvenir !

Anathème sur vous, législateurs myopes,
Qui renversez l'autel pour bâtir des échoppes
Où l'or vient déflorer la dernière vertu ;
Où l'égoïsme étreint le désespoir suprême,
Où l'honneur impuissant, avec rage et blasphème,
Meurt près de son drapeau dans la fange abattu !

---

(1) Ces strophes ont été écrites en 1847, à une époque où le scepticisme universitaire et la corruption gouvernementale préparaient la désorganisation sociale de février 1848.

Sur vous qui refusez à la femme qui pleure
Un asile secret, chaste et pure demeure,
Où la honte se change en pieux repentir.
Sur vous qui refusez au vieux soldat qui tombe
Une sainte parole et l'espoir de sa tombe,
Sur vous qui flétrissez la vierge et le martyr !

Sur vous qui, pour monter à la cime où vous êtes,
Embrasiez les volcans, souleviez les tempêtes
Dont les grondements sourds nous menacent encor ;
Qui, tremblants à l'aspect du chaos, votre ouvrage,
Ne pouvez plus d'en haut conjurer cet orage
Dont vos bras criminels ont déchaîné l'essor !

Anathème, anathème et sept fois anathème
Sur vous tous qui fermez au désespoir suprême
De l'éternelle foi les consolants abris !
Jetez aux quatre vents les cloîtres solitaires,
Bâtissez des prisons sur les vieux monastères,
Le Suicide en sort, planant sur vos débris !...

LA CROIX DU CHEMIN.

A Mme F. D., née de V.

Qu'elle est bien sous le lierre,
Dans le fond du ravin,
La simple croix de pierre,
Sur le bord du chemin !

Quand, le soir, la lumière
Lui jette, à son déclin,
Une lueur dernière,
Comme un adieu divin.

Parmi les touffes d'herbe,
En déposant sa gerbe,
S'assied le moissonneur.

Et c'est là qu'il oublie,
Étanchant sa sueur,
Le fardeau de la vie !

PRESSENTIMENT.

(JANVIER 1848.)

O jeune fille, écoute : à tes yeux éblouis
Le bal a déroulé ses feux épanouis ;
Déjà l'archet prélude et la corde vibrante
Réveille dans ton sein une ardeur délirante ;
Et bientôt, enchaînant tous les sens à la fois,
Flambeaux, bras enlacés, bruit des pas et des voix,
Et l'orchestre éclatant en chansons bondissantes,
Joyeuses tour à tour, tour à tour languissantes,
Tapis semés de fleurs, plafonds étoilés d'or,
Eclairs des diamants, regards plus vifs encor,
Tous les plaisirs, pressés dans ces riches demeures,
Du soir jusqu'à l'aurore embelliront tes heures.

Mais, tandis que tu viens à ces fêtes, le soir,
Sur un soyeux divan radieuse, t'asseoir,
Que l'éclat du bonheur sur ton front se déploie ;
Que l'orgueil et l'amour, l'ironie et la joie
Font scintiller tes yeux amoureux ou railleurs,
Jeune fille, sais-tu ce qui se passe ailleurs ?

Oh ! non, tu ne sais pas, de plaisirs enivrée,
Si la foule maudit par l'envie ulcérée.
Pourtant il a neigé cet hiver bien des fois !
Et quelque part il est sans doute, au fond des bois,
Tandis que dans ce bal l'amour te divinise,
Plus d'un pauvre affamé qui dans l'ombre agonise.

Pour toi, reine du bal aux ondoyants reflets,
Pour toi, l'hiver est doux en ce brillant palais,
La joie y tourbillonne en des flots de lumière.....

Mais on ne danse pas, l'hiver, dans la chaumière !

LA NEIGE.

A Mme de Chantérac, née de V.

Sur la crête des monts, salut, neige éternelle,
O toi dont le soleil respecte la beauté,
Trône resplendissant de la virginité
Que le cygne ose à peine effleurer de son aile !

Des aigles éblouis tu lasses la prunelle ;
Ils reculent devant le sommet argenté
Et tremblent de souiller ce tapis velouté
Où l'ange seul descend, divine sentinelle !

Aussi nos yeux mortels ne peuvent soutenir
Cette pure splendeur ; nos pas, sans le ternir,
N'ont jamais pu toucher cet éclat sans mélange.

Hélas ! dans les cités, sur les pavés glissants,
Sous des chars orgueilleux et le pied des passants,
La neige, au souffle impur de l'homme, devient fange.

LE 24 FÉVRIER.

. . . .
Silence ! il est tombé. — Ce n'était pas un trône,
    Mais un piège sur un écueil.
Ce chapeau d'insurgé n'était pas la couronne,
    Cette chute n'est pas un deuil.
Place au nouvel exil !... et laissons passer l'Homme :
    Prince, il n'est point découronné ;
La France était sa ferme et non pas son royaume ;
    Ce n'est qu'un père infortuné !...

Oh ! la chute, le deuil et le malheur immense,
    C'est le frein social détruit.
C'est un peuple sans foi, poussé par la démence
    Vers les abîmes, dans la nuit.
Ah ! c'est l'humanité dont la vie agonise
    En proie à la corruption,
Et cherchant, dans l'esprit du mal qui galvanise,
    L'esprit de résurrection.

Oui, le mal vient de loin et la justice est lente !...
    A la face du Tout-Puissant,
Dans cette obscurité de la foi chancelante,
    Qui peut se prétendre innocent ?
Hélas ! n'a-t-on pas vu des rois donner eux-mêmes
    L'exemple de l'impiété,
Et forger, avec l'or de leurs faux diadèmes,
    Des chaînes à la royauté ?

Insensés, de leurs cours Voltaire était l'idole.
    Empoisonneur seigneurial,
Laissant tomber de haut sa caustique parole,
    Il pourrit le corps social.
Le grand seigneur athée en bourgeois ridicule
    Se pétrifia, s'alourdit :
Aujourd'hui c'est le peuple en qui le mal circule,
    Voltaire qui tue et maudit !

Des justices d'en haut terribles représailles !
    Leçons de notre âge d'airain !
Voltaire a pénétré jusqu'au fond des entrailles
    Du peuple, dernier souverain.
Ce génie écrasant dissout, broie et repousse
    Tous les pouvoirs, toutes les lois.
Et la corruption qui déborde, éclabousse
    Les grands corrupteurs d'autrefois.

Oui, c'est Voltaire encor, son esprit est un glaive,
    Sa foi la révolution ;
Sa funèbre ironie en pavés se soulève,
    Eclate en insurrection.
Le bagne est son boudoir, une borne son trône,
    Sa Dubarry la Liberté,
Sa cour un lupanar, le crime sa couronne,
    Le chaos sa divinité !.......

PRIMEVÈRE.

A Mme de Villepeys, née de Fonblanche.

La branche a revêtu sa première feuillée ;
Le printemps amollit le cristal des ruisseaux ;
Tout enchante et ravit la vue émerveillée ;
Et les nids babillards peuplent les arbrisseaux.

La nature tressaille à peine réveillée ;
L'onde mêle un soupir aux plaintes des roseaux :
Sur le velours moelleux de la mousse émaillée
La primevère tremble et rit au bord des eaux.

J'ai des fleurs sous mes pas, un ciel pur sur ma tête,
Et, libre des ennuis du monde, heureux poète,
L'oubli coule pour moi comme un flot argenté.

Enivré de parfums, de chants et de lumière,
Je crois voir rayonner, autour de ma chaumière,
Dieu, si riche d'amour pour l'humble pauvreté !

LES RUINES MORALES.

A H. Abel.

Royautés du savoir, puissances du génie
Qui bercez dans le mal le monde à l'agonie,
Plus vous avez reçu, plus vous devez à Dieu.
Est-ce donc pour flatter les peuples en délire
Qu'il a mis dans vos mains le kinnor et la lyre
Et sur vos lèvres d'or des paroles de feu ?

Et vous aussi, tribuns, législateurs suprêmes
Qui nourrissez d'erreurs, de doutes, de blasphêmes
La jeunesse, avenir des vieilles nations ;
Vous qui bannissez Dieu de nos âmes frivoles,
Pilotes orgueilleux qui voguez sans boussoles
Sur l'abîme grondant des révolutions ;

Ah ! comment détourner, insensés que vous êtes,
Le glaive menaçant suspendu sur vos têtes,
Vous qui l'avez tiré tout d'abord du fourreau ?
Pitié ! qu'avez-vous fait des croyances divines ?
Entassez lois sur lois, doctrines sur doctrines ;
A ceux qui ne croient plus qu'importe le bourreau ?

Lamennais, Lamartine, Hugo, tribuns, poëtes,
Grandes voix, entraînant les foules inquiètes,
Ne vous souvient-il plus de votre jeune essor,
Quand de vos cœurs la foi nous versait le trésor ?

Oh! de quel pur éclat les muses virginales
Couronnaient de vos fronts les splendeurs matinales !
Comme, au pied des autels, vos soins religieux
Elevaient un trophée ardent et radieux !
De la France jamais la fierté maternelle
N'abrita tant d'espoir et d'amour sous son aile :
Jamais le sceptre n'eut de plus brillants soutiens
Et l'autel relevé de plus fervents chrétiens.
La gloire aussi, pour vous devançant les années,
Comblait de ses faveurs vos fraîches destinées ;
Et tout vous souriait, car vos accents vainqueurs,
En désarmant l'envie, attiraient tous les cœurs.

Ah ! c'est que la patrie et la foi de nos pères
Pressentaient dans vos chants des destins plus prospères ;
Que le siècle, brisant à peine un joug d'airain,
Voyait luire à vos fronts son avenir serein.
Vos triomphes étaient un besoin de nos âmes,
Vos rayons un foyer d'universelles flammes,
Nos applaudissements l'appel de notre espoir,
Et votre renommée — un immense devoir !...

Vous l'avez méconnu !... trop séduisants prestiges !
Une gloire précoce, hélas ! a ses vertiges.
Infortunés vainqueurs, vous avez tout jeté
A l'idole du jour — la popularité.
Comme vous voilà faits maintenant, ô grands hommes,
Chênes, dont la tempête a dépouillé les dômes !
Tous les vents du désert, soufflant dans vos rameaux,
Avant l'âge ont passé sur vos sommets jumeaux,
Emportant fleurs, parfums, nids et rumeurs célestes :
Les échos sont muets sous vos ombres funestes ;
La colombe de l'arche a quitté vos abris ;
Et seul l'oiseau des nuits chante sur vos débris !...

Voyez autour de vous s'entasser les ruines,
Et l'arbre social trembler sur ses racines ;

Voyez autour de vous, voyez s'élargissant
Cet immense fossé, plein de boue et de sang !
Voyez à votre voix cette pâle jeunesse,
Dans un cercle fatal tourner, tourner sans cesse,
L'incendie, à vos feux destructeurs, flamboyer
Et la voute du temple écrasant le foyer !
Écoutez, écoutez les nations tremblantes,
Maudissant les rayons de vos gloires sanglantes !
Écoutez ce remords sur vous trois suspendu :
Vous pouviez tout sauver, vous avez tout perdu !...

Vous avez tout perdu ! non, non, il est encore
Une aurore au-dessus de votre fausse aurore.
Dieu refuse à l'orgueil ce qu'il donne à l'amour ;
C'est du sein du chaos qu'il fait jaillir le jour :
Sans vous il saura bien, sur ses bases divines,
Du temple social relever les ruines ;
Et l'avenir dira devant votre cercueil :
Sans la foi qu'est la gloire ? — Un rêve de l'orgueil.

UNE ROSE DE MAI

CUEILLIE EN DÉCEMBRE.

Reine du mois des fleurs, dans la lune des neiges,
Par le plus gracieux de tous les sortiléges,
Comme un dernier rayon qui va s'évanouir,
Sous quel souffle as-tu pu, fière, t'épanouir.

Veux tu — de la beauté singuliers priviléges —
Vaincre l'hiver, choisir les frimats pour cortéges ?
Pareille au chant lointain que l'on cesse d'ouïr,
De ton charme imprudent j'ose à peine jouir.

Prestigieuse erreur, délicieux caprice !
Un parfum téméraire au fond de ton calice
Dort, frêle espoir au sein d'un vague souvenir.

A ton étrangeté tu dois ton prix suprême,
Rose mystérieuse, oh ! n'es-tu pas l'emblème
D'un rapide bonheur qu'on ne peut retenir ?

LE 3 JUILLET 1848.

A mon ami E. Roux.

I.

Roi de nos cœurs, debout sur les débris des trônes,
Châteaubriand n'est plus ! Sur ce front respecté,
Où la gloire et l'honneur ont posé deux couronnes,
Le trépas est venu, dernière majesté !

Près des flots gémissants de sa chère Bretagne,
Dans le cercueil par lui dès longtemps préparé,
Un deuil universel, immense, l'accompagne.....
Sur elle, en le pleurant, la patrie a pleuré.

II.

O France, quelles funérailles !
Mère des Dunois, des Xaintrailles,
Quels bras au fond de tes entrailles
Retournent le fer assassin ?
Affreux combats ! triste victoire !
France, victime expiatoire,
Tes fils ont déchiré ton sein !...

Paris, cloaque impur, Paris, reine du monde,
Quelle héroïque ardeur et quelle rage immonde
Bouillonnent dans tes murs et débordent sur nous ?
Ta liberté sauvage est-elle une furie ?
Et la fille des arts, sœur de la barbarie,
N'a-t-elle plus de Dieu pour tomber à genoux ?

Oh! non, non, jamais Dieu n'abdique.— En vain la terre
Dans la fange ou le sang, dans la paix ou la guerre
S'endort ou se réveille, oubliant le saint lieu.
Au jour marqué de loin dans ses décrets sublimes,
Pour retenir le monde au penchant des abîmes,
Pour frapper ou bénir, toujours apparaît Dieu !

Il apparaît enfin dans un martyre auguste :
Pour tant de criminels il ne lui faut qu'un juste ;
Le juste s'est offert !... O Paris, à genoux !
Humble et doux, ton pasteur, holocauste suprême,
Vient de donner ses jours pour ses brebis qu'il aime :
Un autre saint Denis s'est immolé pour nous !

III.

La croix domine encor nos immenses ruines ;
Le peuple vers le Christ lève ses bras en deuil,
Et la France, attentive aux paroles divines,
    S'agenouille au pied d'un cercueil.

Tant de sang répandu sur tes sombres domaines
Sera-t-il infécond, sauvage liberté ?
Combien donc faudra-t-il d'hécatombes humaines
Pour rendre à notre ciel toute sa pureté ?

Hélas ! qui peut sonder vos terribles mystères,
Vos gouffres inconnus, ô révolutions !
Portez-vous dans vos flancs des foudres salutaires,
    O tempêtes de nations ?

IV.

Et toi, Châteaubriand, emporté par l'orage,
Laissant la France morne et vide après ta mort,
Vieux pilote qui sombre en un si grand naufrage,
Ton regard expirant n'a point trouvé le port.

Au milieu des tribus en révolte, ô Moïse,
Dans un vaste désert tu t'endors, triste et seul,
Et tu ne verras point cette terre promise
Qu'implorait ton génie, éteint sous le linceul !

V.

Génie inspirateur de notre nouvelle ère,
Aux dernières lueurs du volcan populaire,
Debout près du berceau d'un siècle incandescent ;
Sur nos autels, tombés dans un jour de tempête,
Tu cherchas l'étincelle, et ta main de poète
Secoua sur nos fronts le flambeau renaissant.

Mais, fidèle à l'exil, au malheur, à la France,
Aux feux du souvenir rallumant l'espérance,
Des peuples et des rois tenant les freins rivaux,
Subjuguant tous les cœurs unis sans défiance,
Ta souveraine voix proclama l'alliance
Des âges révolus et des âges nouveaux.

Et dans ces temps, remplis de tempêtes sans nombre,
Près du trône ou captif, dans l'éclat ou dans l'ombre,
Tu demeures debout, défenseur de la Foi,
Conseiller méconnu des royautés prospères,
Dernier consolateur des royales misères,
Toujours grand, toujours pur, toujours beau, toujours toi !

VI.

Non, tu ne mourras point dans nos cœurs, dans nos âmes,
Tant que l'antique foi, la jeune liberté
Eclaireront encor de leurs divines flammes
    Notre âge sombre et dévasté.

Non, tu ne mourras point, tant que vivra la France,
Tant que l'humanité connaîtra la douleur ;
Tant que les malheureux aimeront l'espérance,
Nos poètes la gloire, et nos soldats l'honneur !

Non, tu ne mourras point, car cette mer bénie
Qui berça ton sommeil d'enfant sur un écueil,
Bercera maintenant, dans sa grave harmonie,
    Ta gloire sans tache au cercueil.

Et puis, quand reviendront ces jours anniversaires,
Jours d'angoisse et de deuil, de sang et de remords,
Fêtes des saints martyrs, royaux ou populaires,
— Car tous ces titres vains ne sont rien pour les morts,

Alors tes os émus tressailleront encore,
Fidèles dans la nuit de ton froid monument,
Et les flots jetteront, sur ton écueil sonore,
    Un plus triste gémissement.

Et si jamais ces bords, où veille ta mémoire,
Connaissaient les pas lourds de l'étranger vainqueur,
Tes mânes indignés s'enfuiraient avec gloire,
L'exil de l'Océan cacherait ta douleur!

Mais quand la France, un jour, plus calme et plus heureuse,
Sous un ciel sans nuage enfin rayonnera;
Oh! triomphante aussi, ton ombre généreuse
    Ton ombre alors se lèvera!.....
. . . .

Roi de nos cœurs, debout sur les débris des trônes,
Châteaubriand n'est plus! — Sur ce front respecté,
Où la gloire et l'honneur ont posé deux couronnes,
Le trépas est venu, dernière majesté!.....

CRILLON ET ALTHEN (1).

A Armand de Pontmartin.

Que la foi du chrétien à la jeune industrie
Dise, en la bénissant : — « Ne t'énorgueillis pas !
Car, pour mieux féconder les champs de la patrie,
Il faut que le cœur guide et soutienne le bras.

Aujourd'hui comme au temps de la chevalerie,
Les élans généreux doivent guider nos pas :
Le travailleur qui pense et le soldat qui prie
Peuvent seuls assurer le bonheur des états.

Du commerce et des arts que les récents prestiges
Respectent de l'honneur les antiques vestiges ;
Il n'est point de progrès sans élément moral.

De Crillon et d'Althen vénérant la mémoire,
Que Vaucluse leur dresse un double piédestal :
La richesse d'un peuple est fille de sa gloire.

---

(1) Avignon devait dresser deux statues, l'une au persan Althen qui introduisit la culture de la garance dans le Comtat, l'autre au brave Crillon, l'ami de Henri IV. — Le représentant du génie commercial a obtenu sa statue ; le type de l'honneur attend la sienne. La reconnaissance du peuple n'a pu encore avoir sa complète manifestation, le nouveau pouvoir accomplirait un acte de justice, de convenance et de sage politique en la complétant.

LA CROIX SUR LES RUINES.

I.

Notre siècle a franchi la moitié de sa course :
Comme une onde qui sort d'une indomptable source
Torrent impétueux et fleuve souverain,
Ses flots, des hauts glaciers qui les tenaient esclaves,
Jaillirent, débordant au loin comme des laves,
Et sur les flancs des monts ruisselèrent sans frein.

Et le torrent partit ! A son effervescence
La pente irrésistible ajoutait sa puissance ;
Chaque obstacle irritait son essor indompté :
De rochers en rochers et d'orage en orage
Un invincible élan précipitait sa rage
A travers les vallons ; et tout fut emporté !

Oui, tout fut englouti, ruines sur ruines,
Les plantes des ravins, les arbres des collines,
Les troupeaux, les pasteurs, les moissons, les cités ;
Comme un roseau le chêne en vain courbait sa tête,
Le torrent le broyait de la racine au faîte,
Entraînant fleurs et nids à ses pieds abrités.

Et rien ne l'arrêtait ; — quand un homme intrépide,
Affrontant le chaos de cette onde rapide,
Creusant un lit, donna des rives au torrent.
Ambitieux vainqueur, ébloui par sa gloire,
Il voulut à la rive enchaîner la victoire.....
Et l'abîme jaloux reprit le conquérant.

Et le torrent coula sur des pentes plus douces :
Calme trompeur ! Bientôt de nouvelles secousses
Agitèrent son lit et troublèrent son cours :
Il dormait comme un lac, quand les eaux croupissantes
Par la base ont miné les digues impuissantes,
Et les débordements montent, montent toujours !

II.

De notre France, hélas ! depuis soixante années,
Ainsi vont déclinant les folles destinées.
Que de partis vainqueurs et vaincus tour à tour !
Quel vaste et sombre amas de tombeaux, de trophées,
D'éphémères grandeurs, de vertus étouffées !
Toute gloire a son heure, et tout revers son jour.

Notre siècle est saisi d'un étrange vertige :
Il s'acharne à ravir chaque fleur à sa tige,
Ses ailes à l'aiglon, ses rayons au soleil ;
Le matin il adore, et le soir il bafoue ;
Il dresse un piédestal, il l'abat dans la boue ;
S'il faut marcher, il tombe accablé de sommeil.

Il ne peut déblayer ses routes encombrées
De pourpres en lambeaux, de chartes déchirées,
De torches, de pavés, d'échafauds, de poignards.
A la moindre lueur sa vue est alarmée ;
Pour fermer l'avenir à toute renommée,
Les trônes renversés lui servent de remparts.

Sans avoir combattu notre jeunesse est lasse ;
Sans jamais avancer l'esprit change de place ;
L'arme à peine employée est jetée au rebut ;
Chaque vie est sans cœur, chaque fourreau sans lame,
Le berceau sans espoir et le foyer sans flamme,
Le ciel sans horizon et l'avenir sans but !

Le crime social marche tête levée,
Attachant à ses pas une foule énervée,

Fanatisant le peuple, électrisant les fous !
L'erreur a ses martyrs que l'enfer déifie,
Chaque forfait son code et sa philosophie,
Et Satan des autels qu'on implore à genoux !

Et des chrétiens sans foi la morne indifférence
Prétend qu'un pareil siècle, accablé de souffrance,
S'épuise vainement devant l'espoir qui fuit ;
Que le Seigneur de nous a détourné sa face,
Que le dernier éclat de nos gloires s'efface,
Et que le genre humain retombe dans la nuit !

Ah ! si le Dieu vivant laissait faire les hommes,
Nous serions engloutis dans la fange où nous sommes,
Tant le malheur abat notre faible raison !
Mais espérons encor ; — la charité divine,
Fécondant le désert, relevant la ruine,
Peut dans l'excès du mal puiser la guérison.

Quels esprits aveuglés oseraient méconnaître
Dans notre épaisse nuit l'œil du souverain Maître,
Sur nos flots orageux la main qui mène au port,
Et la croix, dominant nos longues funérailles,
Comme un soleil qui luit sur les champs de batailles
Ranimant les mourants sous le froid de la mort ?

III.

La croix plane sur nos ruines,
Etendard de l'humanité,
Labarum aux splendeurs divines
De l'éternelle vérité !
Sur une base inébranlable,
Elle peut d'un monde coupable
Soutenir le fardeau croulant,
Consoler les douleurs royales,
Et des tempêtes sociales
Apaiser le courroux sanglant.

Dernière planche du naufrage,
Salut des peuples et des rois,
Protégeant au sein de l'orage
Tous les devoirs et tous les droits,
Elle consacre la puissance,
Donne un charme à l'obéissance,
Un refuge au dernier tourment,
Et, versant à chaque misère
Un breuvage qui régénère,
Divinise le dévoûment.

Elle enrichit toute indigence;
Elle soumet tous les vainqueurs;
Et, désarmant toute vengeance,
Unit et confond tous les cœurs.
Elle sait découvrir dans l'âme
Pour chaque devoir une flamme,
La gloire dans l'humilité,
Une vertu dans l'espérance,
Un mérite dans la souffrance,
Et l'ordre dans la liberté!

Voyez l'ouragan populaire
Envahir ce palais en deuil,
Trois fois par la vague en colère
Humilié dans son orgueil :
Tout cède à l'horrible tempête;
Sa fureur jamais ne s'arrête :
Tribut des arts, trône des rois,
Berceau tremblant, couche innocente,
A sa rage toujours croissante
Rien n'échappe..... excepté la croix !

Le peuple sous la croix s'incline
Saisi de remords inconnus,
Et devant l'immense ruine
Laisse retomber ses bras nus.
Sa main abandonne le glaive...

Il est vaincu... Calme, il soulève
Le signe de l'amour divin,
Et la foule silencieuse
Porte la croix victorieuse
Dans le sanctuaire voisin.

Quand le feu des guerres civiles
Éclate en nos murs étouffants,
Et que la reine de nos villes
Voit s'entr'égorger ses enfants ;
Sous l'incendie et la mitraille
De la parricide bataille
Qui ramène le repentir ?
C'est la croix, pacifique aurore
Sur la mort rayonnant encore,
C'est le sang d'un prélat martyr !

De l'auguste et sainte victime
Le vœu d'amour est exaucé :
Son martyre ferme l'abîme,
Son sang est le dernier versé.
Et nos plus vaillants capitaines,
Inclinant leurs gloires hautaines
Dans un recueillement pieux,
S'agenouillent, les yeux en larmes,
Et viennent consacrer leurs armes
Devant le cercueil glorieux.

Aussi, quand le jour de l'épreuve
Se lève pour la papauté,
Quand Rome, inconsolable veuve,
Cache son front ensanglanté :
De la France l'ardente épée,
Dans le sang du martyr trempée,
Jaillit du fourreau pour la croix,
Et la gloire républicaine
Défend la tiare romaine,
La pourpre des pontifes-rois !

IV.

O mystère ! ô grandeur ! étonnante victoire !
Comme un phare au détour d'un obscur promontoire,
La croix au sein des nuits plus brillante apparaît !
Et les flots apaisés, les débris du naufrage,
Les dernières vapeurs qu'abandonne l'orage.
Tout des rayons sauveurs réfléchit quelque trait.

Profonds enseignements d'un siècle de tempêtes !
Il fallait que la foudre éclatât sur nos têtes,
Pour éclairer nos fronts, pour épurer nos cieux :
Il fallait que l'éclair nous montrât les abîmes !
Il fallait des martyrs pour expier nos crimes ;
Il fallait le torrent au fleuve spacieux !

Soixante ans de revers, d'épreuves et de gloires
Du peuple ont dissipé les rêves illusoires,
Ont ravivé le sang des générations :
Soixante ans de débris, de sang et de colères
Ont amorti l'ardeur des volcans populaires ;
Ont enseigné la paix aux vieilles nations.

L'esprit humain est las de combats et de luttes :
Notre raison superbe a connu bien des chutes,
La chaste liberté pleuré bien des forfaits ;
La gloire a de l'exil vidé la coupe amère ;
La fortune pour tous fut un songe éphémère.....
La foi seule à nos yeux rayonne désormais !

Colonne indestructible au milieu des décombres,
Soleil sans occident sous nos cieux les plus sombres,
Des révolutions immuable témoin,
La croix a vu crouler empires et royaumes ;
Et seule, dominant les tempêtes des hommes,
Au torrent elle a dit : — « Tu n'iras pas plus loin ! »

SUR LA MONTAGNE.

A Édouard de la Baume.

Chère est la solitude à mon âme rêveuse ;
Le roc inabordable a pour moi des attraits,
Et j'aime à voir, foulant les sentiers des forêts,
Sous mes pas s'abaisser la plaine vaporeuse.

Les bois ont une paix suave, harmonieuse,
Le désert des parfums et des hymnes secrets,
Et le regard étreint, dans un air pur et frais,
Une sérénité profonde et lumineuse.

Alors brille à mes yeux un horizon divin !
Puis, insensiblement la tristesse me gagne,
Car, à quoi bon gravir montagne sur montagne ?

Perdu sur un sommet imperceptible et vain,
Pour trouver l'infini que ma misère implore,
Hélas ! ne suis-je pas trop loin du ciel encore ?...

Le roc de Saint-Jeannet, 14 novembre 1852.

A L'ANGLETERRE.

FRAGMENT.

I.

....
Au grand jour de l'honneur et de l'indépendance,
  Quand l'avenir est menacé,
Qu'importe la couleur du drapeau de la France?
  Plus de partis, plus de passé!
Nous nous lèverions tous contre toi, — Dans nos veines
  Battrait alors le même sang;
Des rochers provençaux aux plages vendéennes
  Partirait un cri frémissant;
Des monts Pyrénéens aux champs de l'Armorique,
  Des champs de l'Armorique au Rhin,
Les échos rouleraient ce cri patriotique,
  Ce cri fraternel et sans frein!
C'est que nous avons tous, au fond de nos entrailles,
  Comme un vieux levain contre toi;
C'est que chaque bannière a ses grandes batailles,
  Son honneur, sa gloire, sa foi;
C'est que ton nom, brûlant pour nous d'ignominie,
  Fait monter la rougeur au front;
C'est que tous nos drapeaux ont de ta félonie
  A venger quelque vieil affront;
C'est que pour souvenir, contre toi, l'oriflamme
  De Jeanne d'Arc a le bûcher,
Et de Napoléon la tricolore flamme
  De Sainte-Hélène a le rocher!

Mais tu n'oseras pas lutter contre la France,
    Car tu te souviens de quel poids
Le glaive de Brennus pèse dans la balance
    Des grands peuples et des grands rois.
Non, tu n'oseras pas, car ton budget t'écrase ;
    Car ton peuple, mourant de faim,
Ebranlant ton pouvoir affaissé sur sa base,
    Ne veut pas du fer, mais du pain :
Car ton ambition, aveugle et vagabonde,
    Disperse en tous lieux tes soldats ;
Car la paix de la France est nécessaire au monde,
    Tremblant au seul bruit de nos pas !

II.

Non, la France ne doit craindre que la folie
    De ses longues dissensions,
De ces déchirements qui tarissent la vie
    Au cœur des vieilles nations.
Et cet air, imprégné de poisons séculaires,
    Cet air dissolvant, infernal,
Ce courant tout chargé d'orages populaires,
    D'où nous vient ce courant fatal,
Si ce n'est de tes bords, Angleterre empestée,
    De tes bords, réceptacle impur,
De tous les vagabonds que l'Europe irritée
    Rejette sous ton ciel obscur ?
C'est à ces charlatans de paix humanitaire,
    Drapés dans leur rêve impuissant,
Monstres inassouvis, que rien ne désaltère,
    Ivres d'ineptie et de sang,
C'est à ces rénégats de nos plus saintes gloires,
    Eunuques de la Liberté,
Qu'il te plait accorder tes honneurs dérisoires,
    Ta flatteuse hospitalité !...
Honneur à toi, John Bull, tout ce rebut immonde
    Est ton plus vaillant arsenal.
Des Révolutions quand sonne sur le monde
    Le branle-bas continental.

Mais de Malte à Berlin, de Lisbonne à Genève,
    Angleterre, c'est vainement
Que ta cupidité flatte, entretient, soulève
    L'esprit de bouleversement.
Cet esprit de Luther, de Calvin, de Voltaire
    A dit son dernier mot partout,
C'est le socialisme, obscène et délétère,
    Que tu retires de l'égout.
Ta rage démasquée a signé sa défaite
    En signant l'emprunt Mazzini,
Et ton anti-papisme a pour dernier prophète
    Le Régicide Lebeny.

III.

Je vois un conquérant, serein et pacifique,
    Marcher un flambeau dans la main :
Ce flambeau resplendit d'un éclat magnifique ;
    Il éclaire le genre humain !
C'est le Catholicisme !... Angleterre, il commence
    A luire sous tes cieux obscurs ;
Et déjà sa lumière irrésistible, immense
    Dissipe tes brouillards impurs.
Ces infectes vapeurs de l'industrialisme
    Tomberont devant sa clarté ;
Et le siècle verra fuir le Socialisme
    Désarmé par la Charité !

Vengeance du Très-Haut, bien digne de la France,
    Justice pleine de bienfaits,
Ineffable trésor d'avenir, d'espérance,
    De miséricorde et de paix !
Elle vient lentement, cette vengeance auguste,
    Mais elle germe dans ton sein,
Angleterre ! Elle vient, comme tout progrès juste,
    Logique, patient, divin !

LE PAQUEBOT.

A l'auteur des *Poèmes de la Mer*.

Il s'élance pareil à la cavale ardente
    Qui s'indigne du frein ;
Il dompte et fend la vague écumeuse et stridente
    De sa quille d'airain.

Il oppose à tout vent sa force indépendante,
    Son front calme et serein,
Et semble défier en sa course imprudente
    L'élément souverain.

Il laisse fuir au loin sa fumée en arrière
Semblable aux flots épars d'une immense crinière,
    Et vogue triomphant.

Mais l'homme croit en vain régner sur la matière :
Car Dieu contre un écueil brise la nef altière
    Comme un jouet d'enfant.

UNE IDYLLE EN DÉCEMBRE.

(Extrait d'un portefeuille pris par les insurgés.)

(UN CURÉ DE VILLAGE ; — DEUX PATRES ; — GENDARMES.)

LE CURÉ *(seul et s'arrêtant au sommet d'une colline).*

Reposons-nous ici sous ces touffes d'yeuses,
Tandis que du couchant les teintes radieuses
Entourent le soleil à son mourant essor
Ainsi qu'un ostensoir au tabernacle d'or.
  O moment solennel ! mon âme se recueille
Comme l'oiseau cherchant un abri sous la feuille.
Quand sur les monts lointains le jour nous dit adieu,
Tout semble murmurer une prière à Dieu :
La fleur en se fermant se penche comme une urne
Pour livrer ses parfums à la brise nocturne ;
Et la brise qui passe à travers les roseaux
Mêle ses longs soupirs au bruit plaintif des eaux ;
Tandis que, pur flambeau de l'hymne universelle,
Dans les cieux pâlissants chaque étoile étincelle.
  Heure sainte! la mère endort sur ses genoux
Son enfant. — O rayons du soir, vagues et doux,
Solitaires parfums, rumeurs mystérieuses,
Rien n'égale ici-bas vos délices pieuses...
Mon Dieu, soyez béni !... Mais un bruit... Qui pourrait
De cette heure outrager le repos ?... On dirait
Que des pâtres la voix se rapproche et s'anime.
Écoutons ! ils sont là !.....

(Entrent deux pâtres. — Le curé caché par les yeuses.)

PREMIER PATRE.

Du sort qui nous opprime
Il est temps de briser le joug avilissant.

DEUXIÈME PATRE.

A quoi bon? notre sort n'a rien de flétrissant,
Il n'est point sans douceur ; à nous gens des campagnes
Le calme, la santé, la force ; des montagnes
L'air balsamique et pur dilate nos poumons,
Et la liberté chante avec nous sur les monts.

PREMIER PATRE.

Liberté de souffrir, d'envier, de maudire
Ces riches vaniteux et dont le front respire
Le sot, le fol orgueil de voir à leurs genoux
Des rustres, des valets, des manants tels que nous.
Ah ! si tu connaissais comme moi les délices
De ces riches heureux, tu saurais quels supplices
Me déchirent le cœur. — Mais toi, tu n'as jamais
Quitté le fond des bois et de tes lourds marais.

DEUXIÈME PATRE.

Ami, j'ignore encore, et je m'en félicite,
Ces plaisirs vers lesquels ta voix me sollicite ;
Mais, s'il faut en juger par toi, par tes discours,
Crois-moi, j'aime bien mieux les ignorer toujours.

PREMIER PATRE.

Insensé, qui ne sait quel bonheur il rejette
Et dont la voix bruit, pareille à la clochette
Du stupide mouton, toujours content du sort
Et caressant la main qui le mène à la mort !

Peut-être serais-tu moins prompt à me répondre
Si tu savais comment on s'y prend pour nous tondre ;
Si tu savais comment on fait de beaux habits
Des épaisses toisons qu'on vole à nos brebis.
Oh ! les riches, vois-tu, nous sommes leurs esclaves.
C'est pour eux que tu vis, c'est pour eux que tu braves
Et la bise l'hiver, et l'été le soleil ;
C'est pour eux que mûrit le fruit blond et vermeil.
Si, par tes soins heureux, les actives abeilles
De beaux rayons de miel emplissent tes corbeilles ;
S'il jaillit de ta cuve un vin plus généreux ;
Si de ton lait la crème abonde ; — c'est pour eux !
Ce qu'un travail ingrat prend à la terre avare :
La truffe parfumée et le champignon rare,
Les oiseaux, les poissons en tous lieux recherchés,
Et du gouffre des mers les trésors arrachés ;
Tout ce qu'un bras humain ravit à la nature,
Tout ce que l'art produit, tout leur sert de pâture
A ces riches par nous engraissés largement ;
L'existence est pour eux un long enchantement !

DEUXIÈME PATRE.

Et pourtant j'en ai vu qui désertaient leurs villes
Pour retrouver aux champs des plaisirs plus tranquilles,
Pour y couler des jours purs et réparateurs ;
J'en ai vu s'abriter sous nos monts protecteurs.
Qu'ils étaient languissants, ennuyés, misérables !
Ils traînaient leur pâleur à l'ombre des érables ;
La fraîcheur des vallons et le ciel attiédi
Ne pouvaient ranimer tout leur sang refroidi.
Ah ! qu'ils auraient donné volontiers leur richesse,
Pour pouvoir un seul jour secouer leur paresse,
Partager les travaux qui font notre vigueur,
Et notre sang plus chaud et plus rapide au cœur.
Ah ! quand la bise vient sur nos montagnes nues,
Quand la neige descend sur leurs cimes chenues,
Quand la blanche rosée étincelle au soleil,
Que le travail m'est doux ! quel plaisir sans pareil,

Après avoir fermé les troupeaux dans l'étable,
En rentrant, vers le soir, de trouver sur la table,
Au coin de mon foyer, un large plat fumant !
A quoi bon m'informer si l'on soupe autrement ?
Attisant le brasier où le sarment pétille,
Je prends royalement mon repas en famille.
Qu'il vente, pleuve ou neige au dehors ! je ressens
Un bien-être sans nom s'emparer de mes sens ;
Le repos, la chaleur, à dormir tout m'invite ;
La paille est à deux pas ! je m'y couche bien vite,
Sommeil délicieux !.....

PREMIER PATRE.

          Bonheur abrutissant !...
Mais lorsque l'herbe manque au troupeau languissant,
Lorsque tout dépérit et qu'un maître barbare
Te chasse du logis ?

DEUXIÈME PATRE.

          Je plains ce maître avare ;
Et, s'il faut le quitter, je ne regrette rien,
Quand j'emporte avec moi l'honneur, notre seul bien.

PREMIER PATRE.

Bonhomme, tous n'ont pas l'humeur assez facile
Pour se soumettre au joug d'un front aussi docile.
Il est dans les cités et dans les champs, — partout,
Un immense levain qui fermente et qui bout,
Levain de pleurs, de sang, de vengeance et de haine,
Qui doit bouleverser toute l'espèce humaine.
Les riches trop longtemps ont abusé du sort ;
Ils ont flétri la vie, ils ont semé la mort ;
Chacun de leurs plaisirs nous coûte une souffrance ;
Leur orgueil a fermé le ciel à l'espérance.
Devoirs, vertus, vains mots, bons pour nous éblouir :
Puisque nous sommes tous ici-bas pour jouir,
Nous voulons notre part !... Race égoïste et vile,
O riches, comptez-vous ? — nous sommes plus de mille
Contre un seul...

DEUXIÈME PATRE.

    Mais alors, comment trouverez-vous,
Si l'aubaine est si rare, assez de parts pour tous ?

PREMIER PATRE.

Chacun sera content : la fraternité sainte
Confondra tous les cœurs dans une même étreinte.

DEUXIÈME PATRE.

Douce fraternité, ravissante union
Du loup et de l'agneau, du cerf et du lion !

PREMIER PATRE.

O vieux pâtre insensé, vainement tu m'irrites.
Quand nous aurons fauché les herbes parasites,
Tu verras quels épis abondants et pressés
Couvriront les guérets par le sang engraissés ;
Quand les riches auront tous mordu la poussière,
La paix refleurira...

DEUXIÈME PATRE.

    La paix du cimetière.
Ce brillant avenir n'est pas réjouissant,
Et l'on peut rêver mieux que ce rêve de sang.

PREMIER PATRE.

Un rêve ! ce n'est point un rêve, je le jure !
Tout est prêt, car le crime a comblé la mesure.
Comme du tronc d'un chêne aux plus petits rameaux,
Du sein de nos cités aux plus obscurs hameaux
La vengeance partout s'étend, se multiplie
Invisible, et dans l'ombre en tous lieux se replie ;
Car nous enveloppons, réseau large et vivant,
Cette société qui tremble au moindre vent.
Dans la corruption elle va se dissoudre ;
Un signal suffira pour la réduire en poudre.

DEUXIÈME PATRE.

Voilà déjà longtemps, pâtre, que tu le dis ;
Et pourtant nous vivons comme on vivait jadis.

PREMIER PATRE.

Écoute ! cette nuit, ici même, à cette heure,
Le signal va briller, car c'est un feu ; demeure,
Et tu verras bientôt, sur les sommets lointains,
Scintiller mille feux, complices clandestins.
Épions dans la nuit solitaire et profonde
L'étincelle qui doit incendier le monde.
Par l'enfer et le sang, pâtre, je l'ai juré :
Il me faut allumer aussi le feu sacré.
Jouet non moins que moi du riche inexorable,
N'es-tu donc pas assez maudit et misérable ?
Nous sommes frères, viens avec moi partager
Le bonheur d'être libre et puis de nous venger.
Viens donc, je te promets ta part dans le pillage ;
Tu n'as qu'à ramasser quelques brins de feuillage
Et nous allumerons ensemble les clartés
De l'incendie humain qui s'apprête...

LE CURÉ (*sortant du taillis*).

Arrêtez !
Il est un œil ouvert dans la nuit la plus sombre,
Une oreille écoutant dans le silence et l'ombre ;
Je pourrais vous trahir... mais non, je ne suis pas
De ceux qui font métier de surveiller vos pas.
Ce n'est point pour punir que ma voix parle au crime ;
J'ignore le bourreau quand je vois la victime.
Ecoutez : — je ne suis qu'un homme sans soutien,
Le pasteur du village, un vieux prêtre chrétien ;
Cependant je vous dis de ma voix faible et lente :
Vous n'allumerez point cette aurore sanglante
Et vous obéirez à ma débile voix
Mieux qu'à celle des forts, des puissants et des rois.

PREMIER PATRE.

T'obéir ! tu seras la première victime,
Car c'est l'oppression que ta voix légitime.

LE CURÉ.

Oh! qu'importe ma vie? à Dieu seul je la dois,
Et mon sang parlera bien plus haut que ma voix.

PREMIER PATRE (*tirant un poignard*).

Eh bien! meurs!

DEUXIÈME PATRE (*levant son bâton*).

Scélérat, tu vas mourir toi-même.
Ta bouche trop longtemps a vomi le blasphème.
Par les riches, dis-tu, les cieux nous sont fermés;
Et par toi de l'enfer les feux sont allumés!
Sois maudit!

LE CURÉ (*s'interposant et séparant les deux pâtres*).

Que la paix redescende en vos âmes!
Relevez vos regards vers les célestes flammes!
Que le calme des nuits, le grave aspect des cieux
Apaisent de vos cœurs les transports furieux!
Nulle main n'a fermé le ciel à l'espérance,
Dernier asile ouvert surtout à la souffrance.....

(*Un brigadier suivi de quelques gendarmes.*)

LE BRIGADIER (*sortant d'un fourré*).

Oui, monsieur le curé, vous avez bien raison;
Mais, sauf votre respect, qu'il me suive en prison:
Là, sans être distrait, assis sur une chaise,
Il pourra méditer vos avis à son aise.

LES PREMIERS CHEVEUX BLANCS.

A ma sœur J...

Soyons vieux par la tête et jeunes par le cœur ;
Préférons les plaisirs qui sont de tous les âges ;
De nos jours les plus beaux n'effeuillons point la fleur,
Et nous pourrons des ans mieux subir les outrages.

Heureux est l'orphelin, favori du malheur,
Qui, du besoin d'aimer contenant les orages,
De son adolescence a tempéré l'ardeur
Et la réserve toute aux desseins les plus sages.

L'ennui ne vient-il pas assez tôt pour mourir ?
Respectons le fruit vert et laissons-le mûrir,
Trop souvent le plus frais n'est que poussière et cendre !

Domptons par le travail nos chagrins accablants,
Gardons pour le dernier quelqu'espoir doux et tendre,
Nous verrons sans émoi nos premiers cheveux blancs.

LES TROIS BERCEAUX.

A Mme LA C^sse DE F...

I.

Près d'un berceau couvert de splendides trophées,
Une Femme est debout, belle comme les fées
Présidant aux destins des héros et des rois.
Une triple auréole environne sa tête ;
Son regard resplendit, comme dans la tempête
L'éclair intermittent, la nuit, au fond des bois.

Un souverain attrait se cache en sa rudesse :
Séduisante Péri, superbe Druidesse,
Sa fierté martiale attire en souriant ;
Son front dominateur, que la grâce décore,
Respire la jeunesse, et sa fraîcheur se dore
Des plus ardents reflets des soleils d'Orient.

Sur un glaive appuyée, elle contemple en reine
Un enfant endormi — destinée incertaine —
Dans ce berceau, couvert de brillants étendards ;
Et, cachant avec soin les empreintes guerrières,
Les larmes et le sang qui souillent ces bannières,
Elle attache sur lui ses maternels regards.

« — Dors, mon enfant chéri, dors, mon espoir, dit-elle ;
Dors, je suis ta nourrice et ta mère immortelle !
A ton jeune avenir j'ai consacré mes jours ;
Car, dès les premiers pas de sa jeunesse ardente,
Embrasant de mes feux son âme indépendante,
De ton père je fus les uniques amours.

« Et je l'ai couronné de ma splendeur féconde,
Lui donnant pour ma dot la conquête du monde,
Livrant à son pouvoir l'univers étonné.
Le passé, le présent ont reconnu son trône ;
L'avenir seul manquait à sa triple couronne,
Bel enfant, sois pour lui l'avenir couronné ! »

Hélas ! ainsi disait la Gloire au fils de l'Homme,
De ces beaux rêves d'or berçant le roi de Rome,
Découvrant à ses yeux un immense horizon.
Dix ans après, captif sur un lointain rivage,
L'Empereur expirait, et son fils, avant l'âge,
S'éteignait lentement au fond d'une prison.

II.

Un Ange, debout près d'un trône,
Suspend, sur un autre berceau,
Une blanche et pure couronne,
Et, sous le deuil qui l'environne,
Fait germer l'espoir d'un tombeau.

Des cieux le messager s'incline
Sur cette couche avec amour,
Et bénit l'enfance orpheline,
Comme l'aube, sur la colline ;
Après la nuit sourit au jour.

Protégeant d'une aile tremblante
Ce frêle espoir, fleur d'un cercueil,
Il cache l'empreinte sanglante
Du crime, et fait jaillir, brillante,
La splendeur d'en haut sur ce deuil.

Tout un peuple dans l'allégresse,
Devant le messager des cieux
Laissant éclater sa tendresse,
Se précipite avec ivresse
Vers ce berceau mystérieux.

Dix ans après, cette espérance,
Sortant à peine du berceau,
Loin des rivages de la France,
Dans l'exil et dans la souffrance,
Flottait au vent sur un vaisseau,

Mais en tous lieux l'Ange fidèle
A suivi l'auguste exilé,
Comme sur les flots l'hirondelle,
Fuyant l'hiver indigne d'elle,
Poursuit le printemps envolé !

III.

Bientôt sur le rivage une Femme sans cœur
Aborde en souriant d'un air froid et moqueur :
    Belle et fière, mais inconstante,
C'est la Fortune. A peine un jour moins sombre luit,
Et sur l'écueil mouvant elle bâtit sans bruit
    Un trône à l'abri d'une tente.

Tout sourit à l'entour : océan, terre et ciel ;
Des prestiges de l'or l'attrait matériel
    Comme un talisman l'environne ;
Et, porté mollement par le flot apaisé,
Un berceau, doux espoir, par elle est déposé
    Sur l'écueil, marchepied du trône.

Brillante à la surface et limoneuse au fond,
Dans un lit inconnu, ténébreux et profond,
    La Paix s'épanche comme un fleuve ;
Sur ses bords la Fortune, affrontant le Destin,
Fête ses favoris en un large festin,
    Et d'espérance les abreuve.

Hélas ! pour renverser la Fortune et César,
    Que faut-il ? un caillou sous le rapide char,
    Un flot de plus sous la nacelle.

Sous la roue imprudente un caillou s'est glissé,
Sous le royal esquif le flot s'est courroucé ;
    Char, esquif, trône, tout chancelle.

Dix ans après, l'exil voit encore, étonné,
Fuir avec l'orphelin l'aïeul découronné
    Que réclame une fin prochaine.
Et le peuple, océan aux flots capricieux,
Même alors que l'orage expire dans les cieux,
    Dans son lit se rendort à peine !

IV.

Vers le port, ô mon Dieu, pour guider le vaisseau,
Pour relever l'espoir, courbé comme un roseau
    Sous une tempête sauvage,
Laissez-nous rattacher, loin, bien loin des écueils,
Ces trois berceaux, flottant près de ces trois cercueils,
    Tous ensemble au même rivage !

Sur la rive d'abord raffermissons l'autel ;
Puis, élevons un temple immuable, immortel,
    Dont la voûte abrite le trône.
Que l'orage ne puisse ébranler le saint lieu ;
Sur l'un des trois berceaux, le Temps, le Peuple et Dieu
    Sauront bien fixer la couronne !

LA VIE.

A l'auteur des *Poèmes évangéliques*.

La vie est un courant, hélas ! qui nous entraîne ;
Et, que l'on cueille ou non des fleurs au bord des eaux,
Le temps au dernier jour incessamment nous mène,
Effeuillant nos projets et nos vœux les plus beaux.

Non moins que la douleur la joie est incertaine,
Nous devons supporter tous nos jours inégaux,
Car plus on veut jouir, plus cuisante est la peine,
Et le bien tant rêvé souvent se change en maux.

Tout masque est laid — le fard détruit les plus doux charmes,
Préférons le suave épanchement des larmes
Au rire mensonger qui ne vient pas du cœur.

Pour celui qui connaît le vide et l'indigence
Des sens — et tout le prix de son intelligence,
Cent plaisirs à la fois ne font pas un bonheur.

FLEURS DES BOIS.

I.

A ma sœur J...

Dans les replis de l'âme est une source pure
Si pleine de douceur, d'enchantements discrets,
Que la parole humaine avec tous ses secrets
Pour les bien exprimer trouve à peine un murmure.

Les étoiles, des nuits émaillant la ceinture,
Les ombres, les senteurs et les bruits des forêts,
La lumière ondoyant sous les feuillages frais,
Tous ces mystérieux charmes de la nature,

Un parfum qu'on préfère, un sentier bien connu
Dans les bois, un rayon, un accord imprévu,
De l'angélus natal le tintement suprême,

Voilà ce qu'on voudrait au moins rendre une fois.
Mais le cœur trop ému paralyse la voix ;
L'on aime et l'on ne peut dire combien l'on aime.

II.

LE PREMIER ROSSIGNOL.

Des flots de pourpre et d'or inondent l'horizon :
L'insecte bourdonnant se tait sous le gazon :
Des airs comme à regret abandonnant l'empire,
L'Ange du Jour hésite, ouvre l'aile et soupire......

La nue à l'occident, radieuse toison,
Pâlit : — dans son calice, odorante prison,
Suave écrin d'argent, d'opale et de porphyre,
La fleur en se fermant enchaine le zéphyre.

Chaque pas de la nuit vers le couchant obscur
Fait éclore une étoile aux campagnes d'azur,
Laisse flotter dans l'ombre une lueur plus tendre.

Un silence profond, immense, universel,
Par d'invisibles nœuds suspend la terre au ciel :
La nature, en repos, semble, — immobile — attendre !...

III.

Alors, du fond des bois frais et silencieux,
D'un ravissant concert prélude gracieux,
Un long soupir d'amour en frissonnant s'élève,
Doux comme une caresse et vague comme un rêve.

Bientôt des sons pressés et plus audacieux
Ont jailli — des accords l'éclat délicieux
Scintille et puis ruisselle, et le chanteur n'achève
Qu'à l'instant où l'aurore en souriant se lève.

Pleins de mélancolie et de charme, ses chants
Glissent entrecoupés de silences touchants,
Comme des filets d'eau s'écoulent goutte à goutte.

Il commence, il s'arrête, il recommence encor,
Et l'Ange de la Nuit, suspendant son essor,
Laissant d'un bras distrait tomber son voile, — écoute !.....

IV.

LES AMANDIERS.

Beaux amandiers, à l'œil surpris vous étalez,
Tandis que la pelouse à peine est renaissante,
De mille boutons blancs vos rameaux étoilés,
Richesse confiée à l'aube caressante.

Pour l'été radieux que de trésors voilés
Sous les pétales frais, sur la tige croissante!
Mais la neige a couvert tous vos sommets brûlés,
Et flétri du printemps la splendeur florissante.

C'est bien là votre emblème, illusions d'un jour,
O rêves de vingt ans — gloire, bonheur, amour,
Enchanteresses fleurs que l'espoir fait éclore!...

Au matin de la vie on croit en vous ; — mais puis,
Le froid de la saison tue en germe vos fruits,
Et la réalité comme un ver les dévore.

V

LA PERVENCHE.

Au bord d'un grand chemin, solitaire pervenche,
Pourquoi fleurir ? En vain la rosée, à l'entour
Et sur ton front d'azur, goutte à goutte, s'épanche,
Comme en de beaux yeux bleus brillent des pleurs d'amour.

Tu n'as, pour t'abriter, pas une seule branche ;
Comment pourras-tu donc affronter tour à tour,
O virginale fleur, sur ta tige qui penche,
La fange, la poussière et la chaleur du jour ?

Sous les pas lourds du pâtre, ou sous un char rapide,
Fille aimable des bois, ta corolle timide,
Tes charmes délicats seront foulés demain.

Hélas! au sein d'un monde égoïste et profane,
Ainsi le souvenir languit, tremble et se fane,
Solitaire pervenche au bord d'un grand chemin!

VI.

AU FOND DES BOIS.

Qu'un pauvre fat se pâme
Pour la trop douce voix
Et les fleurs, qu'une femme
Effeuille sous ses doigts ;

A cette vaine flamme
Je préfère cent fois
Les bruits et le dictame
Des pins au fond des bois.

Souffle de la nature,
Que ton arôme épure
Et mes sens et mon cœur.

Berce l'Indifférence,
Assoupis la Douleur,
Réveille l'Espérance !

VII.

AMERTUME.

Tout est menteur et vain dans ce que l'homme espère.
Rien ne peut étancher cette soif qui l'altère
D'épancher le trop plein qu'en son cœur il ressent,
De donner à son âme un essor tout puissant.

Cet immense besoin d'aimer est un mystère
Qui tourmente ici-bas son exil solitaire.
Hélas ! il cherche encor l'espoir rafraîchissant,
Lorsque déjà du soir l'ombre sur lui descend.

Où va donc le parfum de la brise qui passe,
Le rayon qui s'éteint, la couleur qui s'efface,
Le son qui s'évapore et l'onde qui s'enfuit ?

Et la feuille arrachée aux tiges frémissantes,
Et le soupir qui tremble aux lèvres pâlissantes,
Et l'âme qu'il aima dans l'éternelle nuit ?

VIII.

CONSOLATION.

Va, ne regarde pas les hommes, ô poëte !
Vers l'azur constellé des nuits lève la tête,
Puis, retrempe ton âme et tes chants les plus doux
Aux flammes du foyer qui rayonne pour tous.

Des cieux resplendissants vois l'immortelle fête ;
De l'espoir infini que ton esprit réflète
La sereine clarté — Dieu la répand sur nous,
Dès que nous l'implorons humblement à genoux.

Et si ton cœur fléchit sous le poids des alarmes,
Offre, dans ta douleur, comme un encens, tes larmes
Et mêle ton soupir au concert éternel.

La rose a le rayon, le berceau l'innocence,
La perle l'océan, la douleur l'espérance,
La colombe l'espace et l'amour vrai — le ciel !

IX.

LES RAYONS DU SOIR SUR LA NEIGE.

A la mémoire de S...

D'un éblouissant voile aux contours onduleux,
La neige a tout couvert : — mais du ciel nébuleux
Le soir a déchiré la nue occidentale
Et le soleil couchant dans sa pompe s'étale !

Des obliques rayons l'essor glisse moëlleux
Sur l'immense blancheur ; — des monts lointains et bleus
Le décroissant azur se mêle au rose pâle,
Et de nuances d'or s'illumine l'opale.

Puis, ce mirage éteint, la lune au front changeant
Sur ce manteau d'hermine épanche à flots d'argent
Sa paisible, suave et rêveuse lumière.

Telle une sainte femme, à son dernier moment,
Lorsque se ferme au jour sa tremblante paupière,
En souriant encore expire doucement !

Floriéyes, février 1853.

NOEL POUR LES PAUVRES,

A Mme Ed. de L...

Un peu de joie a lui sous la triste chaumière :
Les enfants ont chanté : Noël ! — et la fermière
A rétabli partout cet ordre intelligent,
Cet air simple et propret, luxe de l'indigent.
Aux plus vives clartés du foyer domestique
Chaque meuble reluit dans sa splendeur antique ;
Tout revêt un aspect solennel et nouveau,
L'armoire aux larges flancs, le bahut, l'escabeau
Et la table..... Oh ! la table à peu de frais ornée,
De mets appétissants et de fleurs couronnée,
Étale en sa blancheur, pour la première fois,
Un beau linge imprégné de la senteur des bois,
Et l'onctueuse olive et la figue sucrée,
Les blonds gâteaux de miel à la croûte dorée,
De légumes choisis un potage fumant,
Et l'ambre d'un vin vieux dans les brocs écumant.

Des enfants les clameurs exaltent l'allégresse.
Les moins favorisés, oubliant leur détresse,
Contemplent ce tableau riant avec bonheur
Et l'Aïeul s'est assis à la place d'honneur.

Pauvre Aïeul ! une larme au bord de sa paupière
Tremble et vient attrister sa fervente prière,
Lorsque, en ce doux moment, à l'entour du foyer
Qu'emplit le tronc d'un chêne ardent à flamboyer,
La famille nombreuse à son regard avide
Dans le cercle empressé montre une place vide !...

C'est un fils bien aimé qui manque au rendez-vous :
Loin du toit paternel il a fui ; — de ses coups
Le sort dans sa rigueur l'a frappé. — Quelle route
A-t-il pris ? Qu'a-t-il fait ? On l'ignore. — Sans doute
Le ciel n'a point béni son malheureux destin
Et lui fait regretter les miettes du festin.

Fête des anciens jours, populaire et chrétienne,
Quelle profane joie est égale à la tienne ?
Où sont donc les plaisirs assez purs, assez vrais,
Pour nous faire oublier ton ineffable paix ?
Ceux qui savent goûter ta joie enchanteresse
Ne cherchent point ailleurs une plus douce ivresse ;
Qui ne te goûte plus te regrette toujours,
Fête des cœurs aimants, fête des anciens jours !

Aussi, pour respecter cette joie éphémère,
L'Aïeul a lentement essuyé sa paupière ;
Puis, étendant le bras, d'un accent triste et doux
Il bénit en tremblant la famille à genoux.

Il épanche du vin sur un vieux tronc de chêne ;
— « La cloche de Minuit dans la forêt prochaine,
« Dit-il, a résonné : mes enfants, cette voix
« A mon oreille émue a vibré bien des fois.
« Dans la prospérité comme dans la misère,
« Cette voix à mon cœur fut toujours douce et chère ;
« Car elle me disait que Dieu, pour nous guérir,
« Dans la douleur voulut naître, vivre et mourir.
« Ne repoussez donc point la main qui vous implore ;
« Riches, donnez beaucoup, pauvres, donnez encore :
« Semez la charité, l'amour moissonnera
« Et comme je bénis, le ciel vous bénira. »

Il a dit et chacun à l'entour de la nappe
D'accourir..... Un bruit sourd retentit — quelqu'un frappe
A la porte..... le chien vers le seuil a jappé.
Le vieillard ému crie : — » Enfants, on a frappé !

« C'est le soir de Noël. Cette nuit, à cette heure,
« Tout le monde a le droit d'entrer dans ma demeure.
« C'est un usage, enfants, pieux et solennel,
« Qui fait asseoir le pauvre au banquet fraternel.
« Quelqu'indigent que soit le chaume qui nous couvre,
« L'air est froid au dehors, ô mes enfants, qu'on ouvre!
« Pour donner la moitié de son pain, aujourd'hui,
« Un pauvre toujours trouve un plus pauvre que lui? »

A ces mots de l'Aïeul, doux comme une prière,
Un enfant court ouvrir la porte hospitalière.
Une femme paraît, réchauffant sur son sein
Son nouveau né, tremblant et de froid et de faim.

A ce touchant aspect vers le seuil on s'empresse,
Entourant l'étrangère, — on l'entraîne, on caresse
Le pauvre enfant ouvrant de grands yeux ébahis :
Chacun veut réchauffer ses petits doigts bleuis.
Sous son large manteau la vaste cheminée
A bientôt abrité la mère infortunée,
Confuse, rougissant, hélas! sous sa pâleur,
Et, tandis que l'enfant sourit à la chaleur,
Cherchant en vain des mots, ne trouvant que des larmes.....

Pourtant elle n'est point tranquille — ses alarmes
Se trahissent encor sur son front, dans ses yeux
Tournés vers le vieillard ému, silencieux,
Puis fixés sur la porte entrebaillée et sombre,
Comme si son regard cherchait quelqu'un dans l'ombre.

Et l'Aïeul tressaillant : — Qui vous agite ainsi ?
« Dit-il, ne craignez rien, vous êtes bien ici.
« Soyez la bienvenue au banquet de famille :
« Qui connaît la douleur sait consoler, ma fille.
« Le plus humble souvent est le plus ferme appui.
— « Oh! ce n'est pas pour moi, dit-elle, mais pour lui !
— « Qui donc, lui, répéta la famille étonnée ?
— « Hélas ! balbutia la femme infortunée,
« Lui, votre fils perdu, lui, mon pauvre mari ! »

Tous demeuraient muets — quand l'Aïeul attendri,
D'une rapide main essuyant une larme :
— « Le malheur me le rend : — cette voix me désarme,
« Qu'il vienne, cria-t-il. »

                             Et le fils à l'instant
Dans les bras paternels s'élança palpitant ;
Puis, un long cri d'amour de la famille entière
Comme un écho du ciel remplit l'humble chaumière !

―――――――

Le culte envers le pauvre, en ce jour du Seigneur,
Au malheureux vieillard vint rendre le bonheur.
Le fils, jadis coupable, à sa femme fidèle,
Mérita le pardon sollicité par elle,
Et chacun eut sa place au banquet fortuné.
Enfin l'Aïeul, baisant le petit nouveau-né :
— « Au berceau de *Jésus* nous irons tous ensemble,
« Dit-il, prier le Dieu qui pardonne et rassemble.

LE FLACON.

A une jeune orpheline.

Crains d'une fausse ardeur l'amorce astucieuse,
Orpheline aux doux yeux, aux longs cheveux tressés,
Et que d'un fol amour les tourments insensés
Épargnent de ton cœur la paix délicieuse.

Les passions, ces fleurs d'une âme soucieuse,
Livrent à tous les vents leurs parfums dispersés ;
Va, ne les mêle pas aux nœuds entrelacés
De ta guirlande, hélas ! fragile et gracieuse !

Comprime en l'épurant tout désir indiscret,
Et du besoin d'aimer l'enivrement secret,
Comme en un pur cristal une odeur préférée.

Et puisses-tu, songeuse, en ton isolement,
Ne pas trouver bientôt l'essence évaporée
Et le vide cruel du désenchantement !

Mai 18.....

FLEURS DU FOYER;

A la mémoire de S...

I.

LA FAMILLE AU COIN DU FEU.

A Louis.

La pluie en clapotant sur le pavé ruisselle ;
Sous un dais de vapeurs le jour s'est effacé ;
L'arbre sous le mistral en frissonnant chancelle ;
La bise nous poursuit de son souffle glacé.

Tenons close partout la chambre qui recèle
La famille, trésor par l'amour amassé,
Puis, autour du foyer où la flamme étincelle,
Resserrons à l'envi notre cercle empressé.

Qu'on est bien à l'étroit quand on aime ! — la mère
Lit, pour calmer l'essor de l'enfance légère,
Quelque touchant récit avec sa douce voix,

Et sur les yeux naïfs de sa petite fille
Sèche par un baiser une larme qui brille
A l'histoire du pauvre égaré dans les bois.

II.

LA FAMILLE AUX CHAMPS.

A Raoul.

Laissez-les folâtrer en courses vagabondes
Ces espiègles enfants, inconstants dans leurs vœux
Et libres, s'élancer parmi les moissons blondes
Qui frémissent au vent comme leurs blonds cheveux !

Qu'ils dansent entraînés en de joyeuses rondes,
Préludant au travail par de robustes jeux ;
L'atmosphère des monts, des forêts et des ondes
Fait le cœur chaste et pur, le corps souple et nerveux.

La famille est si bien au sein de la nature !
Le véritable amour fleurit sous la verdure ;
La paix est dans les bois et le bonheur aux champs.

On s'endort à la nuit, on s'éveille à l'aurore,
Avec les derniers bruits, avec les premiers chants,
Et le jour le plus long paraît trop court encore !

III.

LES OISEAUX DE PASSAGE.

A Jenny.

Ma fille, à chaque mot tu demandes : pourquoi ?
Mourir ! qu'est-ce la mort ? me dit ta bouche rose.
Hélas ! le plus savant, sur l'effet et la cause,
Le terme et les moyens, n'en sait pas plus que toi.

Là, bien haut, sur ta tête, au fond de l'azur, voi
Ces oiseaux dont jamais l'aile ne se repose :
A leur essor en vain le nuage s'oppose,
Ils vont, ils vont suivant toujours la même loi.

Des grandes eaux, des monts les immenses abîmes
Ne peuvent arrêter ces voyageurs sublimes,
Fuyant un ciel trop froid pour des climats meilleurs.

Enfant, l'homme est comme eux, sa vie est un voyage,
La tombe une barrière et la mort un passage.
De la nuit d'ici-bas aux suprêmes splendeurs !

IV.

LES FEUILLES QUI TOMBENT.

A Lucy.

Dans tes ébats, ô ma fille chérie,
  Tu vas gaîment
Et tu souris, folle, à ma rêverie
  Ingénûment ;

Lorsque tu vois sur la triste prairie
  Sans ornement
Tomber des bois la dépouille flétrie
  Tout doucement ;

Ce vain débris, jouet des vents d'automne,
Charme tes yeux par son beau reflet jaune
  Et vermillon ;

Et tu poursuis l'image mensongère,
Croyant saisir dans la feuille légère
  Un papillon !

V.

Il faut pourtant, dès le matin, t'apprendre
  La vie, hélas !
Et préparer ton âme encor si tendre
  A ses combats,

Montrer le but vers lequel doivent tendre
  Tes faibles pas,
Ne pas laisser ton pauvre cœur se prendre
  Aux faux appas.

O ma Lucy, fuis l'éclat qui s'efface ;
Délaisse, enfant, le faux bonheur qui passe
  Pour l'éternel ;

Et sur la terre, un jour, quand ta couronne
S'effeuillera ; — pure, qu'elle rayonne
  Toujours au ciel !

VI.

LA BERGERONNETTE.

A Mathilde.

Hirondelle d'automne,
J'aime les ricochets de ton vol cadencé,
Quand, légère et mignonne,
Tu fends l'air d'un coup d'aile inégal et pressé.

J'aime ton corset jaune,
Ta queue en éventail, ton collier nuancé,
Et ton cri monotone,
Et le balancement de ton corps élancé.

Folle bergeronnette,
Tu suis, en te jouant dans les sillons, coquette,
Les bœufs laborieux;

Et tu sembles narguer leur pesanteur vulgaire;
Mais ne sois pas si fière,
Car tes pauvres petits mourraient de faim sans eux.

VII.

LA PAQUERETTE.

A Gabrielle.

Humble étoile de la prairie,
Parmi les brins d'herbe tremblants,
Sans fierté, sans coquetterie,
Brillent tes petits rayons blancs.

Image touchante et chérie
D'un cœur sans art, sans faux semblants,
Ton front pur fuit la flatterie
Et des triomphes accablants.

Des lis, des roses langoureuses,
Des enivrantes tubéreuses
Tu n'as ni l'éclat ni l'odeur.

Mais, ô pâquerette que j'aime,
Ta grâce inculte est bien l'emblême
De l'innocence et du bonheur.

VIII.

LA PREMIÈRE HIRONDELLE.

A Thérèse.

Pourquoi viens-tu la première ?
Le ciel à peine a souri,
Hirondelle téméraire,
L'églantier n'est point fleuri.

O frileuse messagère
D'un printemps encore flétri,
Dans le vallon solitaire
Cherche bien vite un abri.

De l'aube crains le sourire ;
Et sur la foi d'un zéphyre
Ne presse point ton retour :

Car dans ce monde illusoire
Il ne faut pas toujours croire
Aux feux du premier beau jour !

IX.

LE NID.

A Marie.

Toi que d'un bec habile
    L'oiseau
Arrondit en fragile
    Berceau,

Balancé par l'agile
 Rameau
Sous l'ombrage, mobile
 Rideau,

O doux nid, tu m'enchantes,
Pauvre esquif aux touchantes
 Rumeurs,

Noyé dans les feuillages,
Échoué sur des plages
 De fleurs !

X.

L'AUTOMNE.

A ma sœur J...

Quand les bois aux rayons n'opposent plus d'ombrages,
La terre se réchauffe et peut sourire encor :
Tout respire la paix, et les jaunes feuillages
Pleuvent sur les sentiers comme des flocons d'or.

Le ciel moins éclatant ne craint point les orages ;
Un air vif donne au sang un salutaire essor ;
On sent mieux les bienfaits d'un soleil sans nuages ;
Car le bien qu'on va perdre est le meilleur trésor.

Oh ! la belle saison des longues rêveries !
Le soir au coin du feu, le jour dans les prairies,
L'imagination aime à glaner des fleurs.

Oui, l'automne a des droits à notre préférence,
Quand du printemps railleur a menti l'espérance
Et que les souvenirs soutiennent seuls nos cœurs !

XI.

LE LILAS.

A ma nièce Marie D...

Oh ! vois le frais lilas, son aigrette fleurie
Où l'azur au carmin mollement se marie
Et sa feuille soyeuse au tissu velouté
Au bord d'un ruisseau calme en sa limpidité.

Au vent capricieux, errant dans la prairie,
La branche en ondulant berce ma rêverie,
Et mon regard longtemps, par un charme arrêté,
S'attache à ce tableau dans l'onde réflété.

Respire son odeur ineffable, incertaine,
Du matin virginal mystérieuse haleine
Qui monte vers les cieux, pure essence de fleur.

Et l'âme toute émue à ces douces images
Élève alors vers Dieu tes plus tendres hommages,
Car la prière humaine est un parfum du cœur.

XII.

FLEURS EFFEULLÉES.

A mon oncle L. Maquan.

Quand la tige succombe et meurt sous la faucille,
Chaque fleur se détache, hélas! et s'éparpille....
Et les pauvres rameaux, transplantés en tous lieux,
S'en vont chercher la sève et l'air sous d'autres cieux.

L'absence d'une mère ébranche la famille :
Les frères loin des sœurs, le père sans la fille
Délaissent le foyer vide et silencieux ;
Tout battement de cœur est un soupir d'adieux !

Quand j'approche le soir de mon toit solitaire,
En vain je vous appelle, enfants, troupe légère,
Autrefois accourant joyeux sur mon chemin.

Ah! comment regretter ce monde, quand on aime ?
Voyageurs isolés, nous ne pouvons pas même
Traverser le désert en nous donnant la main !

Floriéyes, 7 décembre 1852.

LES DEUX VIERGES.

I.

LA VIERGE DE LA TERRE.

« J'ai combattu longtemps les antiques ténèbres
Des siècles révolus et des peuples enfants.
Mon flambeau dissipant les préjugés funèbres,
D'âge en âge croissaient mes rayons triomphants.

Quelle ombre peut ternir l'éclat qui m'environne ?
Aube, aurore, soleil, j'ai brillé tour à tour,
Et ma gloire au zénith occupe enfin le trône
  Et le sommet du jour.

C'est par moi que des nuits tombent les derniers voiles,
Que l'homme, pénétrant la profondeur des cieux,
A pesé les soleils, mesuré les étoiles
Et compté chaque pas des mondes spacieux.

C'est par moi qu'un mortel commande à la tempête,
Dans son vol angulaire emprisonne l'éclair,
Et brave ainsi la foudre expirant sur sa tête
  A la pointe du fer.

Le navire, vainqueur de la vague stridente,
De tous les éléments brise l'effort jaloux,
Repoussant dans sa marche altière, indépendante,
Et les vents en fureur et les flots en courroux.

Car le génie humain, que mon génie enflamme,
A fait pour le navire, ainsi qu'aurait fait Dieu,
Des bras de fer, un cœur de bronze et presqu'une âme
  Presqu'une âme de feu.

La distance n'est plus ; l'industrie a des ailes ;
L'intérêt peut unir tous les peuples entr'eux :
Que faut-il donc, après des conquêtes si belles,
Aux enfants de la terre, afin qu'ils soient heureux ?

Ils goûtent des beaux-arts les enivrants prestiges ;
Chaque élément dompté répond à leurs efforts :
Mon génie a pour eux d'éblouissants prodiges,
  De merveilleux trésors.

Mais je pénètre en vain sous le cèdre ou le chaume,
Dans les obscurs vallons, sur les plus hauts sommets ;
Les crimes et l'ennui dépeuplent mon royaume :
Mon jour n'est pas venu, ne viendra-t-il jamais ?

II.

LA VIERGE DU CIEL.

« Divine est la lumière insensible et croissante
Du jour tout près d'éclore à l'horizon lointain.
C'est l'aube qui sourit, timide et caressante,
Comme un tremblant espoir sur le front du matin.

Bientôt, l'aurore, fleur dont l'ardente corolle
Va s'épanouissant sous la voûte des cieux,
Dévoile, en s'effeuillant de l'un à l'autre pôle,
  Le soleil radieux !

Enfin, de toutes parts, libre, le jour ruisselle.
Comme une mer en feu l'espace a resplendi ;
Et la clarté céleste, immense, universelle,
Sur la terre inondée éclate en son midi.

Oh! mais combien plus pur s'est levé sur le monde
Le soleil de la foi, foyer de la raison !
Combien de la pensée, à ma clarté féconde,
  S'élargit l'horizon !

Dès le commencement le Verbe se révèle ;
L'homme, libre et déchu, veut l'obscurcir en vain ;
D'une tombe sacrée une flamme nouvelle
Fait rejaillir le jour immuable et divin.

Et Dieu m'a confié la mission sublime
D'ouvrir aux nations un chemin radieux ;
Et depuis deux mille ans les sauvant de l'abîme,
  Je leur montre les cieux !

C'est par moi que des sens tombent les lourdes chaînes,
Que de l'homme renaît le cœur désenchanté :
Car je puis seule offrir aux souffrances humaines
L'abri de l'espérance et de la charité.

A ma voix, l'exilé retrouve une patrie,
Le crime un repentir, le désespoir des pleurs,
L'innocence opprimée et la vertu flétrie
  Des palmes et des fleurs.

Sans moi, l'essor des arts et l'élan du génie
Poussent l'homme égaré vers le gouffre du mal ;
Sans moi, tout feu s'éteint, toute gloire est ternie,
Tout se resserre et meurt dans un cercle fatal.

Seule, je puis calmer les humaines tempêtes,
Diriger dans son vol l'ardente liberté,
Et des travaux mortels consacrer les conquêtes,
  Par l'immortalité !

O vierge de la terre, en ce jour de clémence,
Ouvre les yeux et vois comme le ciel est beau !
Viens, déployant ton aile à l'horizon immense,
A l'éternel foyer allumer ton flambeau !

SUR LES CENDRES

D'UNE ROSE.

Toi qui bravais l'hiver sur les neiges éclose,
On ne te verra point sous la bise du nord
Te faner lentement, ô merveilleuse rose,
Une étincelle brille et ton prestige est mort !

De pleurs vains ne crois pas que le Regret t'arrose ;
Avec tous tes parfums tu péris sans effort ;
Il est bien d'autres deuils !... Ici-bas toute chose
N'est qu'un peu de poussière et doit subir ton sort.

L'âme s'énerve au sein de trop molles délices ;
Un insecte est caché dans les plus purs calices ;
L'espérance aboutit toujours à la douleur.

Des fers sont quelquefois moins lourds que des guirlandes
Et la Vertu, brûlant de fragiles offrandes,
Fleur sans tache, renaît des cendres d'une fleur.

FLEURS DU SANCTUAIRE.

I.

LA VEILLÉE DE NOEL.

A mon ami J. ROUMANILLE,
auteur de *Li Margarideto*, *Li Nouè*, etc., etc.

Qu'au foyer dévorant flambe le tronc d'un chêne
Et qu'on dresse la table ! allons ! l'airain joyeux
A proclamé Noël dans la forêt prochaine,
L'étoile de minuit va briller dans les cieux.

Cours à la cave, Henry, — toi, Jeanne, à la fontaine !
Oh ! va, les loups ce soir fuiront devant tes yeux :
Du bel Ange aux bergers entends la voix lointaine.
C'est la fête du peuple et des enfants pieux.

Apportez le nougat, les amandes, l'olive
Apprêtée au fenouil par la fermière active,
Les raisins secs, les noix, les blonds gâteaux de miel.

Déjà l'aïeul a bu ; — d'une voix encor fraîche
Il bénit la famille au banquet solennel.
Qu'on se hâte ! — Jésus grelotte dans sa crèche.

II.

LES ROIS.

Au R. P. JACQUES, de Gênes, capucin.

Après les Bergers sont venus les Rois
Adorer un Dieu, né dans une étable,

Tremblant sur la paille, et mort sur la croix
Entre deux larrons, comme un misérable.

Après deux mille ans, si l'homme aux abois
Rêve le chaos, sa fin lamentable,
C'est que, méprisant les divines lois
De l'humilité, l'orgueil nous accable.

Chacun voudrait bien être le premier,
Mais pas un ne veut être le dernier ;
Tous ont la misère et le sang déborde.

Songeons aux Devoirs, nous aurons les Droits
Et verrons enfin naître la concorde.....
Après les Bergers sont venus les Rois.

III.

LE DIMANCHE DES RAMEAUX.

A mon ami Andéol de Laval.

Allez, enfants, allez dans l'église attristée
Porter vos rameaux verts, espoir de notre deuil.
Par le souffle du mal la terre est dévastée :
Elevez vers le ciel vos cœurs exempts d'orgueil.

La barque de Saint-Pierre, à tous les vents jetée,
Trouve à peine un abri sur un flottant écueil ;
Et de forfaits sans nom la France épouvantée
Sent trébucher son pied à l'angle du cercueil.

O vous, dont l'âge heureux est si loin de nos crimes,
Priez, afin que Dieu, sans compter les victimes,
Change tous les remords en pieux repentirs.

Qu'à votre voix nos jours redeviennent plus calmes,
Et que le Seigneur donne, en bénissant vos palmes,
Le pardon aux bourreaux et la gloire aux martyrs !

Avril 1849.

IV.

LE JEUDI SAINT.

A une Religieuse.

Jeunes vierges du monastère,
D'une main pieuse et légère,
Avec un soin religieux,
Décorez l'autel gracieux.

Voilez, pour le plus saint mystère,
Les murs sombres du sanctuaire
Sous les plis flottants et soyeux
Des tissus les plus précieux.

Tandis que les flambeaux s'allument,
Aux flots des encensoirs qui fument
Unissez vos accents émus ;

Et sous les gazes transparentes
D'un berceau de fleurs odorantes
Couvrez le tombeau de Jésus !

V.

LE VENDREDI SAINT.

Aux Victimes de l'Insurrection.

L'église a dépouillé ses ornements de fête ;
Le sanctuaire est nu, l'autel tout découvert,
La consolante voix de la cloche — muette,
    Le tabernacle — ouvert !

Des cierges pâlissants la lueur se projette
Sur le saint crucifix d'un voile noir couvert ;
Et le prêtre redit les douleurs du prophète
    Pleurant dans le désert.

Riches, qui refusez la dîme à l'indigence ;
Pauvres, moins affamés de pain que de vengeance,
    Condamnés aux abois ;

Vous, lâches déserteurs des ennuis de la terre,
Enfants du désespoir, méditez le mystère
    D'un Dieu mort sur la croix !

VI.

PAQUES.

A M. le baron G. DE FLOTTE.

Christ est ressuscité! cieux, chantez sa victoire!
Terre, suspends enfin ton concert de douleurs!
Le Sauveur triomphant manifeste sa gloire!
Son amour a tari la source de nos pleurs!

Les geôliers du tombeau, les gardes du Prétoire
Sont tombés foudroyés d'invincibles splendeurs;
Leurs yeux se sont ouverts; ils sont heureux de croire
Au Dieu qui de la mort a vaincu les horreurs.

Les moissons et les fleurs ont couvert le Calvaire;
Le monde ranimé rejette son suaire,
Car il a reconquis la Paix, la Liberté.

Du fond de son sépulcre ainsi puisse la France
Se redresser, poussant ce cri de délivrance,
Ce cri de deux mille ans : — Christ est ressuscité!

VII.

LES ROGATIONS.

C'est la fête des ermitages,
Des laboureurs et des bergers.
Entre les fleurs et les orages,
C'est un autel dans les vergers.

Les fauvettes, sous le feuillage
Voyant leurs nids mieux ombragés,
Au son des cloches du village
Mêlent leurs cantiques légers.

Les papillons dans les clairières,
Parmi les franges des bannières,
Voltigent sur des flots d'encens.

Car l'espérance des chaumières,
Dont le ciel bénit les accents,
Est la plus douce des prières!

VIII.

LA FÊTE-DIEU.

À la mémoire de ma mère.

De l'enfance légère extase sérieuse !
Le plus beau jour pour moi c'était la Fête-Dieu,
Quand l'attentive main d'une mère pieuse
Par des sentiers de fleurs me guidait au saint lieu.

Des vierges du Seigneur la voix mélodieuse
Ne pouvait m'inspirer qu'un pur et chaste vœu,
Pauvre orphelin, ma foi naïve et radieuse
Suivait l'essor brûlant des encensoirs en feu.

Non loin du dais orné de palmes et de franges
Je marchais enivré de l'ivresse des anges ;
Plus bas que tous les fronts ma tête s'inclinait.

Jetant à pleines mains les roses effeuillées
Et les corolles d'or du suave genêt,
Je sentais devant Dieu mes paupières mouillées !

IX.

LA FÊTE DE SAINT-JEAN.

Des célestes lambris quand la flamme ruisselle,
Qu'après le soir encor l'ombre même reluit ;
Que la clarté d'en haut, ardente, universelle,
En un long crépuscule a converti la nuit.

La terre donne tout ce que son flanc recèle ;
En s'effeuillant la fleur sent tressaillir le fruit ;
De chaque flot brisé jaillit une étincelle ;
Et le Crime ébloui dans son antre s'enfuit.

Dès que le firmament d'étoiles s'illumine,
Qu'il est doux d'entrevoir, au loin, sur la colline,
Les feux de la Saint-Jean à travers les forêts !

Sur les monts comme aux cieux, tout est vie et lumière.
Les blonds épis sont mûrs, les moissonneurs sont prêts...
C'est un hymne au soleil, regard d'un divin père !

X.

LA VIERGE.

Aux ôtages de l'Insurrection.

Étoile du matin propice à l'innocence,
Mystérieuse fleur de la virginité,
Calice radieux de la toute puissance,
Aurore dont l'éclat luit sur l'éternité :

Urne d'or exhalant une divine essence
Qui de la terre aux cieux remplit l'immensité,
Miroir où se reflète, en sa magnificence,
Adonaï, printemps de l'immortalité !

Du splendide univers reine, toi qui fécondes
Les flots harmonieux des soleils et des mondes,
Partout je vois ta gloire écrite en traits de feu...

Oh ! mais ce qui m'attache à ta grandeur si chère,
Vierge, c'est ta douleur, ton martyre de mère,
Écho de l'agonie et de la mort d'un Dieu.

XI.

LA TOUSSAINT ET LE JOUR DES MORTS.

A la mémoire de S...

Que le ciel est doux, même en ses tristesses !
La fête des Saints et le jour des Morts
A nos longs regrets mêlent leurs promesses,
L'espoir éternel aux plus vifs remords.

Pauvres cœurs brisés et mornes tendresses,
Au pied des autels redoublez d'efforts.
Dieu sur le malheur répand ses largesses
Et sur les tombeaux d'infinis trésors.

Dans les champs en deuil les vents tourbillonnent ;
Le soleil pâlit, les feuilles frissonnent ;
Tout gémit et plaint ceux qui ne sont plus.

Mais la voix du glas, dans la vaste église,
Semble dire, unie aux chants des élus :
A chaque douleur la palme est promise.

SAINTE-GENEVIÈVE,

PATRONNE DE PARIS.

I.

France, tu n'étais pas encore,
Et déjà Dieu pensait à toi,
Et préparait pour ton aurore
Les plus beaux rayons de la foi.
Sur les ruines du vieux monde
Ta splendeur se levait féconde
Comme l'aube des nations ;
Et sur l'obscurité des âges
Dorait, au milieu des orages,
De saintes apparitions.

C'est Geneviève la Bergère
Dont la houlette de roseau
De la barbarie étrangère
Préserve ton humble berceau.
Elle nourrit, elle protège
Paris, que la famine assiège
Et que fait trembler Attila.
Dans sa vertu la vierge pure
Trouve une force qui rassure
Et dit au flot : — Viens mourir là !

Dieu, pour nous montrer sa puissance,
D'une femme choisit le cœur
Et sait donner à l'innocence
Un prestige toujours vainqueur.

Ainsi, pour sa France chérie,
Au sein des maux de la patrie,
Rayonnante virginité,
Dans sa primitive lumière,
Fleurit, au fond d'une chaumière,
La gloire de l'humilité.

O France, c'est là qu'est la force :
Toujours, sous le fer du Malheur,
Vieux chêne, sur ta rude écorce,
De ta sève naît une fleur.
Dans les bois de la Germanie
De ton indomptable génie
Lorsque l'étendard apparut ;
Aux fiers accents de tes prêtresses,
De tes vierges aux blondes tresses,
La gloire aussitôt accourut.

Voyez, dans notre Gaule antique,
Cette Vierge à la serpe d'or
Cueillir sur l'arbre prophétique
Le Gui, mystérieux trésor.
Dans les carrefours des bois sombres,
Elle évoque les grandes ombres
Des héros, des dieux irrités ;
Et se couronnant de verveine
Ose régner, sans terreur vaine,
Sur les Dolmens ensanglantés !

Mais la Croix, arc-en-ciel du Monde,
Labarum de paix et d'amour,
Éclaire cette nuit profonde,
A ces forêts montre le jour.
Alors la fière druidesse,
Dépouillant sa morne rudesse,
Sent enfin son cœur s'attendrir :
Expiant sa féroce orgie,
Elle garde son énergie
Non pour tuer, mais pour mourir.

Et l'on voit surgir dans l'histoire
Tous ces modèles accomplis
De femmes fortes, dont la gloire
Ombrage le berceau des Lis.
Du palais à l'humble chaumière
Fécondant tout de sa lumière,
L'évangélique Charité
Fait des bergères et des reines,
Du pouvoir contenant les rênes,
Les Anges de la Royauté !

En ces temps de luttes sans nombre,
De guerres, de haine et de sang,
Age mystérieux et sombre,
Où le glaive était tout puissant ;
Dans les combats, pour qu'une femme
Du fier Sicambre attendrît l'âme
Et le fît tomber à genoux,
Il fallait, devant les armées,
Reine ou Bergère, des framées
Qu'elle sût affronter les coups.

Dieu, qui renouvelait la face
De la mobile humanité,
Donnait à cette forte race
L'empreinte de sa volonté.
Il donnait aux temps héroïques
Ces mœurs, ces dévoûments antiques,
Cette force, cette beauté
Qui, devant Sainte-Geneviève,
Frappait d'impuissance le glaive
Aux mains du barbare indompté.

II.

De Lutèce au berceau vigilante patronne,
Ton cercueil se changeait en autel près du trône
Pendant douze cents ans défenseur de la foi :

Et Dieu faisait ainsi, par ta sainte entremise,
De la France chrétienne une terre promise,
Un nouveau Chanaan de la nouvelle loi.

Humble Bergère, auprès de Clotilde la Reine
Protégeant dans les cieux ta France souveraine,
Réparant ses revers, soutenant ses grandeurs ;
Sous le regard divin de la Vierge Marie,
Tu rayonnais au front de ta chère patrie,
  Auréole de ses splendeurs ;

Vierge, n'est-ce pas toi qui donnais la victoire
Au plus grand de nos Rois, quand sa rapide gloire
Ravissait la Tiare aux profanes Lombards ?
Vierge, n'est-ce pas toi qui guidais Charlemagne,
Quand la Croix repoussait le Croissant en Espagne,
Quand le Rhin réflétait nos pieux étendards ?

Vierge, n'est-ce pas toi qui guidais notre armée,
Quand nos preux moissonnaient, aux champs de l'Idumée,
Sur le tombeau du Christ les palmes d'Orient ?
Et lorsque Saint Louis, assis au pied des chênes,
Défendant l'opprimé, brisait d'injustes chaînes,
  Calme et d'un regard souriant ?

Oh ! mais n'est-ce pas toi surtout, sainte Bergère,
Qui, purgeant notre sol d'une lèpre étrangère,
Suscitais dans nos rangs Jeanne de Vaucouleurs ?
Bergère comme toi, comme toi vierge et pure,
De la France outragée elle vengea l'injure,
Et la France laissa couler en vain ses pleurs !...

Mais, tandis que le ciel brillait sur la Martyre,
Consolant ses tourments de ton plus doux sourire,
Pour l'accueillir ouvrant et tes bras et ton cœur,
Tu lui montrais sa place à côté de la tienne,
Et le large horizon de la France chrétienne,
  Et son drapeau toujours vainqueur !

III.

Pour ton vieux culte aussi vinrent les jours d'orages,
Et, si le ciel pouvait souffrir de nos douleurs,
De ta France oublieuse en voyant les outrages,
Combien n'aurais-tu pas, Vierge, versé de pleurs ?

L'impiété des grands déflore les chaumières ;
La pudeur est vouée au ridicule amer ;
L'église est délaissée et nos vertus premières
Tombent comme la feuille au souffle de l'hiver.

L'antique monarchie, en sa splendeur immense,
Comme un homme repu dans l'ivresse s'endort,
Chancelle sur sa base, en proie à la démence,
Minée avec lenteur par un germe de mort.

Et le venin de tous dans un homme s'incarne ;
Flattant pour les trahir les peuples et les rois,
Son infernal esprit incessamment s'acharne
A détrôner le Christ, à démolir sa Croix.

Vampire des grandeurs humaines et divines,
Il souille les autels, les tombes et les fleurs,
Et, fier d'amonceler à ses pieds les ruines,
Son rire universel raille tous les malheurs.

Détachant de ton front ton auréole d'ange
Et te prostituant à la postérité,
Jeanne d'Arc, ô Martyre ! il traîne dans la fange,
Il cloue au pilori ton immortalité !!!...

Dans ton église enfin, Bergère de Nanterre,
De nos vieux souvenirs berceau chaste et puissant,
Panthéon profané par un culte adultère,
Dans sa dérision l'impiété descend.

Car, même après sa mort, insulteur ironique,
Patronne de Paris, de son rire moqueur,
Voltaire te poursuit : — son cadavre cynique
Sur ton autel souillé s'intronise vainqueur.

Alors, comme un vieux chêne à la trop lourde cîme,
Dont le tronc est rongé par la corruption,
L'antique monarchie avec fracas s'abîme,
Dans sa chute entraînant toute la nation !.....

IV.

Montjoie et Saint-Denis ! étoile virginale,
Populaire splendeur, gloire nationale,
Tu luis encor sur nous comme un phare puissant !
O Sainte Geneviève à tous nos maux liée,
Ombre deux fois proscrite et jamais oubliée,
Oui, ta nef s'ouvre encore au culte renaissant.

Ta Ville se souvient qu'elle est fille de Rome ;
La voix d'un peuple entier retentit sous ton dôme :
Le Royal Saint-Denis tressaille en ses caveaux.
De nos preux dans la tombe ont frémi les armures ;
Nos chênes dépouillés ont encor des murmures,
Et les Saints dans le ciel des cantiques nouveaux.

Et toutes nos grandeurs, secouant leurs poussières,
Hommage triomphant, agitent leurs bannières
Sur l'autel que bénit l'encens expiateur.
Et de nos camps rivaux les gloires fraternelles,
Sur la sainte relique entrelaçant leurs ailes,
Entonnent de la paix le chant consolateur.

L'aurore enfin succède à notre nuit profonde ;
Quelque chose de grand s'agite dans le monde :
Patronne de Paris, oh ! de nous prends pitié !
Vois ton peuple accourir vers ton église sainte,
Geneviève, la France, en cette auguste enceinte,
Foule aux pieds le cercueil de Voltaire oublié !

LA ROSÉE.

Viens sur la nature embrasée,
    Rosée,
Et répands après les chaleurs
    Tes pleurs.

Ranime la tige épuisée,
    Brisée,
Et fais scintiller les couleurs
    Des fleurs.

Du matin perle étincelante,
Tu rends à la plus humble plante
    Son miel.

Telle à nos cœurs, larme pieuse
Donne la paix délicieuse
    Du ciel !

NOTRE-DAME-DE-DÉLIVRANCE

(D'AUPS, VAR).

A mon ami Andéol de Laval.

Au suprême tocsin des révolutions
Décembre répondait par des convulsions ;
    L'anarchie hurlait à nos portes.
On eût dit que l'enfer, dans ses derniers transports,
Contre la France en deuil unissant ses efforts,
    Vomissait toutes ses cohortes.

D'innombrables bandits, Brutus déguenillés,
Ont armé leurs bras nus de vieux fusils rouillés,
    De fourches, de faux meurtrières.
Des champs semés par eux inondant les sillons
Et foulant les blés verts, leurs sombres bataillons
    Épouvantent bourgs et chaumières.

Semant ainsi l'effroi sur nos bords gracieux,
Où nous voyons s'unir, filles des mêmes cieux,
    L'Italie et notre Provence,
Au pied des monts neigeux ils traînent dans leurs rangs
Quatre-vingts prisonniers, pauvres martyrs errants
    A tous les maux voués d'avance.

Oh! qui les sauvera ? leurs geôliers vont partir
Pour gagner la montagne, et de chaque martyr
    Déjà sonne l'heure dernière.
Le pain manque aux bandits rassemblés par milliers ;
Les captifs pourront-ils, pour fléchir leurs geôliers,
    Trouver encore une prière ?

Qui pourra les sauver? toi, Mère de Dieu, toi
Qui vois à tes autels frissonner tant d'effroi,
    Frémir tant d'angoisses amères ;
Et ces femmes sans voix qui t'offrent leurs douleurs,
Et ces petits enfants priant avec des pleurs,
    En regardant pleurer leurs mères.

Vierge, tu les entends : héros libérateurs
Pleins d'élan, nos soldats ont franchi les hauteurs.....
    Tout fuit ; mais, ô danger suprême !
On désigne aux vainqueurs comme un repaire affreux
L'asile des captifs, et pour ces malheureux
    Le péril naît du salut même.

Pauvres captifs ! pour eux, Vierge, on a tant prié !
Ah ! sans doute ton cœur s'est ému de pitié,
    Car, lorsque tout nous abandonne,
Quand tout espoir humain disparaît à nos yeux,
Ton maternel amour alors apparaît mieux
    Et nous préserve et nous pardonne.

Au milieu des soldats, un jeune prisonnier,
Pour sauver ses amis, s'élance le premier.....
    O prodige, ô main tutélaire !
Par un cercle de feu le captif entouré,
Se dégage, et vingt fois par la mort effleuré
    Son cœur bat sous le scapulaire.

Tous sont sauvés ! hormis un seul, car, ici-bas,
Dans nos plus doux transports, le ciel ne permet pas
    Que le bonheur soit sans mélange ;
Car dans ce monde vil nous pourrions oublier
Qu'à nos espoirs d'un jour rien ne doit nous lier,
    Et que l'homme n'est pas un ange.

Mais le prodige, ô Vierge, est-il moins grand pour nous ?
Oh ! non, non, à tes pieds humblement, à genoux,
    Nous t'offrons nos cœurs, ô Marie !
Et si nos cœurs, hélas ! sont indignes de toi,
Pour épurer nos vœux, notre amour, notre foi,
    Qu'avec nous tout le ciel te prie.

Oui, nous nous consacrons tous à toi, pour toujours!
Sois notre unique espoir, notre unique secours,
    Notre refuge en nos alarmes!
Sois l'étoile du soir pour nos cœurs affligés,
Sois la fleur du matin pour nos maux allégés,
    Sois le calice de nos larmes!

Puissent nos voix se plaire à redire tes chants!
Que le tableau si pur de tes dons si touchants
    Soit le seul miroir de nos filles!
Protège nos enfants et les fils de nos fils,
Accorde-leur à tous le bien que tu nous fis,
    Patronne des saintes familles!

Calmant nos flots troublés d'un regard de tes yeux,
De nos bords consacrés à ton nom glorieux
    Ecarte à jamais les naufrages!
Sur le passé couvert de sang et de débris
Jette un voile de paix; — sur l'avenir souris,
    Arc-en-ciel de tous nos orages!

Un monument s'élève en ces lieux, où ton bras,
Nous couvrant de son ombre, a vaincu les ingrats
    Qui troublaient la paix de la France.
Puissent tous les proscrits dans cet asile, un jour,
Adorer avec nous, dans un commun amour,
    Notre-Dame-de-Délivrance!

L'ÉGLANTINE.

Délicate et fragile églantine,
Frais bouton, rose et blanc, entr'ouvert,
N'es-tu pas une coupe enfantine
Pour le nid sous ton ombre à couvert ?

Des oiseaux à la voix argentine,
Quand de soif la nichée a souffert,
A la troupe inconstante et lutine,
Doux appât, ton calice est offert.

Près de toi la mésange altérée
Bat de l'aile et savoure, enivrée,
Tes parfums, ta rosée et ton miel.

Et du bec effleurant ta corolle,
Ayant bu dans ton sein l'eau du ciel,
Oublieuse, elle chante et s'envole !.....

LES LABOUREURS

ET LE CHEMIN DE FER.

IDYLLE.

Hommage à l'Académie des Jeux Floraux.

LE FILS.

Quel ennui !... voyez-les ces bœufs, comme ils cheminent
Lentement, d'un pas lourd ! Essoufflés, ils ruminent ;
Puis, ils s'arrêtent net. — De l'aube jusqu'au soir
Il faut les suivre, à peine un instant nous asseoir :
Ouf ! quel métier d'enfer ! qu'un vieux maître d'école
Nous vante en son latin le bonheur agricole ;
Pour moi, je vous le dis, mon père, en bon français,
La paix des champs m'assomme et m'ennuie à l'excès.

LE PÈRE.

Tout labeur a son poids, chaque métier ses peines,
Tout séjour ses ennuis et chaque homme ses chaînes.
Cette chagrine humeur, ce besoin de changer
N'ont jamais fait trouver le travail plus léger.

LE FILS.

Mais cependant il est des travaux plus faciles
Et d'autres qui sont durs ; — comme des imbéciles
Nous sommes attelés aux plus lourds entre tous.

LE PÈRE.

Ne le crois pas, mon fils, il en est de moins doux.
Le destin du soldat, courant livrer sa vie
A d'aveugles hasards, est-il digne d'envie ?
Et tous ces gros messieurs, assis dans leurs bureaux,

Sur leur chaise alignés comme des numéros,
Sans air, sans mouvement, et penchés à toute heure
Sur une table noire, ont-ils chance meilleure ?
Le paresseux lui-même en son hébêtement,
En baillant tout le jour, est-il heureux, vraiment ?

LE FILS.

Non, mais le bruit lointain des magiques merveilles
Qui charment les cités a frappé mes oreilles ;
Et là, devant mes yeux, de ce chemin de fer
Les wagons tous les jours passent comme l'éclair.
Spectacle étourdissant et qui ravit mon âme,
Longtemps la fait rêver, la transporte et l'enflamme.
Comme le train s'avance avec rapidité,
Dépassant le cheval qui fuit épouvanté !
Quant au bœuf, il suspend sa marche languissante,
Courbant vers les sillons sa tête frémissante.
Et le train fuit toujours, il devance l'oiseau,
Il précède le vent, il franchit le coteau ;
Puis, au bout du vallon qui termine la plaine,
Il disparaît bientôt dans la forêt lointaine
Et laisse mon esprit, inquiet, tourmenté,
Dans le ravissement de son rêve enchanté.

LE PÈRE.

Oui, c'est beau, mon enfant, mais voyager si vite
Est-ce un si grand bonheur ? Quand on aime son gîte,
On ne voyage pas. — Autrefois nos aïeux
Restaient dans leur chaumière et s'en trouvaient bien mieux.
Ils n'allaient pas si loin pourchasser la fortune
Qui vient, s'en va, revient et fuit à chaque lune.
Si les chemins de fer dissipent tous les maux,
Va, ce n'est pas pour nous, habitants des hameaux :
Ces chars, nous apportant l'atmosphère des villes,
Corrompent l'air si pur de nos vallons tranquilles :
Ils troublent notre paix, absorbent nos sueurs,
Etouffent du bon sens les dernières lueurs,
Sèment la soif du gain dans toutes les familles,
L'orgueil au cœur des fils, le vice au cœur des filles,

Dépeuplent nos sillons incultes et sans fruits,
Et, par l'appat trompeur de fantastiques bruits
Attirant sur un point une foule affamée,
Ne laissent après eux que vide et que fumée.
  Pourquoi quitterais-tu nos modestes foyers?
En été, n'as-tu pas l'ombre des grands noyers
Et du ruisseau natal les ondes transparentes
Pour calmer du travail les ardeurs dévorantes,
Le fruit rafraîchissant qui pend au vert rameau
Et le toit paternel près de l'antique ormeau?
En hiver, n'as-tu pas l'épais manteau de laine,
Et, quand le givre au loin scintille sur la plaine,
Ta place auprès de l'âtre où, dans nos rangs pressés,
Ta promise s'assied rouge et les yeux baissés?
Que te faut-il de plus?

LE FILS.

    C'est Jeanne qui m'invite,
Elle-même, à quitter ces vallons au plus vite.

LE PÈRE.

Jeanne t'engage à fuir le toit de tes aïeux!...

LE FILS.

Un étranger venu de la ville, à nos yeux,
Mon père, a déroulé de si grandes merveilles
Et par tant de récits étonné nos oreilles,
Que Jeanne est bien changée! elle rêve debout,
Et puis, en s'endormant, elle sait et voit tout.
Cet étranger l'endort, quand il veut, à toute heure
Et selon qu'il lui plaît, elle rit, elle pleure.
C'est un enchantement qui ne se conçoit pas;
S'il me vient une idée ou si je fais un pas,
Jeanne sait où je suis et tout ce que je pense;
C'est merveilleux! et puis, elle parle en cadence,
Que c'est beau! l'étranger dit que ce sont des vers.....

LE PÈRE.

Prends garde, mon enfant, tes bœufs vont de travers.
Cet étranger que Dieu confonde et cette Jeanne

Te font, pauvre garçon, raisonner comme un âne.
Je l'avais bien prévu, je te l'avais bien dit,
L'air empesté qui vient de la ville est maudit,
Mais quoi ! la Jeanne aussi, Jeanne, il se pourrait, elle,
Des filles du hameau l'honneur et le modèle,
Par le premier venu se laisser enjoler,
Et toi-même, à ce point, mon fils t'ensorceler !
Ces bœufs que tu conduis, dont ta colère presse,
A grands coups d'aiguillon, la stupide paresse,
Ont plus d'esprit que toi. — Ne vois-tu pas, benêt,
Que Jeanne te trahit ?

LE FILS.

Oh ! bien vite on connaît
Pareille trahison, mon père, quand on aime.
Quelle ne serait point votre surprise extrême,
Si (ne l'ai-je pas vu ?) l'étranger vous montrait
Sans pinceaux, sans crayons, comme on fait un portrait.
C'est là du merveilleux, un bel et bon prodige !
Aussi bien qu'on peut voir, j'ai vu cela, vous dis-je :
L'un près de l'autre assis, nous étions là, tous deux,
Jeanne et moi, devant lui, comme deux amoureux :
Il avait une boîte avec une lorgnette
Et la chose se fit d'un seul coup de baguette.
Il disparut, puis vint bientôt nous faire voir
Un morceau de métal, poli comme un miroir,
Où notre double image était représentée
Telle qu'en une glace une ombre est réflétée.
Ah ! si vous aviez vu, c'était prodigieux,
C'était Jeanne elle-même avec ses deux grands yeux,
Son visage mignon, sa bouche si petite.....

LE PÈRE.

Voilà que maintenant les bœufs courent trop vite.
Par ces lourds animaux entraîné comme un fou,
Prends garde, mon enfant, de te casser le cou.

LE FILS.

Votre incrédulité, vraiment, me désespère.
Vous ne connaissez pas cet étranger, mon père.

Il est si complaisant ! Jeanne me tromperait,
Lorsqu'ensemble on nous voit sur le même portrait ?

LE PÈRE.

Oui, c'est fort consolant d'être ensemble..... en peinture !
Mais en réalité !... la fin de l'aventure
Nous dira ce qu'il faut penser de ce tableau.
Combien l'as-tu payé ce merveilleux cadeau ?

LE FILS.

Vraiment ! il m'a coûté, mon père, peu de chose.
Puisque vous savez tout, devinez ?

LE PÈRE.

      Je suppose.....
Rien peut-être ?

LE FILS.

    Tout juste, un simple grand merci.

LE PÈRE.

Prends garde, mon enfant, si tes bœufs vont ainsi,
Ils seront morts ce soir. — Feu ton pauvre grand-père
Etait un fin renard : or, pour certaine affaire
Il me disait un jour : — « Evite les procès,
Et, s'il te faut plaider, pour avoir plein succès,
Ne va pas te fier à l'avocat bonhomme
Qui ne demande rien, tu perdrais tout. » — En somme,
Les marchés sans argent ne se font pas, mon cher,
Et les petits cadeaux coûtent souvent fort cher.

LE FILS.

Oui, chez les paysans, mais chez les gens des villes
On est aimable, on a des façons plus civiles.

LE PÈRE.

Où vous trouver encore, antique loyauté,
Mœurs simples d'autrefois, vigueur, autorité,
Vieux bon sens des aïeux, respect de la jeunesse
Pour les vieillards dont l'âge était une noblesse ?
Que sont-ils devenus ces temps, ces heureux temps,
Où tous les fils soumis, modestes et contents,

Trouvant la paix assise au seuil de leurs chaumières,
Suivaient tranquillement le métier de leurs pères?
Depuis que de nos jours le progrès trop vanté
A fait germer partout l'âpre cupidité,
Vainement l'industrie enfante des miracles,
Tout souffre, et les cités cachent d'affreux spectacles.
Chacun veut s'élever et tombe lourdement;
Tous s'agitent sans cesse et misérablement :
L'orgueil marche en avant et le bonheur recule;
Qui ne meurt pas de faim, crève de ridicule.
 Laisse là les cités et leurs folles erreurs :
Nos pères, ô mon fils, étaient des laboureurs,
Va, soyons fiers comme eux d'être ce que nous sommes;
Car le premier travail qui rapprocha les hommes
Et les fit doux et bons, n'est-ce pas le labour
Qui seul assure à tous le pain de chaque jour?
Sans l'épi des vallons, sans le cep des collines
Les hommes vivraient-ils au moyen des machines?.....

LE FILS.

Tandis que vous parlez, de ce chemin de fer
Le train marche, mon père, avec un bruit d'enfer.
Entendez-vous frémir cette vapeur active
Et l'indomptable ardeur de la locomotive?
Voyez! déjà le train a franchi le coteau;
Il ralentit sa marche : au bout de ce plateau
Il doit s'arrêter là, pour repartir encore.....
Je sens à cet aspect que mon front se colore
D'une noble rougeur.....

LE PÈRE.

 Enfant, ne vois-tu pas
Cette jeune beauté qui s'avance là-bas,
A pas précipités traversant la campagne?
Un étranger, riant et joyeux, l'accompagne.
Ils sont pressés! et puis, en se parlant entre eux,
Ils montent dans un char comme deux amoureux,
Et le train reparti s'enfuit avec vitesse,
Rapide illusion d'une folle jeunesse......

LE FILS.

Oh! c'est Jeanne !•c'est lui! fripon, drôlesse, allez !
Si je vous.....

LE PÈRE.

Mon enfant, tes bœufs sont essoufflés.

LE FILS.

Oh! ces chemins de fer! invention traîtresse !..,..

LE PÈRE.

Tu vois, — et la leçon vaut bien une maîtresse, —
Que les chemins de fer, mon fils, n'ont pas encor,
Dans ce siècle d'argent, ramené l'âge d'or.

LE RUISSEAU.

Dans l'ombre, sur la mousse
Tu coules pur toujours ;
Sans bruit et sans secousse
Fuit ton paisible cours.

Sur une pente douce
Aux gracieux contours,
Va, rien ne te repousse,
O ruisseau, mes amours !

Au sein de la nature
Épanche ton murmure,
Doux et limpide chant !

Comme une destinée
A son humble penchant
S'oublie abandonnée !...

LE SEPT THERMIDOR.

Poète harmonieux, à la voix douce et fière,
  A l'immortel destin,
Chénier, brillante aurore, éclatante lumière
  Eclipsée au matin,
Cygne mélancolique emporté par l'orage
  Et tombé dans le sang ;
O toi qui de Marat stygmatisa la rage
  D'un vers éblouissant,

Oh ! non tu ne veux pas prostituer ta lyre,
  Dans le sang la tremper ;
Tu ne sais, ô poète ! en ton ardent délire,
  Ni mentir, ni ramper.
Tu maudis les bourreaux, tu défends les victimes,
  Terreur des scélérats,
O vengeur de la France en proie à tous les crimes,
  Sois content, tu mourras !

La porte du cachot s'ouvre pesante, — et roule
  En grondant sur ses gonds.
Hurlant, ivre de joie, une stupide foule
  Et par flots et par bonds
S'élance, poursuivant de son morne sourire
  Les élus du trépas.
Elle court épier à l'heure du martyre
  S'ils ne trembleront pas.

Sur le funèbre char s'avance le poète
  Vers le terme fatal,

Comme un pauvre exilé marche d'un air de fête
　　Vers le pays natal.
L'approche de la mort exalte son génie,
　　Son cœur n'a plus de fiel,
La chaste liberté de la terre est bannie,
　　Il contemple le ciel !

On dirait qu'il s'éveille heureux, après un rêve
　　Long, pénible, agité.
Son maintien noble et fier, sa tête qu'il relève
　　Brillent de majesté.
Et de joie en ses yeux passe un éclair rapide,
　　Car, à côté de lui,
D'un ami, compagnon de sa mort intrépide,
　　Le doux regard a lui.

Ah! qu'ils sont éloquents de ces deux grandes âmes
　　Les suprêmes adieux :
De leurs cœurs de poëte ils confondent les flammes,
　　Ils se montrent les cieux ;
Et, comme pour flétrir de la foule assassine
　　L'immense hurlement,
Ils redisent tous deux les beaux vers de Racine
　　Avec ravissement.

Sur la foule enfin plane un lugubre silence ;
　　Le fatal tombereau
S'arrête, — André Chénier, l'œil inspiré, s'élance
　　A l'appel du bourreau.
Levant alors au ciel sa paupière mourante,
　　De ses mains il voila
Son front : — « Pourtant, dit-il d'une voix déchirante,
　　J'ai quelque chose là !!!...... ».

C'était devant la mort comme un cri du génie,
　　Dernière royauté,
Qui réclamait sa part d'espérance infinie
　　Et d'immortalité.

— « A toi, dit le bourreau, la guillotine est prête ;
Viens, citoyen Chénier !..... »
Le triangle d'acier descendit — et la tête
Roula dans le panier !

. . . .

Sur l'autel renversé rayonne encor la flamme.
Ces stupides bourreaux
En frappant le poète avaient cru tuer l'âme,
Ils creusaient leurs tombeaux.
Le ciel enfin vengea cette dernière tête
Et cette lyre d'or :
Le lendemain du jour où tomba le poète
Fut le neuf thermidor.

O Chénier, sois content ! ta gloire vengeresse
Comme un ardent flambeau,
Feu sacré d'héroïsme, éclairera sans cesse
Ton radieux tombeau.
La Révolution, en frappant le génie,
A fait jaillir la foi,
Et si la France encor voit la vertu bannie,
Nous mourrons comme toi.

Ainsi s'accomplissait la mission du crime ;
Car Dieu, qui sait punir,
Prend son jour pour sauver. — Le sang de la victime
Fécondait l'avenir.
Le trône par le Roi, le foyer par la Femme
Triomphent consacrés ;
Par le Prêtre l'autel, par le Poète l'âme
Brillent régénérés.

L'AUBÉPINE.

De mai tout mouillé quand la brise errante
Fait trembler la perle aux prés refleuris,
Sur le rameau vert la neige odorante
Vient me retracer mes rêves chéris.

Bonheur de l'enfance, aube transparente,
Premiers battements de mon cœur surpris,
Du matin riant fraîcheur pénétrante,
Vous rendez la joie à mes jours flétris.

Alors, oubliant ma longue souffrance,
Je veux ressaisir de quelque espérance
Un brin, pour voiler mon triste avenir.

Mais dès que ma main effleure la branche,
La douleur succède au doux souvenir :
L'épine est partout sous chaque fleur blanche.

DERNIÈRE FLEUR.

A Jean Reboul.

I.

Vieux chêne ou tendre fleur, en nos longs jours d'orages,
Des aquilons sans frein tout subit les outrages ;
Riche ou pauvre, chacun a sa part de malheur :
La hauteur fait la chute et le miel de la veille
Le fiel du lendemain ; la douleur est pareille
Sous la tente du roi comme au seuil du pasteur.

Tel qu'un vaste horizon le deuil nous environne :
L'autel en s'écroulant a renversé le trône,
Le trône du foyer emporte les abris.
Pas un champ qui n'ait eu son torrent, sa ruine ;
Tout arbre est desséché du faîte à la racine
Et nous campons encore au milieu des débris.

Mais de l'excès du mal le bien semble renaître :
La France épouvantée à tout prix veut un maître ;
Subjugué, l'univers s'abrite sous la croix.
Un mystérieux souffle a passé sur nos têtes,
Et, dans ce calme lourd qui succède aux tempêtes,
On croit entendre au loin l'hymne antique des rois.

Un nouveau jour va-t-il poindre sur nos collines ?
Plus pur et plus léger l'air remplit nos poitrines ;
Après bien des douleurs, chrétiens, nous respirons.
Un radieux éclair a traversé les nues,
Et, déchirant des cieux les ombres inconnues,
Cette clarté d'en haut semble effleurer nos fronts.

Après un long blasphéme et d'ineptes mensonges
De l'orgueil la raison a secoué les songes ;
Tout vrai savoir à Dieu vient payer son tribut.
Et de l'esprit humain les lumières croissantes,
Des profanes docteurs les conquêtes récentes,
Tout correspond au Christ comme la flèche au but.

Spectacle consolant et qui ravit nos âmes,
La torche incendiaire, en épurant ses flammes,
A côté de l'autel se transforme en flambeau.
L'incrédulité même en mourant se renie ;
Et le catholicisme, en face du génie,
Resplendit d'un éclat invincible et nouveau.

  Dernière fleur, sur nos ruines
  Etalant tes splendeurs divines,
  Espoir des berceaux autrefois,
  Puisses-tu briller sur nos tombes,
  Comme un nid de blanches colombes,
  Au pied de l'éternelle croix !

II.

Il faut qu'en tous les sens la Vérité rayonne.
Si le catholicisme a repris sa couronne,
L'antique monarchie est fille de la foi.
Des peuples rien ne peut anéantir l'histoire :
Le nôtre, si longtemps victime expiatoire,
Est le peuple choisi de la nouvelle loi.

Oui, de notre patrie, inconsolable veuve,
Nous avons prolongé la douloureuse épreuve,
Ne faut-il pas un terme aux expiations ?
La France, abandonnée à l'ivresse du crime,
Dans la honte a roulé jusqu'au fond de l'abîme,
Elle doit remonter, reine des nations.

Mais si le mal est prompt, la guérison est lente :
Le peuple est las ; sa marche est encor chancelante :
Avant de remonter on dirait qu'il s'endort.
Il semble, en sa torpeur et son indifférence,
Dédaigner l'avenir, repousser l'espérance
Et rechercher la paix à l'ombre de la mort.

Déjouant les calculs de la prudence humaine
De notre lourd repos Dieu brisera la chaîne ;
Sous le poids de son bras il nous fait tressaillir.
Dans l'oubli de ses lois quand un peuple s'énerve,
Il a, pour nous guérir, des trésors en réserve,
Ce Dieu qui fit de rien tout un monde jaillir.

Ainsi de notre foi, poète populaire,
Tu sais garder intact le dépôt séculaire
Et le dévoûment pur dans ta gloire abrité.
Tu nous montres comment, sans éclat, sans faiblesse,
Tu comprends, plébéien, l'honneur et la noblesse,
Vrai chrétien, le devoir et la fidélité.

Poète, sois béni ! le ciel est sombre encore,
Mais sur les monts lointains l'horizon se colore
De quelques rayons purs et de vagues reflets :
Dis-nous, est-ce l'aurore ou bien le crépuscule ?
Se peut-il que le jour après la nuit recule ?
Et Dieu laisserait-il ses travaux incomplets ?

  Dernière fleur sur nos ruines
  Etalant tes splendeurs divines,
  Espoir des berceaux autrefois,
  Puisses-tu briller sur nos tombes,
  Comme un nid de blanches colombes,
  Au pied de l'éternelle croix !

L'ANNIVERSAIRE.

A la mémoire de S...

Entre deux murs formés de pierres tumulaires,
Dans un chemin, couvert des ombres du trépas
Et prêt à chaque instant à s'ouvrir sous nos pas,
Nous marchons, regrettant nos humaines misères!

Insensés! nous jetons des fleurs sur ces poussières;
A ce triste horizon nous trouvons des appas;
Nous avançons toujours et nous ne songeons pas
Que nous foulons aux pieds les cendres de nos pères!

Pauvres âmes pleurant une mère, un époux,
Un ami, des enfants, anges au front si doux,
Que serions-nous si tout ne devait pas renaître ?

Vivre c'est ignorer, ramper, lutter, souffrir,
Ensevelir son cœur par lambeaux, — mais mourir,
C'est être libre, heureux, c'est aimer et connaître !

30 janvier 1853.

TABLE.

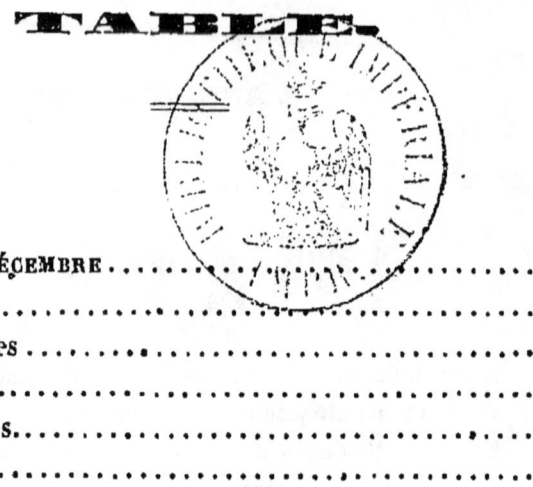

	Pages.
Insurrection de Décembre	3
Sociétés Secrètes	5
La Chaîne des Maures	13
Le Val d'Argens	31
Le Docteur de Cagnes	45
Cuers	51
Brignoles	61
Le Chef-Lieu	71
Lorgues	105
Cotignac et Barjols	131
Quelques Villages	139
Salernes	147
Aups	155
Du Chef-Lieu à Aups	181
Aups	194
Conclusion	199
Trois Jours au Pouvoir des Insurgés	211
Pensées d'un Prisonnier	253
Le 21 Janvier	259
Les Derniers Chênes	263
Hymne à la Douleur	264
A une Enfant	268
Les Deux Tombeaux	269
Le Cœur de Mlle de Sombreuil	274
Les Suicides	275
La Croix du Chemin	283
Pressentiment	284
La Neige	285
Le 24 Février	286

Primevère	288
Les Ruines Morales	289
Une Rose de Mai	292
Le 3 Juillet 1848	293
Crillon et Althen	297
La Croix sur les Ruines	298
Sur la Montagne	304
A l'Angleterre	305
Le Paquebot	308
Un Idylle en Décembre	309
Les Premiers Cheveux Blancs	316
Les Trois Berceaux	317
La Vie	321
Fleurs des Bois	322
Noël pour les Pauvres	328
Le Flacon	332
Fleurs du Foyer	333
Les Deux Vierges	340
Sur les Cendres d'une Rose	343
Fleurs du Sanctuaire	344
Sainte-Geneviève	350
La Rosée	356
Notre-Dame-de-Délivrance	357
L'Églantine	360
Les Laboureurs et le Chemin de Fer	361
Le Ruisseau	368
Le Sept Thermidor	369
L'Aubépine	372
Dernière Fleur	373
L'Anniversaire	376

ERRATA.

Page 238, au bas de la note : *exposé de* ; lisez : *exposé à* ;
Page 251, vers la fin : *les sentiers abruptes* ; lisez : *abrupts* ;
Page 270, *sur le premier écueil* ; lisez : *cercueil* ;
Page 271, *étanchait ses ardeurs* ; lisez : *n'étanchait* ;
Page 360, douzième vers : *du bec effleurant* ; lisez : *effeuillant*.

www.ingramcontent.com/pod-product-compliance
Lightning Source LLC
Chambersburg PA
CBHW060615170426
43201CB00009B/1026